Werner Dahlheim
JULIUS CÄSAR

SERIE PIPER
Band 5218

Zu diesem Buch

Julius Cäsar fasziniert uns heute nicht durch die historischen
Folgen seines Tuns, sondern durch die tragische Verknüpfung
seines Lebens mit dem Untergang der weltbeherrschenden Römischen Republik. Geboren in einer an politischen Talenten
reichen Zeit, durchlief Cäsar eine bis zu seinem Konsulat eher
durchschnittliche Karriere. Erst im Krieg und auf den Schlachtfeldern Galliens fand er die seinem Können wie seinen Leidenschaften angemessene Bühne, stieg er zum großen Feldherrn
auf. Sein Vorbild wurde Alexander der Große und die Weltherrschaft ohne Grenzen sein politisches Ziel. Die Republik, die sich
seinem Ehrgeiz in den Weg stellte, wurde geopfert. Bei seinem
gewaltsamen Ende an den Iden des März 44 hinterließ er nichts,
worauf seine Nachfolger hätten aufbauen können; sein Leben
war historisch fast folgenlos geblieben.

Werner Dahlheim, geboren 1938, studierte Geschichte und Philolo-
gie, Promotion 1965, Habilitation 1970. Seit 1972 hat er den
Lehrstuhl für Alte Geschichte an der Technischen Universität
Berlin inne.

Werner Dahlheim

JULIUS CÄSAR

Die Ehre des Kriegers und der Untergang der Römischen Republik

Mit 8 Abbildungen und 3 Karten

Piper
München Zürich

SERIE PIPER
PORTRÄT
Herausgegeben von
Martin Gregor-Dellin und Reinhard Merkel

ISBN 3-492-15218-x
Originalausgabe
Juli 1987
© R. Piper GmbH & Co. KG, München 1987
Umschlag: Federico Luci,
unter Verwendung des Fotos einer Cäsar-Büste
vom Kapitol in Rom
(© Archiv für Kunst und Geschichte, Berlin)
Gesamtherstellung: Clausen & Bosse, Leck
Printed in Germany

Inhalt

Theo Buck
gewidmet

Einleitung

Dieses Buch ist keine Biographie im landläufigen Sinne des Wortes. Dafür hätte insbesondere der Person Cäsars weit mehr Aufmerksamkeit geschenkt werden müssen, als dies möglich war. Das Gefühlsleben dieses Mannes, seine vielgerühmte Liebenswürdigkeit, seine Wildheit und seine tollkühne Natur bleiben ebenso im Hintergrund wie seine Religiosität und sein Glaube an das Glück und das Schicksal. Zweifellos ist dies wichtig und bei der Betrachtung mancher historischen Situation gar unverzichtbar. Trotzdem galt es, sich zu beschränken. Cäsar soll – dies sagt der Untertitel – vorgestellt werden als Mittelpunkt einer Epoche von Krieg und Revolution, in der eine adelsstolze Republik stürzte, gleichzeitig jedoch ihre Kraft steigerte, andere Völker mit Krieg zu überziehen und auf der Bahn der Eroberung die Grenzen der Welt zu erreichen.

Cäsar gehörte dieser Republik an, die sich selbst zerstörte, und seine historische Rolle in diesem Prozeß bemißt sich an dem Anteil, den er daran hatte. Er war nicht der Schöpfer der Monarchie, die seit Augustus das römische Imperium noch für Jahrhunderte am Leben hielt. Er konnte nicht wie Napoleon von sich sagen: »Ich habe den Krater der Anarchie geschlossen und das Chaos entwirrt.«[1] Sein Leben war nicht wie das seines Adoptivsohnes Octavian / Augustus von dem Willen bestimmt, die gestörte staatliche Ordnung wieder zu heilen. Sein Leitstern war der Krieg, und am Ende seines Lebens stand er Alexander dem Großen näher als den von seinen Zeitgenossen ehrfürchtig verehrten Großen der Geschichte Roms. Aber auch damit blieb er Kind seiner Zeit, deren Unglück schon Montesquieu so treffend beschrieb: »Wenn Cäsar und Pompeius wie Cato gedacht hätten, so würden andere wie Cäsar und Pompeius gedacht haben, und die einmal zum Untergang bestimmte Republik wäre durch eine andere Hand in den Absturz hinabgerissen worden.«[2]

Alle in diesem Buch geschilderten Ereignisse und Zusammenhänge sind in der historischen Forschung seit über zweihundert Jahren intensiv studiert worden. Kontrovers sind nach wie vor viele Details, und die Interpretation der Entwicklungslinien der späten Republik ist heftig und leidenschaftlich umkämpft. Trotzdem hat der Leser dieses Buches einen Anspruch darauf, nicht mit den Zweifeln und Fragen behelligt zu werden, durch die hindurch der Autor seinen Weg zu seinem Bild der Dinge gefunden hat. Das Recht zu zweifeln hat der Leser; dem Autor kommt es zu, die Bedingungen und Motive des Handelns in einer längst versunkenen Zeit aus den Trümmern der geschichtlichen Überlieferung schlüssig zu rekonstruieren. Daß es bei aller methodischen Kunst dabei nicht ohne Intuition abgehen kann, hat bereits der Vater der modernen Geschichtsschreibung, Barthold Georg Niebuhr, gewußt.

Die Erinnerung an einen Römer

Das Urteil Roms

Am 19. August des Jahres 14 n. Chr. starb Augustus in Nola, im gleichen Zimmer wie sein Vater, fünfunddreißig Tage vor seinem 76. Geburtstag. Die Honoratioren der Landstädte Italiens trugen die Leiche vor die Tore der Stadt Rom, wo sie im Vestibül des kaiserlichen Palastes aufgebahrt wurde. In den ersten Septembertagen fand das prächtige Leichenbegängnis auf dem Forum statt, dessen Ablauf der greise Monarch selbst genauestens festgelegt hatte. Der Bahre aus Elfenbein und Gold trug man sein mit den Triumphalgewändern behängtes Bildnis und die Statue der Victoria voran, die als persönliche Siegesgöttin seit dem Triumph von Aktium in der Kurie stand: Über der Weltkugel schwebend und mit dem Siegeskranz in der Rechten symbolisierte sie die Weltherrschaft Roms und des Mannes, der sie für immer gesichert hatte. Es folgten im Trauerzug die Darstellungen der Kriegstaten und der unterworfenen Völker, die Bilder der Vorfahren und die Masken aller Großen der römischen Geschichte, angeführt von Romulus als dem Gründer der Stadt.

Als der Trauerkondukt das Forum erreicht hatte, gedachte von der Rednertribüne vor dem Tempel des vergöttlichten Cäsar der Erbe und Nachfolger Tiberius des ersten Prinzeps; gegenüber, auf der alten Rednertribüne der Republik, sprach Drusus, der designierte Konsul des Jahres 15 und Sohn des Tiberius, über Augustus als Sproß des von Venus abstammenden Geschlechts. Getreu der uralten Tradition der römischen Aristokratie pries Tiberius die Bewährung des Toten in Krieg und Frieden für den

Staat, und Drusus erinnerte die Angehörigen und das Volk an die
Verantwortung und die Sorge, die das Familienoberhaupt um
die Erhaltung und Mehrung der Macht und des Ansehens der
Julier getragen hatte.

Die designierten Beamten, der Senat, die Ritter und eine rie-
sige Volksmenge begleiteten die Bahre zum Verbrennungsplatz.
Als die Flammen aufloderten, bezeugte ein Senator, er habe die
Gestalt des Toten zum Himmel emporsteigen sehen. Die sterbli-
chen Reste sammelten die vornehmsten der Ritter, in der bloßen
Tunika, ohne Gürtel und mit nackten Füßen. Sie setzten sie im
Mausoleum bei, das seit 29 v. Chr. als monumentales Denkmal
auf dem Marsfeld die Bindung des Herrschers an Rom und die
Entschlossenheit seines Machtanspruches über Rom versinn-
bildlichte.

In der stolzen Schar der im Trauerzug mitgeführten Heroen
Roms fehlte Cäsar. Er paßte nicht in die feierliche Rückerinne-
rung an den monarchischen Neugründer Roms, der seine Restauration des Staates in der Tradition der großen Führer der
Republik vollzogen wissen wollte. Sie hatte er bereits beim Neubau seines eigenen Forums, in dessen Säulengängen durch Statuen und Inschriften geehrt und verewigt:

»Meine Absicht hierbei ist gewesen: Nach dem Vorbild jener
großen Männer soll ich selbst, so lange ich lebe, von den Bürgern
beurteilt werden und ebenso die Herrscher kommender Geschlechter.«[1]

Nicht minder deutlich verfolgte der Tatenbericht diesen
Grundsatz. Eigenhändig zog darin der Prinzeps die Summe seiner militärischen und politischen Taten vor der Zeit und der Geschichte. Auf Bronzetafeln an der Stirnseite seines Mausoleums
angebracht und in allen großen Städten des Reiches aufgestellt,
legitimierte er die gewonnene herrscherliche Allmacht mit der
Rettung des Staates und der Wiederherstellung der Republik.

Cäsar wird nur einmal eingangs genannt und nur als Beweis
für die immer geübte Frömmigkeit: Den Mord an dem Vater, so
heißt es, rächte der Sohn durch Gesetz und Krieg. Der Staat, die
Herrschaft, das Reich: sie werden ausgewiesen als originäre
Schöpfung des Augustus, die nicht dem politischen Werk Cäsars,

sondern dem Rückgriff in die Tradition der Republik verpflichtet war. Was es für den Sohn zu erben gab, waren anfangs der Name und die Verpflichtung zur Rache für Cäsars schmählichen Tod; dies ermöglichte und begründete den politischen Aufstieg aus dem Nichts. Später kam nur noch der Heiligenschein hinzu, den man als Sohn des 39 v. Chr. zum Gott erhobenen Cäsar (*Divi filius*) vielfältig nutzen konnte. Je fester jedoch der Griff nach der Macht wurde, um so schwächer wurde der Bezug zum Vater. Statt dessen unterschieden die Verlautbarungen des Hofes deutlicher und farbiger zwischen einem Abenteurer, der die Freiheit des Staates seinem Ehrgeiz geopfert hatte, und dem Staatsmann, der mit der Beharrlichkeit eines langen Lebens die Republik wieder zum Leben erweckt hatte.

Viele dieser Worte und Phrasen, mit denen in einer wohl in Szene gesetzten Totenschau die Helden der Republik als Kronzeugen der neuen Ordnung beschworen wurden, waren leer, und nicht alle ihre Adressaten ließen sich täuschen. Weder Cato und Brutus noch selbst der vorsichtige Cicero hätten zugegeben, daß die Freiheit unter einem Monarchen leben könne – wie immer er sich legitimieren mochte. So diente der kaiserlich inspirierte Gang durch die ferne Geschichte zumeist als Trost für die Lebenden, die sich mit der Herrschaft eines Mannes und seiner Familie abzufinden hatten. Aber er wurde geboren aus der Erfahrung und der Einsicht, daß der Diktator Cäsar den falschen Weg gewiesen hatte. So konnte – unter den kritischen Augen des Kaisers – Livius, dessen Geschichtswerk gerade die Tugenden der Ahnen ehrfürchtig studieren ließ, schwere Zweifel äußern, ob die Geburt Cäsars ein Segen oder ein Fluch für Rom war. Vergil und Horaz hielten es für das beste, nichts über Cäsar zu sagen, und Ovid, unter den Dichtern der Zeit mit dem feinsten Gespür für die offizielle Phraseologie begabt, stellte lapidar fest, Größe und Bedeutung Cäsars bestehe darin, daß Augustus sein Sohn sei.

Diese Vaterrolle Cäsars ebenso wie die Verwendung seines Namens als Bestandteil der kaiserlichen Titulatur weit über die julisch-claudische Dynastie hinaus mahnten die spätere Historiographie zur Vorsicht und führten sie zu einem weitgehend sterilen Cäsar-Bild. Bei den meisten kaiserlichen Geschichtsschreibern kann man lange rätseln, ob sie ihren Cäsar mehr preisen oder schonen wollen. Nur noch der unter Nero lebende und leidende Dichter Lucan ließ seinem Tyrannenhaß freien Lauf, als er in einem großen Versepos über den Bürgerkrieg mit Cäsar stellvertretend für alle Diktatoren abrechnete. Das haßerfüllte Gemälde, das den blutgierigen Sieger von Pharsalos zeigt, wie er am Morgen nach der Schlacht inmitten des Leichenfeldes zu frühstücken begehrt, um die fahlen Gesichter seiner toten Feinde besser studieren zu können, hat keinen historischen, wohl aber symbolischen Wert: Das ungeheure Ausmaß der Leiden, das der Ehrgeiz eines Machtbesessenen fordert, sollte sich unauslöschbar der Zeit einprägen.

Aus der Entfernung und dazu unter dem Druck einer um ihre Legitimation ringenden Monarchie verzerren sich die Perspektiven. Aus der Nähe sehen die Dinge allerdings selten klarer aus. Gerade die Zeitgenossen Cäsars hatten es schwer, zu einem Urteil zu kommen: Der Waffenlärm des Bürgerkrieges und der politische Mord, der Haß der Besiegten und der Jubel der Sieger schärften den Blick, gaben aber nicht die Kraft zu abwägenden Einsichten. Wir hören über die Distanz von zwei Jahrtausenden zudem nur die Stimme der politischen Elite, und diese war Partei und urteilte hart und bitter. Vor ihren Augen bestand der erfolgreiche Eroberer, der geniale Stratege, der Mehrer des Reiches, der im Sieg bedenkenlos Barmherzige, der liebenswürdige Aristokrat, der begnadete Redner, der bedingungslose Freund. Der Politiker hingegen erntete Haß und Verachtung. Niemand sprach von der Größe des Staatsmannes, der sich zur Macht berufen fühlen konnte, weil er die politische Unordnung beseitigen und auf der Trümmerstätte der Republik einen Neubau errichten wollte.

Ebendies jedoch: die Sorge um die Wiedergeburt des Staates war das alles beherrschende Thema der Jahre nach der Überschreitung des Rubikon im Januar 49 gewesen.

»Ungern«, rief Cicero in einer Sternstunde des Senats im April 46 dem Diktator zu, »habe ich dein höchst erhabenes und höchst weises Urteil gehört: Du hättest zur Befriedigung der Natur, und auch für den Ruhm genug gelebt. Genug wenn du willst, vielleicht für die Natur; ich will auch, wenn du meinst, hinzusetzen, für den Ruhm; aber, was das wichtigste ist, für das Vaterland, gewiß noch viel zu wenig. Daher laß, ich bitte dich, diese Einsicht denkender Männer in Verachtung des Todes; wolle nicht auf unsere Unkosten ein Weiser sein. Denn ich muß es oft hören, daß du dasselbe immer wiederholst: Du bedürfest des Lebens nicht weiter. Ich würde es zugeben, wenn du nur für dich lebtest, oder nur für dich geboren wärest. Jetzt aber, da deine Taten das Heil aller Bürger, und den ganzen Staat umfaßt haben, bist du so weit von der Vollendung der größten Werke entfernt, daß du noch nicht einmal mit der Grundlage deiner Entwürfe fertig bist.«[2]

Für die Zeitgenossen blieben diese Worte, die die Vision einer staatlichen Wiedergeburt in bewegenden Sätzen vor dem Senat beschworen, ohne Echo. »Die Republik ist ein Nichts, ein wesenloser Name«[3], so die Antwort Cäsars. Für Sallust wurde er damit zum »Gott, der versagt hatte«. Zusammen mit dem Ausbruch des wegen seines nüchternen Urteils bekannten Senators Sulpicius Rufus, »entrissen sind uns Vaterland, Ehre und Würde«[4], spiegelt dies die verstörte Hoffnungslosigkeit, die die Eliten Roms angesichts der Entrücktheit Cäsars von den sie bewegenden Fragen befallen hatte.

Die Herausforderung an die Historiker

Es war vor allem der Althistoriker Hermann Strasburger, der wenige Jahre nach dem Ende des Zweiten Weltkrieges im Streit um die Größe Cäsars die Zeitgenossen in den Zeugenstand rief und schlüssig bewies, daß selbst die Anhänger und Freunde Cäsars in seiner Entscheidung zum Bürgerkrieg einen Angriff auf den durch die Tradition geheiligten Staat und eine Herausforderung der Götter sahen. 1967 begründete Strasburger, was ihn in seiner 1953 erschienenen Schrift besonders bewegt hatte:

»Wer einmal bei den ›Spänen‹ war, als ›Männer, die Geschichte machen‹, ›hobelten‹, lernt den Konflikt zwischen Vitalität und Objektivität bei sich selber kennen, vermag aber um so eher auf ebensolche Erlebnisse im geschichtlichen Felde aufmerksam zu machen.«[5]

Dies trifft ins Herz des Problems jeder erneuten Beschäftigung mit Cäsar. Wer den großen Staatsmann Cäsar beschwören will, kann nicht umhin, den aristokratischen Zeitgenossen – samt und sonders Männer der hohen politischen Schule Roms – Beschränktheit und Blindheit für die wahre historische Größe des Siegers von Pharsalos zuzuschreiben. Und er wird noch weit mehr als das 19. Jahrhundert, das mit Mommsen das Problem natürlich auch sah, gehalten sein, die eigentlich staatsmännischen Tugenden Cäsars in der Vergrößerung und Verwaltung des Reiches zu suchen. Anders: Die Stimme der politischen Elite Roms, die den Diktator als Zerstörer der Republik anklagte, muß übertönt werden durch die Stimme Italiens und der Provinzen, die die Segnungen eines gerechten Regiments gegen die Mißstände republikanischer Ausbeutung ins Feld führt.

Es zeigt sich sehr schnell: Jeder Biographie Cäsars wird die Lösung des Rätsels abverlangt, das der Untergang der sieggewohnten Republik auf dem Gipfel ihrer äußeren Machtentfaltung stellt. Cäsars Taten seit dem Überschreiten des Rubikon markieren zweifellos den archimedischen Punkt, von dem aus die Geschichte Roms unumkehrbar auf den Monarchen als ihr letztes Ziel hinweist. Dieser hat – auch daran ist nicht zu deuteln – dem Weltreich Festigkeit, Dauer und »die unermeßliche Majestät des römischen Friedens«[6] gebracht. Unter dem Dach dieses Friedens erfuhren die vormals geschundenen Provinzialen die Fürsorge der kaiserlichen Verwaltung und Gerechtigkeit vor den Richtern. Tiberius gebrauchte seinen Freunden gegenüber gern das Bild des von Schmeißfliegen gequälten Verwundeten, wenn er ihnen seine Maßnahmen nahebringen wollte, die die Untertanen von einer erfinderischen Ausbeutungspraxis befreien sollten. Diese Monarchen forderten mit Erfolg Liebe und Zustimmung zu einer Welt, die das Chaos beseitigt, die inneren Kämpfe um die Macht beendet und die Trauer um die verlorene Freiheit getröstet hatte.

»So schenkt denn dem Frieden und der Hauptstadt Rom, auf die wir, Besiegte oder Sieger, das gleiche Anrecht haben, euer

Herz und eure Verehrung«, beschwor der römische Feldherr Cerialis 70 n. Chr. die aufständischen Treverer.[7] Sie taten es.

Den Weg in dieses Reich des Friedens und des Rechts säumen die unzähligen Opfer der Bürgerkriege seit Sulla. Sie zeugen von der Vernichtung einer Republik, die Jahrhunderte überdauert und die Zustimmung aller Römer gefunden hatte, und sie sprechen von dem Ende des alleinigen Machtanspruches der alten Senatsaristokratie, die den Kampf um den Erhalt ihrer Ordnung mit der Ausrottung ihrer Besten bezahlte. Wurden diese Opfer und Leiden letztlich gerechtfertigt durch den Frieden des monarchischen Rom? Waltete eine höhere Gerechtigkeit hinter dem Untergang der weltbeherrschenden Republik? Hatte ihre Aristokratie, die den imperialen Siegeszug Roms durch die Staaten des Mittelmeeres angeführt hatte, vor der entscheidenden historischen Aufgabe versagt und dem mit dem Schwert Eroberten keine lebensfähige und lebenswürdige Ordnung geben können? War es Cäsar, der den Weg zum monarchischen Friedensreich bahnte, von dem schließlich auch die oft verfolgte Randgruppe der Christen eines Tages sagen sollte, daß es die beste aller irdischen Welten sei, für die man notfalls auch die Waffen erheben müsse? War es also Cäsar, der die große historische Mission Roms möglich machte, gerade weil er die alte zum Weltregiment nicht fähige Republik zerschlug und damit den Ländern des Mittelmeers und Mitteleuropas eine Zukunft wies?

Der Historiker wird schwerlich von der Pflicht zu entbinden sein, Antworten auf diese Fragen zu finden – er wird sonst zum Erzähler von Anekdoten. Dabei muß er in Kauf nehmen, daß sich die Ergebnisse seiner Untersuchungen unter der Hand fast immer in historische Werturteile verwandeln. Stimmt man zum Beispiel in den Lobgesang der Zeitgenossen über das Friedensreich der Monarchen mit ein – es zu unterlassen, fällt schwer –, so erscheinen die Zerstörer der Republik schnell als Wegbereiter einer besseren Welt, und ihre Verteidiger werden zu Ewiggestrigen, die ihr verdientes Schicksal ereilt. Oder ganz anders und entgegengesetzt: Die durch die Tradition, ihre Verfassung und ihre Siege geheiligte Republik erliegt dem mörderischen Ansturm ihrer außer Kontrolle geratenen Generäle und weicht der

Militärdiktatur, die ihre Gewalttätigkeit seit Augustus nur unvollkommen hinter ihren Legitimationsformeln von Frieden, Recht und Wohlstand verbergen kann. Wer so denkt, hat keinen Geringeren als Tacitus auf seiner Seite, für den die Schaffung des Imperiums in Jahrhunderten durch freie Republikaner eine große und noble Tat war, nicht jedoch sein Erhalt durch Fürsten und sich duckende Beamte.

Cäsar hat seinen historischen Platz am Scheideweg der römischen Geschichte. Unauflöslich an diesen Ort gebunden, wird er für die einen zum besten aller Römer, der das historisch Notwendige tat, indem er die Republik der Zukunft des Reiches opferte. Für die anderen ist er der Begründer einer Zwingherrschaft, die abzuschütteln die späteren Generationen nicht mehr die Kraft hatten. Unter diesen Prämissen stemmten sich das 19. und das 20. Jahrhundert fast geschlossen gegen das Urteil der Zeitgenossen Cäsars und entdeckten, was diese einhellig nicht sahen: den großen Staatsmann Cäsar. Er empfing wahre Rauchopfer der Begeisterung und ließ alle weltgeschichtlichen Rivalen im Kampf um die Gunst des Publikums weit hinter sich:

»Alles Große aber sammelt sich in der wunderbaren Gestalt Cäsars; in betreff der Begabung vielleicht der größte Sterbliche. Alle, die sonst groß heißen in der Geschichte, sind einseitig neben ihm«[8], schrieb Jacob Burckhardt im Revolutionswinter 1848/49.

Die Ausmalung dieses Bildes folgte von Hegel über Burckhardt, Mommsen und Matthias Gelzer einer Grundidee: Die vor den Aufgaben der Weltherrschaft versagende Republik empfing verdient den Todesstoß, und Cäsar öffnete das Tor zu einer neuen Welt:

»Er hat das Römertum gerettet und erneuert, aber auch das Griechentum hat er nicht bloß geschont, sondern mit derselben sicheren Genialität, womit er die Neugründung Roms vollbrachte, auch der Regeneration der Hellenen sich unterzogen... Er hat diese beiden Aufgaben nicht bloß nebeneinander, sondern eine durch die andere gelöst... Jetzt erschuf der Enkel des troischen Fürsten und der latinischen Königstochter aus einem Staat ohne eigene Kultur und einer kosmopolitischen Zivilisation ein neues Ganzes, in welchem auf dem Gipfel menschlichen Daseins, in der reichen Fülle des glückseligen Alters Staat und Kultur wiederum sich zusammenfanden und den einem solchen Inhalt angemessenen Umkreis würdig erfüllten.«[9]

Die pathetische Wucht dieses Cäsar-Bildes ist geprägt von einer Vision historischer Größe, die groß ist, weil sie dem historisch Notwendigen mit allen Mitteln den Weg in die Zukunft bahnt. Gewiß wäre dies ohne das Medium napoleonischer Erfahrung und Hegelscher Ideen so nicht formulierbar gewesen. Der heroische Ausnahmemensch, für den die Maßstäbe gewöhnlicher Rechtlichkeit nicht gelten können, muß allerdings für Mommsen vor dem Richterstuhl beweisen, daß seine Taten den kommenden Jahrhunderten zum Segen gereichten. Ebendies sei Cäsar und den ihm folgenden Monarchen unter dem Dach des von ihnen geschaffenen Friedens auch gelungen: »Wenn einmal ein Engel des Herrn die Bilanz aufmachen sollte, ob das von Severus Antoninus beherrschte Gebiet damals oder heute mit größerem Verstande und mit größerer Humanität regiert worden ist, ob Gesittung und Völkerglück im Allgemeinen vorwärts oder rückwärts gegangen sind, so ist es sehr zweifelhaft, ob der Spruch zu Gunsten der Gegenwart ausfallen würde.«[10]

Das 20. Jahrhundert formulierte nüchterner und garnierte mit vermehrtem wissenschaftlichen Aufwand. Mit Hilfe eines an Genauigkeit nicht zu übertreffenden Quellenstudiums schrieb Matthias Gelzer das für die Wissenschaft bis heute repräsentative Cäsar-Buch, das aus keiner gelehrten Diskussion mehr wegzudenken ist. 1921 vorgelegt, 1960 in der letzten überarbeiteten Auflage erschienen und in vielen Aufsatzpublikationen Zug um Zug untermauert, hat es seine Unentbehrlichkeit bis in jedes Detail mit Bravour und immer neu bewiesen. Bei der Bestimmung der historischen Größe Cäsars folgte Gelzer dem Gedankengang Mommsens, obwohl er sein Buch dezidiert als gegen Mommsens Cäsar-Bild geschrieben verstanden wissen wollte. Auch für ihn versagte nach der Niederwerfung Makedoniens 168 v. Chr. die republikanische Aristokratie vor ihrer historischen Pflicht, ihren Eroberungen eine Ordnung zu geben, die einerseits die Stabilität des römischen Herrschaftsanspruches gesichert und andererseits den Beherrschten in der römisch gewordenen Welt eine neue mit Hoffnung erfüllte Zukunft gewiesen hätte. Erst Cäsar war dazu berufen, »den entscheidenden Ruck zu tun, der die römische Geschichte von der Optimaten-Republik zum Kaisertum führte«, also »dem römischen Gemeindestaat Bahn zu brechen zur Erfüllung seiner imperialen Aufgabe.«[11] Cäsar rettete damit zugleich den Erhalt des Imperiums, das weitere Jahrzehnte republikanischer Mißwirtschaft zerstört hätten.

Aus dieser Gesamtschau der Geschichte der späten Republik folgte zwingend, daß die Gegner Cäsars und allen voran seine Mörder vor dem Richterstuhl der Geschichte allenfalls Gnade für ihre untadelige moralische Haltung finden konnten. Ihre Sache, die Freiheit der Republik, für die sie bei Philippi der Tod erwartete, wurde als unzeitgemäß verurteilt. Denn ihre Politik und ihre Ideale hätten das Ende der römischen Herrschaft und der römischen Geschichte unausweichlich gemacht, wenn nicht der Geist des toten Cäsar noch mächtiger als ihre Dolche gewesen wäre.

Die Iden des März verloren in dieser Sicht den bitteren Geschmack des Scheiterns, das zur postulierten Größe Cäsars schlecht passen wollte. Sie blieben trotzdem der historische Augenblick, der immer wieder Zweifel säte, ob das Werk Cäsars tatsächlich in die Zukunft wies oder nicht vielmehr in Mord und Brand endete, weil er nichts Bleibendes geschaffen hatte. Einer der Zweifler war bereits Friedrich Schlegel, der 1796 auf den Spuren Plutarchs Cäsar mit Alexander verglich und aus diesem Vergleich das Kernproblem formulierte, das heute immer dringlicher die Historiker herausfordert:

»Cäsar hat während der kurzen Zeit seiner ungestörten Alleinherrschaft viel Großes angefangen, vieles Größere gewollt; nur das einzige nicht, was Rom vor allem not war, und was allein ihm selbst Sicherheit geben konnte: eine wenngleich im inneren Wesen mehr monarchische, doch aber zwischen den alten Formen der Republik, und der neuen Zeit und Epoche dieser zur Weltherrschaft angewachsenen einzelnen Stadt, schonend und weise vermittelnde, aber fest begründete Verfassung und organische Staatsgestaltung.«[12]

In dieser Perspektive schrumpfte der Staatsmann, der macht-
voll das Rad der Geschichte dreht, zum General und Parteiführer:

»An der Spitze seines Heeres oder als Haupt einer Partei im
politischen Kampf und Bürgerkrieg hatte er eine unüberwindli-
che Gewalt und war einzig groß; nicht so aber als oberster Lenker
eines großen Staates in ruhiger Friedenszeit, um auf die Dauer
mit Ordnung zu herrschen.« Den letzten Beweis für diese Einschätzung lieferte das Fehlen des Erben: »Cäsar hat nicht vermocht, auch nur auf einen seiner Anhänger einen geringen Teil
seines großen Geistes fortzupflanzen, wie Alexander eine ganze
Pflanzschule von Helden, Feldherren und großen Herrschern
hinterließ, noch wie ein Solon oder Themistokles politische Einrichtungen zu stiften, oder neu zu beleben, und ihnen seinen Gedanken einzuhauchen. Er ist zur größern Hälfte ein Barbar; denn
sein Genius war kinderlos.«[13]

Mit diesem Urteil zerriß Schlegel die Verbindungslinien von
Cäsar zu Augustus und seinem wohlgeordneten Reich. Die Iden
des März wurden damit zur Niederlage eines Mannes, der seine
Allmacht nicht hatte nutzen können: weder um die Wunden des
von ihm eröffneten Bürgerkrieges zu heilen noch um die eigene
Person vor dem Untergang zu schützen.

Die Faszination Cäsars

Schlegel war zu den Zeitgenossen zurückgekehrt, die Cäsar den
höchsten Preis des Ruhms nicht zugestehen wollten, da seine Taten das Wohl des Staates nicht mehrten. Auch wir hören heute
aufmerksamer auf ihre Stimme und nehmen Abschied von der
bis Gelzer wirksamen Spekulation Hegels, der Gang der Geschichte folge insgeheim einer höheren, der eigenen Zeit selten
verständlichen Logik. Wir sind auch nicht mehr sicher, den Sinn
des Auflösungsprozesses der römischen Republik verstanden zu
haben, wenn wir auf die Segnungen des Kaiserreiches blicken.
Und Cäsar schließlich wird immer weniger verständlich als täti-
ger Wegbereiter einer neuen Zeit. In der Rückschau auf sein Le-

ben werden damit wieder die letzten Stunden an den Iden des
März zum Ausgangspunkt des historischen Urteils. Und diese
sind unlösbar gebunden an den Januartag des Jahres 49, an dem
der Bürgerkrieg begann, der in vier Jahren Republik und Reich
an den Rand des Abgrunds führte. Beide Ereignisse zusammen-
genommen werfen mehr als die Frage nach der Sinnfälligkeit
eines politischen Lebens auf, dessen gewaltsamer Tod zunächst
nichts weiter als eine weitere Eskalation der Bürgerkriege gebracht hat: Welche Aufgaben stellte sich Cäsar eigentlich in einer
Republik, die ihren Staat als Staat schlechthin verstand, die als
Herrin der Welt – von außen unangefochten – ihre Provinzen
ausbeutete, in der niemand Not litt und in der keine soziale
Gruppe von Belang auf eine Veränderung der Dinge drängte?

Gewiß, man war seit den Gracchen nicht blind und taub gegenüber den Verwüstungen, die Gewalt und Herrschsucht in das
politische Leben getragen hatten. Niemand hört ohne Bewegung
die Verwirrung und Hilflosigkeit, die die politische Intelligenz
Roms erfaßte, als der Faden der Tradition riß und keiner ein
neues Ufer eines staatlich organisierten Zusammenlebens erkennen konnte. Männer wie Sallust und Cicero sahen hellsichtig den
Verfall der Moral, setzten diesen aber ungeprüft mit den Ursa-
chen des politischen Untergangs gleich:

»Durch unsere Laster, nicht durch irgendein Unglück halten
wir das Gemeinwesen zwar dem Worte nach noch fest, in Wirklichkeit haben wir es jedoch längst verloren«, schrieb Cicero[14]
kurz vor Ausbruch des Bürgerkrieges.

Welche Möglichkeiten der Veränderung gab es überhaupt angesichts dieser Umstände und dieser Haltung, die zugleich von
der starrsinnigen Überzeugung nicht lassen wollte, es müsse die
Republik nur wieder zu sich selbst finden, damit alles wieder ins
Lot komme? Resultierte nicht daraus die Ausweglosigkeit einer
Zeit, hatte sie überhaupt Bewegungsfreiheit zu Reformen, oder
war sie hoffnungslos in einer »Krise ohne Alternative« verfan-
gen? Mußte die römische Welt angesichts ihrer strukturellen Unfähigkeit zur Veränderung erst das Chaos durchleiden, damit aus
den Trümmern einer verlorenen Welt neues Leben sprießen
konnte?

Christian Meier, einer der profiliertesten Kenner der späten Republik, dessen zwei Jahrzehnte umspannende Bemühungen um Cäsar 1982 in einer umfangreichen Biographie gipfelten, hat mit diesen Fragen die diktatorische Allmacht Cäsars in politische Ohnmacht verwandelt. »Cäsar und Rom – zwei Wirklichkeiten«: diese erste Überschrift seines Cäsar-Buches enthält bereits präzise die Kernthese des Ganzen:

»Dem auf *dignitas* orientierten Führer einer persönlichen Gefolgschaft kam aus der römischen Gesellschaft keine nennenswerte Kraft entgegen, die auf eine grundlegend neue Ordnung tendierte. Das heißt, es fehlte an der Gelegenheit, die eigenen mit allgemeinen Interessen, das eigene Streben nach Macht und Wirkung mit einem allgemeinen Trend auf neue Institutionen zur Deckung zu bringen.«[15]

Die Einsichten und Erwartungen der Hauptakteure klafften demnach unüberbrückbar auseinander. Die Senatsaristokratie maß jede Entscheidung Cäsars an einer Elle: Wiederherstellung der Republik oder Despotie; Cäsar, um die Anerkennung seiner gewalttätig genommenen Macht im Staate ringend, konnte die Reparatur des alten republikanischen Räderwerks nicht ernsthaft verfolgen: sie hätte ihn überflüssig gemacht.

Die Frage nach der Größe Cäsars wird in diesen Gedankengängen untrennbar verschmolzen mit seinem Scheitern. Aber es gab auch keinen Sieger. Trotz ihres Triumphes an der Leiche des Diktators wurde die Republik mit ihm begraben. Die Tragik dieses Schicksals ist das eine, das die Nachgeborenen mit immer neuer Faszination darauf blicken läßt: Eine auf ihre Leistung zu Recht stolze und gerade dadurch für Reformen blinde Welt erhält von ihrem größten Sohn den Todesstoß, weil dessen unbesiegbare Tatkraft außer sich selbst kein Ziel finden kann.

Anders als Alexander, von dem eine neue Epoche der griechischen Geschichte ihren Ausgang nimmt, ist Cäsar Teil einer untergehenden Welt und in die Verantwortung für ihre Zerstörung eingebunden. In seiner Person verdichtet sich die tragische Schuld einer ganzen Epoche, deren Versuche, das Unheil doch noch zu bannen, es nur noch gnadenloser herbeiführten. Selbst der Tote wird zum Dämon des Krieges: Der Ruf nach Rache für seinen Tod entfesselte den letzten mörderischen Bruderkrieg, an dessen Ende nach 13 Jahren eine erschöpfte und ausgeblutete Generation endlich bereit war, sich der auf das Schwert gestützten Macht zu beugen.

Der Sieger von Aktium triumphierte noch mit dem Namen Imperator Cäsar und als Sohn des vergöttlichten Cäsar. Seine politische Mission, die Sicherung der Herrschaft der Julier über Rom und sein Reich, folgte von diesem Tage an anderen Vorbildern. Als die eigenen militärischen und politischen Leistungen auch das Säbelregiment eines Diktators möglich gemacht hatten, lernte Octavian als der letzte überlebende General die Unterordnung unter die Geschichte der Republik und nahm Abschied von der Selbstherrlichkeit, mit der Cäsar seinen Standort innerhalb des Staates bestimmen wollte und wohl auch mußte.

Die Kulissen dieses Dramas sind samt und sonders römisch, und sie sind längst zu Ruinen geworden, auf denen der Staub von nunmehr zweitausend Jahren ruht. Wenn die Nachgeborenen trotzdem mit ungebrochener Leidenschaft darauf zurückblicken, muß mehr als die Neugier eines historischen Interesses der Grund dafür sein. Cäsar, die Lichtgestalt des Dramas, kann nicht nur als historische Größe verstanden worden sein; in seinem Leben und in seinen Taten muß sich vielmehr etwas spiegeln, das den historischen Rahmen in der Rückschau sprengt. Anders: In dieses weit zurückliegende Leben sind Bedürfnisse und Vorstellungen eingegangen, die durch die Rekonstruktion der Sinnvorgaben der römischen Zeit allein nicht einzufangen sind.

Man kommt diesem Phänomen mit der einfachen Frage näher, ob denn Cäsars Leben weiterhin von Interesse wäre, wenn die Entscheidung am Rubikon und die Verschwörung gegen den Diktator nicht stattgefunden hätten. Beide Ereignisse spiegeln in ihrer dramatischen Zuspitzung alles, was die Zeit bewegte: die Tragödie des großen Eroberers, den die eigenen Großtaten und der daraus geborene Wille zur Macht in den Waffengang auf Leben und Tod mit der Vaterstadt treiben; das Mitleid heischende Ende eines Helden, der nach langen Kriegen auf dem Zenit seines Ruhmes von seinen eigenen Getreuen umgebracht wurde, als diese ihre persönliche Treue und Liebe den Pflichten gegenüber dem Staat der Väter unterordneten; die Verzweiflung der Attentäter, als sie erkennen mußten, daß der tote Cäsar noch weit furchtbarer als der lebende Bürgerkrieg und Mord säte und der Staat, den die entschlossene Mordtat retten sollte, endgültig zum Spielball seiner um die Macht kämpfenden Generäle und Legionen wurde.

Beide Ereignisse sind aber noch mehr als anrührende Schlüsselerlebnisse der Zeit. Sie enthüllen Grunderlebnisse politischen Handelns und Leidens. Der Marschbefehl an die XIII. Legion, im Morgengrauen des 11. Januar 49 den Rubikon zu überschreiten, macht fast schmerzlich anschaulich, was Entscheidungszwang und Entscheidungsnot im Raum der Politik bedeuten können. Und die Verschwörung gegen den Diktator demonstriert in ihrem Verlauf die bittere Erkenntnis, daß Sieg und Niederlage miteinander verknüpft sein können. Selten verdichtet sich die Geschichte in vergleichbarer Form zu symbolhaften Momentaufnahmen wie am Rubikon und im Sitzungssaal des Senats, in dem der tödlich getroffene Cäsar am Standbild des Pompeius zusammenbrach. In diesen Szenen verlieren alle überlieferten Fakten zum Untergang der Republik ihre ursprüngliche Beliebigkeit und erlangen eine Bedeutung, die jenseits jeder gelehrten Interpretation und über die Jahrhunderte hinweg menschlich sinnvoll und verständlich ist.

Hier liegt denn auch der Schlüssel für die Herausforderung, die Cäsar für die Dichter und Dramatiker bis heute darstellt. Und dies nicht nur in dem leicht zu verstehenden Sinn, daß sich der historische Cäsar und seine Widersacher – allen voran der redliche Brutus und der hagere Cassius – als Hauptfiguren eines großen dramatischen Spiels geradezu aufdrängen. Die Trägheit der Phantasie, die die Fähigkeit begrenzt, sich in zeitlich weit entfernte Welten zurückzuversetzen, ist hier leicht zu überwinden. Auch die unentbehrliche gefühlsmäßige Identifizierung, Mitleid und Furcht stellen sich schnell ein. In einer tiefer liegenden Schicht ist es die Suche nach der Gerechtigkeit, die Menschen zuteil werden muß, die wie Cäsar und seine Zeitgenossen Recht und Unrecht zugleich tun und Erfolg und Scheitern zugleich erfahren müssen. Geschichtsschreiber und Dichter werden selten unmißverständlicher als durch die letzte Generation der römischen Republik belehrt, daß die Weltgeschichte nicht das Weltgericht ist, und Sieg oder Niederlage nicht das letzte Wort für das Urteil haben dürfen. Die Dichter versetzt dies in dieselbe Lage wie den homerischen Sänger des Trojanischen Krieges. Er pries die Taten der Trojaner nicht weniger als die der Achäer, die für Hektor zeugten wie für Achill.

Kein Geringerer als Shakespeare hat ebendies auch getan. Er setzte dem Mörder Brutus, *the last of all the Romans*, ein unzerstörbares Denkmal, als er ihn gegen Cassius darauf beharren ließ, Cäsar um der Gerechtigkeit willen getötet zu haben. An der unbeirrbaren Redlichkeit dieses Mannes zerschellten alle Drohungen:

>»Denn ich bin so bewehrt in Redlichkeit,
>daß sie vorbeiziehen wie der leere Wind,
>der nichts mir gilt.«[16]

Und er verlieh Cäsar den Glanz, den die Geschichte für ihre Großen, auch wenn sie ruchlos sind, bereithält: In den letzten Wochen vor dem Ende alt, gebrechlich und abergläubisch geworden, gierig nach dem Thron eines Königs, blieb Cäsar doch immer er selbst, unerschüttert und ohne Angst: *for always I am Caesar.* Der Tod schließlich enthüllte seine Größe:

>»Du bist der Rest der edelsten der Männer,
>der jemals lebt' im Wechsellauf der Zeit.
>Der erste von allen Männern dieser Welt.«[17]

Die Not der Republik und der Glanz des Reiches

Familie und Umwelt

Gaius Julius Cäsar wurde in Rom im Jahre 100 am 13. Tag des Monats geboren, der im Jahre 44 den Namen Julius erhielt, den er heute noch trägt. Von Alexander dem Großen trennten ihn zweieinhalb, und von Junius Brutus, dem legendären Gründer der Republik, der den letzten König aus Rom vertrieben hatte, vier Jahrhunderte. Er stammte aus einem patrizischen Geschlecht, das stolz von sich behauptete, es sei älter als der römische Staat. Der Dreißigjährige formulierte es selbst, als er seine Tante zu Grabe trug:

»Meine Tante Julia stammt mütterlicherseits von Königen, von Vatersseite ist sie mit den unsterblichen Göttern selbst verwandt. Denn die Marcii Reges, deren Namen ihre Mutter führte, leiten ihr Geschlecht von Ancus Marcius her, aber von Venus die Julier. Zu ihnen gehört unsere Familie. In unserem Geschlecht ist also die erhabene Majestät der Könige, die unter den Menschen die größte Macht besitzen, geeint mit der Heiligkeit der Götter, denen selbst die Könige untertan sind.«[1]

Im Jahre 100 fiel der Glanz dieser sorgsam bewahrten Familienlegende auf ein Haus, das im aristokratischen Wettkampf um Ämter und Ehren schon lange nicht mehr in der ersten Reihe stand: Die vergangenen zwei Jahrhunderte hatten nur zwei Konsuln gekannt, die den Namen der Julier trugen, und ihre gehäuften Reichtümer nahmen sich bescheiden neben denen der herrschenden Familien aus.

Cäsars Vater hatte bei der Geburt seines Sohnes wohl gerade

die unterste Sprosse der Ämterlaufbahn erklommen: Er war
Quästor gewesen und sollte es im Jahre 92 noch bis zum Prätor
bringen, bevor er 85 plötzlich starb. Cäsars Zukunft war durch
diese Herkunft genau vorgezeichnet: Er gehörte – ungeachtet der
wenig ruhmreichen Vergangenheit seiner Väter – zu einem
Stand, dessen Angehörige von Kind an zur Politik erzogen wurden. Das Leben wurde geplant als eine durch die geltenden Gesetze genau geregelte Abfolge von Bewerbungen um die Staatsämter. Das höchste Ziel war erreicht, wenn man es bis zum Konsulat gebracht hatte. Dieses Amt verschaffte seinem Inhaber
Macht und Ehre auf Lebenszeit und adelte für immer. Nunmehr
gehörte man zur Nobilität, die sich aus den Familien der gewese-
nen Konsuln zusammensetzte. Ihnen fielen die Statthalterschaf-
ten der reichsten Provinzen zu, sie führten die Eroberungskriege
der Republik, sie besaßen im Senat eine lebenslängliche Ehren-
stellung, und sie lenkten mit ihresgleichen die Geschicke des
Staates. Innerhalb der Senatsaristokratie bildeten sie den enge-
ren Herrenstand, und sie setzten alles daran, diesen Rang zu behaupten. Außenseiter hatten keine Chance. In den Jahren 78 bis
49 v. Chr. kamen aus ihren Familien 54 von 61 Konsuln, und nur
einem Angehörigen des Ritterstandes gestatteten sie den Zugang
zu ihrem illustren Kreis: M. Tullius Cicero. Nimmt man das ver-
gangene Jahrhundert hinzu, so regierten seit dem Hannibalischen Krieg weniger als zwanzig Familien als Herren über das
Konsulat und die Militärkommandos den römischen Staat und
sein Imperium. Die Geschichte des Unterganges dieser Nobilität
ist zugleich die Geschichte vom Sterben einer Republik.

Cäsar war einer von ihnen. Und wie sie suchte er mit allen
Mitteln und mit aller Leidenschaft den Aufstieg in der Ämter-
hierarchie. Er wurde hineingeboren in das Gesetz dieses Lebens:
Politik und Krieg. Der Weg nach oben forderte die exakte Ausbildung als Redner, Rechtskundiger und Soldat. Den Gipfel erreichte jedoch nur, wer die Fähigkeit erwarb und immer neu
schulte, den Zusammenhalt der Familie zu wahren, Freundschaft (*amicitia*) zu schließen, politische Verbindungen (*factiones*)
zu knüpfen und alles auf das sorgfältigste zu pflegen. Familie und
Freunde, Krieg und Politik: verwobene Fäden, die die Aristokra-

Münze Cäsars aus dem Jahre 47. Vorderseite: Venus, Stammutter der Julier.
Rückseite: Aeneas, Sohn der Venus und Stammvater Roms, trägt seinen Vater
aus dem brennenden Troja. In der Rechten hält er das Kultbild der Athena.

ten enger miteinander verbanden, als dies Geld oder Geschäft je vermocht hätten. Für diese Männer war es wichtiger, mit ihresgleichen Politik und Streit zu teilen, als sich einer Sache oder einem Programm mit Haut und Haaren zu verschreiben. Vorausgesetzt, daß sie zusammen mit anderen handelten, die so waren wie sie. Ihr Denken und Handeln kreiste unablässig um Macht, Ehre und Ruhm. Den Kampf darum focht man unter sich aus, und das Turnierfeld dazu boten die Wahlen, der Streit vor Gericht, die großen Kriege. Dazu freilich brauchte man viel Geld: Das dem Stand gemäße Auftreten, die Bestechungssummen für Wähler und Richter, die Hilfe für die Freunde und Klienten, der Wettkampf um die prächtigsten Spiele und Gastmähler verschlangen Unsummen, die nur dann wieder hereinkamen – und das Weitermachen ermöglichten –, wenn der Zugriff auf die Statthalterposten der Provinzen gelang. Einer von ihnen, Licinius Crassus, sagte einmal, nur der könne als reich gelten, der aus seinem Vermögen ein Heer unterhalten könne. Er übertrieb nicht.

Die persönlichen Lebensumstände drängten den jungen Cäsar in das Lager der Popularen. So pflegte man seit den Gracchen die Politiker zu nennen, die bereit waren, ihre politischen Ziele notfalls auch gegen die Mehrheit des Senats mit Hilfe der gesetzgeberischen Kompetenz der Volksversammlung zu erreichen. Sie gebrauchten also das Initiativ- und Antragsrecht des Magistrats als Waffe gegen den Entscheid des Senats, dessen Autorität bis in die Zeit der Gracchen die Abstimmung des Volkes präjudiziert hatte. Ihre Gegner, die Optimaten, beharrten darauf, daß der Wille des Senats höher zu achten sei als das Initiativrecht des Beamten; im übrigen gebrauchten sie das gesamte politische Instrumentarium des Gegners, um ihn niederzuhalten. Jenseits dieses Streits um die Methode der Entscheidungsfindung gab es keine festumrissenen Programme, auch wenn die Popularen das Thema der sozialen Fürsorge – Landversorgung der Veteranen, Getreide für die Armen, Schuldenfreiheit – nie aus dem Auge verloren, um ihre Wähler bei Laune zu halten. In den Kreis dieser Politiker gerieten die Julier, als die Schwester des Vaters einen Emporkömmling (*homo novus*) heiratete: Gaius Marius. Dieser

eisenharte Kommißkopf war durch seine Siege über den Numi-
derkönig Jugurtha und die Kimbern und Teutonen zum gefeierten General Roms geworden, das ihn im Jahre 100 zum fünften-
mal nacheinander zum Konsul gewählt hatte. Die Verwandtschaft mit diesem Mann, der in der Politik kläglich scheiterte und
als unversöhnlicher Gegner seines ehemaligen Kavallerieoffi-
ziers Sulla starb, führte Cäsar Ende der achtziger Jahre auf die
Seite der Verlierer.

Ende 82 war Sulla an der Spitze seiner siegreichen Armee nach
Rom zurückgekehrt. Er übte mit kalter Berechnung Rache: Nach
einer ersten Welle spontaner Mordtaten regelte ein Proskriptionsgesetz die weitere Verfolgung, die alle traf, die seit den neun-
ziger Jahren offen oder versteckt gegen die Senatsmehrheit oppo-
niert hatten. Unter ihnen befand sich auch der 18jährige Neffe
des Marius, der es gewagt hatte, die als Zeichen künftigen Wohl-
verhaltens verlangte Scheidung von seiner Frau Cornelia, der
Tochter Cinnas, abzulehnen. Als ihn ein sullanisches Mordkom-
mando auf der Flucht ergriff, rettete ihn nur die Intervention
einflußreicher Freunde. In einem Punkt war die Zukunft damit
heller geworden: Die siegreiche Partei Sullas konnte nicht die
Cäsars sein, und solange sie uneingeschränkt herrschte, war an
eine große Karriere nicht zu denken.

So dienten die folgenden Jahre ganz der weiteren Ausbildung,
die Cäsar für mehrere Jahre in den griechischen Osten führte.
Von 80 bis 78 leistete er als Stabsoffizier Militärdienst in Asien,
tat sich bei dem Sturmangriff auf Mytilene hervor und wurde mit
der »Bürgerkrone« ausgezeichnet; sie trug der Geehrte bei feierlichen Anlässen, und seine Tapferkeit ehrte bei öffentlichen Spielen das Volk, indem es sich bei seinem Erscheinen von den Sitzen
erhob. Nach dem Tode Sullas kehrte er nach Rom zurück. Dort
übernahm er die Anklage wegen Erpressung gegen den als
Triumphator heimgekehrten Statthalter Makedoniens, Cornelius Dolabella. Dieser Mann war als herausragender Sullaner
sein Feind und in dem Jahr mit Ämtern und Reichtümern überhäuft worden, in dem er selbst von den Schergen des Diktators
gejagt wurde. Er war das geeignete Objekt, um den Standesgenossen und der römischen Öffentlichkeit zu demonstrieren, daß

der tapfere Soldat auch gelernt hatte, als begeisterungsfähiger Redner und sachkundiger Jurist die Spielregeln des aristokratischen Streites um die Macht zu beherrschen. Wie nicht anders zu erwarten, parierte Dolabella den Angriff. Aber sein Ankläger hatte ebenfalls sein Ziel erreicht: Seine Reden wurden publiziert und verschafften ihm den Ruhm, einer der ersten Redner Roms zu sein.

Im Jahre 75 war Cäsar wieder in Griechenland und studierte in Rhodos – allerdings nicht ohne eine hochwillkommene Unterbrechung. Als rhodische Patrouillenschiffe Unruhen in den kleinasiatischen Küstenstädten meldeten, die der auf eine neue Kraftprobe mit Rom drängende Mithridates angezettelt habe, setzte er auf das Festland über, zog eigenmächtig Truppen zusammen und schlug eine Vorausabteilung des pontischen Königs. Dies war so recht nach dem Herzen Roms: Hier handelte ein tapferer Soldat und vorbildlicher Römer, der nicht tatenlos zusah, wenn der Übermut eines Königs Roms Herrschaft bedrohte. Die patriotische Tat sollte Früchte tragen. Während in Spanien der letzte kämpfende Marianer, Sertorius, diplomatische Kontakte mit dem Landesfeind im Osten knüpfte, bewies der Neffe des Marius, daß er seine politische Karriere nicht auf revolutionärem Wege voranzutreiben gedachte. Der Lohn war die Kooptation in das Kollegium der *pontifices,* der Staatspriester. Die Häupter der Nobilität hatten keine Zweifel mehr: Dieser junge Mann zählte zu ihnen, beachtete die Spielregeln und hatte verstanden, daß die Partei des Marius geschlagen war und nie wieder in Rom den Ton angeben würde. Gewiß: er war Popular. Aber dies schloß nicht aus, sondern markierte eine Position.

So begann jetzt für Cäsar die eigentliche politische Arbeit. Es galt, Verbindungen zu knüpfen, einen standesgemäßen Lebenswandel zu führen und Klienten zu gewinnen. Ein gut Teil des Tages kostete die Ochsentour durch die Stadtviertel, in denen man mit noblen Gesten, spendablen Festen und kräftigen Handsalben ebenso wie mit ernster Fürsorge seine Wähler finden mußte. Jeder war dabei weitgehend auf sich allein gestellt, da es weder auf politische Programme festgelegte Parteien noch gebundene Wählermassen gab, auf die man hätte zählen können. Cäsar wohnte nicht besonders anspruchsvoll in der Subura, einem dichtbesiedelten Viertel, das sich nordöstlich des Forums hinzog und in dem die kleinen Leute den Ton angaben. Hier gewann er die ersten Wähler, mit deren Hilfe er 69 die Quästur erreichte. Damit verbunden waren Sitz und Stimme im Senat, dessen Mitglieder für jedermann an dem breiten Purpurstreifen erkennbar waren, der die Tunika säumte. Cäsar hatte zum frühestmöglichen Zeitpunkt die unterste Sprosse der Ämterlaufbahn betreten. Gelang ihm fürderhin alles, konnte er sich im Sommer 60 um das Konsulat bewerben. Der Weg dorthin war allerdings alles andere als überschaubar: Die seit Sulla eingetretenen Veränderungen drohten die Fundamente der Republik zu zerstören und ließen ganz neue, ungewohnte Frontstellungen in der Politik erahnen.

Republik und Imperium

Im Frühjahr 88 war der Bürgerkrieg über Rom hereingebrochen. In Kampanien hatte der amtierende Konsul Sulla, dem ein Volksbeschluß gerade das Kommando im Krieg gegen den pontischen König Mithridates genommen hatte, seine Soldaten zum offenen Aufruhr aufgerufen, mit ihnen Rom erobert und seine Gegner aus der Stadt getrieben. Die verstörte Republik sah sich plötzlich von den Gewalten tödlich bedroht, denen sie ihre Stellung als Weltmacht verdankte: dem Soldaten und dem mit militärischer Befehlsgewalt ausgestatteten Magistrat. Ihre Verwandlung in selbstherrliche Gewalttäter kam schnell, und Vorwarnungen hatte es nicht gegeben, zumal die außenpolitischen Erfolge den Blick auf Schwachstellen eher verstellten. Die Eroberungskriege der letzten Jahrzehnte hatten allerdings die Grenzen des Milizheeres aufgezeigt, in dem der besitzende Bürger Roms – zumeist Bauer – zugleich ihr Soldat war. An seine Stelle trat der Berufssoldat, der sich problemlos aus den proletarischen Massen Roms und Italiens rekrutieren ließ. Ihm waren ganz andere Dinge abzuverlangen, als dem Milizionär: Er diente lange Jahre, wurde trainiert wie ein Gladiator und schleppte während der Feldzüge zur Entlastung des Trains Waffen und Schanzzeug in solcher Fülle mit, daß er den Spitznamen »Marianischer Maulesel« erhielt. Die Kriegsmaschine, die aus ihm und seinesgleichen zusammengeschweißt wurde, schlug bereits die Kimbern und Teutonen so vernichtend, daß ihre Spur fortan aus der Geschichte verschwand. Die Heimat dieser Legionäre war das Feldlager, ihre Kunst der Krieg, ihr Ethos die Gewalt. Ihre Hoffnung aber war ihr Feldherr: Denn nur dieser versprach siegreiche Kriege, unermeßliche Beute, soziales Ansehen und eine bürgerliche Existenz nach der Entlassung. Dafür folgten sie ihm bis an die Grenzen der Erde ebenso wie gegen Rom.

Der Feldherr war Beamter des Staates. Seine Rechte waren umfassend, und seine Entscheidungen traf er *de iure* autonom. Der Geist der Verfassung jedoch machte ihn zum exekutiven Arm des Senats; ihn berief er ein, seine Entscheidung führte er herbei, und seine Beschlüsse setzte er in die Tat um.

»Den Senat haben die Vorfahren zum Wächter, Schützer und Verteidiger des Staates bestimmt; sie verlangten, daß sich die Beamten nach dem Willen dieses Standes richteten und gewissermaßen die Diener dieser ehrfurchtgebietenden Behörde seien.«

Als Cicero[2] mit diesen Sätzen die Verfassungswirklichkeit beschrieb, klangen sie schon wie Beschwörungsformeln, die einer zerfallenden Ordnung neuen Halt geben sollten. Nichtsdestoweniger enthüllen sie präzise das Gerüst der römischen Staatsordnung und die Bedingungen, die jeder politischen Betätigung vorgegeben waren. Mit ihrer Gültigkeit stand und fiel die Republik, deren Verfassung in einer sehr einfachen Form funktionierte: Jeweils auf ein Jahr beschränkt, traten einige Aristokraten als vom Volk gewählte Beamte aus dem Senat heraus und ihm gegenüber, um die militärische, politische und rechtsprechende Gewalt im Staate nach den Vorstellungen des ganzen Standes ausüben zu können. Die rechtliche Kontrolle der allein handlungsfähigen Gewalt der Beamten war dabei kein vorrangiges Problem. Die soziale Bindung an seinen Stand, in den er nach Ablauf der

Amtszeit zurückkehrte, ließ eigene politische Ambitionen, die mit dem Gesamtwillen der regierenden Klasse hätten kollidieren können, gar nicht erst aufkommen. Vor einem Mißbrauch der Amtsgewalt schützten ausreichend die Annuität und die Kollegialität des Amtes. Was dann noch blieb, band das Ethos des Standes: Das Lebenselixier der römischen Aristokratie, ihr unaufhörliches Streben nach Ruhm, Ehre und Gefolgschaften (*gloria, dignitas, clientelae*), ist in den Jahrhunderten der Expansion unauflöslich in die Disziplin des Staates (*res publica*) eingebunden worden. Dies ist so gründlich geschehen, daß jeder Anspruch auf Macht, Ehre und eine herausragende gesellschaftliche Stellung nur als Feldherr, Staatsmann, Jurist oder Priester begründet werden konnte. Nur wer dem Staat diente, hatte Anspruch auf Achtung und Respekt.

Mit Sullas Marsch auf Rom hatten all dies seine eherne Gültigkeit verloren. Warum es dahin kommen konnte, blieb der Zeit verborgen. Sie glaubte die Ursache im Zerfall der Moral ihrer Eliten entdeckt zu haben:

»So riß mit der Macht Habsucht ohne Maß und Grenzen ein, besudelte und verwüstete alles, kannte nichts Hohes und Heiliges mehr, bis sie endlich sich selbst in den Abgrund stürzte«, notierte Sallust[3] bitter, und niemand widersprach ihm.

Erfaßt hatte man mit dieser Beobachtung jedoch nur ein Symptom, nicht die Ursache der Krise. Wie hätte man auch verstehen können, daß das Imperium, dessen Eroberung den Stolz der Republik begründet hatte, sich gegen seinen Schöpfer stellte. Nicht durch Aufstände oder geheimen Widerstand – im Gegenteil: Seine hilflose Größe, seine wehrlos dargebotenen Reichtümer und Machtmittel, die Herrschaftspflichten, die es auf die Schultern der Eroberer häufte, veränderten die Republik und die Bedingungen, unter denen in Rom Politik gemacht wurde. Sie untergruben die jahrhundertealte Solidarität der regierenden Klasse und trieben ihre Familien in den offenen Kampf um die Macht, in dem sie schließlich untergingen.

Rückblickend ist die Tragödie dieser Herrenkaste leicht zu entschlüsseln: Den Statthaltern, die als Vizekönige die Verführung der absoluten Macht kennen- und genießenlernten, und den Feldherren, die als beute- und ruhmbeladene Krieger aus immer ferneren Ländern heimkehrten, war die politische Welt des Senats zu eng geworden. Ihre dort versammelten Standesgenossen erschienen ihnen ärmlich, beschränkt und unwissend. Jetzt wollten sie entscheiden und die Herren des Staates sein, jetzt sollte ihr Wort vor allen anderen Gehör finden. Ihr Anspruch auf Anerkennung und Macht, ihre Hoffnung auf Unsterblichkeit paßten sich der Dimension des Weltreiches an, das sie eroberten. Die neu Hinzudrängenden sahen und lernten, daß wirkliche Macht nur durch Krieg und Ausbeutung zu erringen war. So unterwarfen sie die Außenpolitik ihrem Zugriff und türmten immer ungehemmter große Militärkommandos aufeinander. Bei Marius und Sulla waren es noch von außen andrängende Gefahren, die große Armeen und fähige Militärs forderten. Danach schuf sich der Machthunger der großen *nobiles* seine außenpolitischen Bestätigungsfelder selbst. Das Imperium und die Ziele seiner Ausdehnung gerieten in den Sog eines sich verschärfenden inneren Machtkampfes, dessen Kontrahenten anfingen, innenpolitisch ihre Interessen mit denen des Staates gleichzusetzen und außenpolitisch in den Dimensionen Alexanders des Großen zu denken. Als Marius im Bundesgenossenkrieg noch auf dem Schlachtfeld tausend italische Soldaten mit dem römischen Bürgerrecht auszeichnete, wies er Vorwürfe gegen diese Rechtsanmaßung barsch zurück: er habe im Lärm der Waffen die Stimme des Gesetzes nicht gehört. Und von Lucullus wird berichtet, er habe nach dem Sieg über Armenien davon geträumt, »drei Könige nacheinander niederzuringen und unbezwungen und unbesiegt die drei größten Reiche unter der Sonne zu durchziehen«.[4] Wer so dachte und handelte, wurde zur tödlichen Gefahr für die Republik.

Der erste Stoß in den achtziger Jahren hatte sie nicht tödlich getroffen, noch schien sie der Ansturm ihrer Generäle eher stärker zu machen. Der junge Cäsar und seine Zeitgenossen hatten zugesehen, mit welchem leidenschaftlichen Eifer Sulla, der Rom zweimal blutig erobert hatte, nach seinem Sieg darangegangen war, die Republik wieder aufzurichten und ihr neues Leben einzuhauchen. Nach einem beispiellosen Reformwerk hatte er schließlich seine diktatorischen Vollmachten niedergelegt und war als Privatmann nach Hause gegangen: Die Macht kehrte in die Hände des Senats zurück. Mit dieser Entscheidung war auch die Kraftquelle der Republik sichtbar geworden: Für alle, die in ihr lebten und stritten, war sie die beste aller Lebensordnungen, zu der es keine Alternative gab.

Von dieser Gewißheit blieb auch das Nachdenken über den Staat geprägt, bis unter Augustus die Monarchie unverhüllt ihr Haupt erhob und neue Formen der Machtanbetung forderte. Die Aristokraten der letzten Lebensjahrzehnte der Republik waren keineswegs blind gegenüber den Zeichen, die ihrem Untergang vorausgingen. Aber gekettet an ihre Erfolge und beherrscht von den Erinnerungen an die glorreiche Geschichte der Vorfahren, glitt ihnen das Gesetz des Handelns aus der Hand. Sie konnten daran auch wenig ändern. Die Reformen Sullas hatten ihre Chance, die Macht zu behaupten, zweifellos gefestigt. Vor allem die Konzentration der militärischen Gewalt auf die Provinzen und die damit verbundene Entmilitarisierung Italiens ließen hoffen, daß es einen neuen Sturm auf Rom nicht mehr geben werde. Trotzdem lag genau hier nach wie vor der neuralgische Punkt: Die Dezentralisierung der Armee setzte im Grunde ein saturiertes Weltreich voraus, das seine Truppen nur zum Erhalt des Erreichten einsetzte. War dem aber nicht so und fand sich einer, der zu neuen Eroberungszügen aufbrach, so mußten unvermeidlich neue Legionen unter seinem Kommando bereitgestellt werden. So und nicht anders hatte es im Jahre 88 angefangen: Der ehrgeizige General und die ihm ergebenen Truppen konnten durch kein Gesetz und keinen Senatsbeschluß daran gehindert werden, das Schwert auch als Mittel zur Durchsetzung innenpolitischer Ziele zu ziehen.

Die Aristokraten hielten sich an das Gewohnte und Bewährte, um damit fertig zu werden. Kaum einer von ihnen verließ auch in schwierigen Zeiten die Politik; konnte doch nur sie allein ihnen geben, was ihr und ihrer Väter Ehrgeiz immer gewollt hatten: Ehre, Macht und Ruhm. Ciceros Klage über einzelne *nobiles*, die sich statt um den verlorenen Staat nur noch um ihre Fischteiche kümmerten[5], traf nur wenige. Die meisten blieben, und die

Kräfte des Beharrens, die sie verkörperten, waren zäh. So sehr auch die Übermacht ihrer Generäle ihren Anspruch auf die alleinige Macht im Staate bedrohten, ihre Moral und ihre Weltsicht bestimmten doch weiterhin die Politik.

Auf dem Weg zum Konsulat

Im Schatten des Pompeius

Die Republik litt unter ihren Generälen, aber sie liebte sie auch. Denn sie verteidigten und vermehrten das Imperium, in dem sich für alle sozialen Schichten die Größe Roms spiegelte. In den siebziger Jahren tönten Kriegsgeschrei und Siegesmeldungen aus fast allen Teilen der Welt. In Spanien rangen Metellus Pius und Pompeius in langen Jahren den Widerstand des aufsässigen Sertorius nieder, ein weiterer Meteller eroberte das von Piraten heimgesuchte Kreta, Publius Servilius kämpfte erfolgreich in Kilikien, der jüngere Lucullus führte die Legionsadler von Makedonien bis an die Küsten des Schwarzen Meeres und die Donaumündung, und sein älterer Bruder Lucius kommandierte eine große Armee, die die Macht des pontischen Königs Mithridates VI. vernichtete. In Italien war Licinius Crassus Herr über acht Legionen, mit denen er den Sklavenaufstand des Spartacus, der 73 bis 71 weite Teile Italiens verheert hatte, niederwarf. 71 verschwor er sich mit dem siegreich aus Spanien heimkehrenden Pompeius und forderte mit diesem das Konsulat für das kommende Jahr. Beide – obwohl mit Sulla groß geworden – stürzten Teile der sullanischen Ordnung, um ihre Klientelen zu mehren und ihre künftigen politischen Chancen zu verbessern: Die Ritter, die Klasse der einflußreichen Bankiers, Heereslieferanten und Steuerpächter, nahmen ihre Sitze auf den Bänken der Geschworenengerichte wieder ein, und die Volkstribunen erhielten ihr uneingeschränktes Recht zurück, dem Volk Gesetzesanträge zur Abstimmung vorzulegen. Knapp drei Jahre später war es denn auch ein Tribun, der Pompeius gegen den Willen des Senats ein neues außerordentliches Kommando verschaffte.

Beide Konsuln blieben nach ihrem Amtsjahr in Rom: Der eine, Pompeius, lauerte auf neue spektakuläre Kriegszüge, der andere, Crassus, spann rührig seine innenpolitischen Fäden und verdiente und verlieh in großem Stil Geld, um seine Gefolgschaft zu mehren. Beide waren erfüllt von unersättlicher Machtgier, beide waren Feinde. Crassus glaubte fest daran, die Anhäufung von Reichtum und die Pflege vielfältiger Beziehungen werde ihn eines Tages nach ganz oben tragen. Fünfzehn Jahre später sollte er am Ziel seiner Wünsche sein: Im Jahre 55 übertrug das Volk dem nunmehr Sechzigjährigen das ersehnte langjährige Kommando im Krieg gegen die Parther. Noch jetzt, auf dem Gipfel seines Lebens, nagte an ihm der Fehler, den er sich nie verzieh: Als im Winter 72/71 der bereits geschlagene Spartacus noch einmal den Sperriegel der Legionen durchbrach, hatte Crassus in einem Anfall von Panik den Senat gebeten, Pompeius zu seiner Unterstützung aus Spanien abzuberufen. Als es diesem – ohnehin auf dem Wege nach Italien – gelang, in Etrurien einige Tausend Sklaven niederzumachen, konnte er dem Senat stolz berichten, Crassus habe zwar die Sklaven besiegt, er jedoch habe den Krieg vollends bis zur Wurzel ausgerottet. Crassus vergaß diese Schmach nie.

Der Glanz des ganz großen Ruhms fiel in diesen Jahren jedoch auf Lucullus. Seine Legionen waren 73 zum Angriff auf Mithridates angetreten, hatten diesen aus seinem Reich verjagt und schickten sich an, Armenien zu erobern. Als Cäsar Quästor wurde, überschritt Lucullus den Euphrat, stieß über den Tigris vor, marschierte auf Tigranokerta, die Hauptstadt, zu und vernichtete ein großes feindliches Heer; das Bulletin des stolzen Siegers an den Senat sprach von hunderttausend gefallenen Feinden und einem kopflos flüchtenden Großkönig. Ein neues großes Reich war erobert, und Mesopotamien lag nahezu schutzlos vor dem römischen Feldherrn, der im Jahre 68 Nisibis in seine Gewalt brachte. Alle diese großen Kriegszüge waren begonnen worden, ohne das Einverständnis des Senats einzuholen. Dabei war Lucullus, der Schüler und Freund Sullas, ein Mann des Senats und von dem politischen Glauben beseelt, dessen gerade restaurierte Herrschaft unter allen Umständen zu wahren. Der Sieg und der Ruhm fegten alle Bedenken beiseite. Von jetzt an sollte im Sog der militärischen Erfolge das Verfügungsrecht des Senats über die Außenpolitik Stück für Stück auseinanderbrechen. Es zählte nur noch wenig angesichts der neuen Wahrheit, die die in Tigranokerta und Nisibis einrückenden Legionen verkündeten: Die Götter hatten die Römer zu Herren der Welt berufen und segneten die, die diesen Auftrag erfüllten. Der Taumel dieser Gewißheit verdeckte die Warnzeichen, die von der Übermacht der Generäle sprachen. Von diesen gab es genug, und sie warteten gierig auf ihre Chance.

Cäsar gehörte nicht zu ihnen. Er konnte nur im Schatten des Größten, um den man sich verdient machen mußte, seine politische Position behutsam festigen, um schließlich selbst bündnisfähig zu werden. Im Senat war für ihn wenig zu hoffen. Dort herrschten die Optimaten, die ihre Macht und ihren Reichtum Sulla verdankten und die im Besitz der großen Provinzen eifersüchtig über ihre Privilegien wachten. Popularen Politikern wie Cäsar begegnete man mit wachsamem Mißtrauen, auch wenn man sie grundsätzlich als zugehörig betrachtete. Aufsteigern zeigte man die kalte Schulter. Nur einer fand Gnade vor ihren Augen: Cicero. Dieser durch seine glänzende Rednerkunst auffallende Ritter aus der italischen Provinz hatte mit ungeheurer Geschäftigkeit keinen großen Rechtsstreit ausgelassen. Emsig griff er mal als Kläger, mal als Verteidiger ein. Er hatte dabei viele Freunde gewonnen und sorgfältig seine Verbindungen zu den Bankiers und den Honoratioren der italischen Landstädte gepflegt, für die er offen oder versteckt eintrat.

Sein politisches Weltbild bestärkte den Eindruck von Zuverlässigkeit: er war für die bestehende Ordnung, beschwor gern die Eintracht der Senatoren und sprach viel von einem Bündnis aller Gutgesinnten (*boni*), die alle Angriffe auf die von den Vätern geheiligte Ordnung abwehren könnten. Trotzdem bedurfte es ungewöhnlicher Umstände, um ihm den Weg zum Konsulat frei zu machen.

Seine erste Rede vor einer Volksversammlung hielt Cicero im

Jahre 66. Damals bereits Prätor, empfahl er eindringlich, dem Pompeius ein umfassendes Militärkommando zu übertragen, um den Krieg gegen Mithridates endgültig zu beenden. Nicht minder eifrig, aber unauffälliger plädierte und agitierte Cäsar für ein solches Gesetz. Beide konnten gar nicht anders. Wer gegen die sullanischen Herren des Senats in der Politik etwas werden wollte, mußte dem mächtigen General zu Gefallen sein und für seine Kriegspläne eintreten. Für Cäsar war dies schwer und leicht zugleich: leicht, weil Pompeius als Konsul die sullanische Verfassung zum Einsturz gebracht und damit popularen Zielen zum Sieg verholfen hatte; schwer, weil es Cäsar unter keinen Umständen mit Crassus verderben durfte, bei dem er hoch verschuldet war und ohne dessen Kredite er in der Politik nicht mehr satisfaktionsfähig war.

Wie immer: Vor Pompeius gab es kein Entrinnen. Der Aufstieg dieses Mannes, der sich anschickte, der erste im Staate zu werden, war der eines militärischen Usurpators gewesen. Brutal und fordernd hatte er sich als Soldat den Weg nach oben gebahnt und keinen Rechtsbruch und keine Gewalttat gescheut. Als Sulla im Frühjahr 83 mit seinem in Brundisium gelandeten Heer nach Norden aufbrach, um Rom ein zweites Mal zu erobern, führte ihm der damals 23jährige Pompeius drei Legionen zu, die er eigenmächtig in seiner picenischen Heimat ausgehoben hatte. Wenig später kommandierte er die Armee, die den Marianern in Afrika den Garaus machte. Ohne je ein ordentliches Amt bekleidet zu haben oder Senator zu sein, triumphierte er in Rom und trug stolz den Beinamen »der Große« (*Magnus*), den ihm seine Anhänger in Anlehnung an Alexander angedient hatten. In den siebziger Jahren kämpfte er gegen Sertorius in Spanien und erhielt als Siegespreis das Konsulat im Jahre 70.

Seine Eitelkeit und seine Ruhmsucht waren grenzenlos. Von den zahllosen Anekdoten, die über ihn im Umlauf waren, zeigt ihn die treffendste als Konsul auf dem Wege zur Abmusterung vom ritterlichen Kriegsdienst:

»Da sah man Pompeius auf den Markt herunterkommen, mit allen Abzeichen seiner Würde angetan, aber sein Pferd mit eigener Hand am Zügel führend. Als er nahe und allen sichtbar geworden war, befahl er seinen Liktoren, beiseite zu treten, und führte sein Pferd vor das Tribunal. Das Volk staunte und war ganz still, und die Zensoren erfüllte ein gewisses Schamgefühl und Freude zugleich bei dem Anblick. Darauf stellte der Ältere der beiden die Frage: ›Ich frage dich, Pompeius Magnus, ob du alle vom Gesetz vorgeschriebenen Feldzüge mitgemacht hast‹, und Pompeius antwortete mit lauter Stimme: ›Ich habe sie alle mitgemacht, und alle unter meinem Kommando‹.«[1]

Für Augenblicke wie diese, in denen ihm die ungetrübte Zustimmung von Adel und Volk entgegenschlug, lebte Pompeius. Der Weg dorthin war ihm nie zweifelhaft: Wo immer es Krieg gab, wollte er dabeisein und für Rom den Sieg erringen.

Als Pompeius das Kommando im asiatischen Krieg forderte, war er gerade das Idol des Volkes und der begeistert gefeierte Sieger über die Seeräuber geworden. Er hatte nach dem Konsulat nicht lange auf seine Stunde zu warten brauchen. Seit Jahrzehnten trieben große Seeräuberflotten im Mittelmeer ihr Unwesen. Nun hatten sie in tollkühnem Übermut begonnen, die Getreideschiffe für die Hauptstadt zu kapern. Damit war das Maß voll. Auf Antrag des Volkstribunen Gabinius erhielt Pompeius umfassende militärische Vollmachten, die das gesamte Mittelmeer einschlossen. Mit 20 Legionen und 500 Schiffen machte er dort dem lästigen Spuk ein Ende und brannte die Küstenstützpunkte der Piraten nieder. Überzeugender war Rom noch nie vor Augen geführt worden, zu welchen Erfolgen ein tüchtiger General fähig war, wenn ihm eine Befehlsgewalt ohne die üblichen Zeit- und Ortsschranken zufiel: Erst jetzt beherrsche Rom tatsächlich das Mittelmeer vom Ozean bis zum Schwarzen Meer »wie einen sicheren und geschlossenen Hafen«, jubelte Cicero[2]. Wer wollte es nun noch wagen, dem strahlenden Sieger den Befehl über die asiatischen Legionen zu verweigern, zumal diese gegen Lucullus gemeutert hatten und alles Erreichte in Frage gestellt schien?

Pompeius erhielt, was immer er forderte – selbst das Recht, Kriege zu erklären und im Namen des römischen Volkes Bündnisse zu schließen. Die Übergabe des Kommandos durch Lucullus war kurz und haßerfüllt: Pompeius handle, wie er es seit jeher getan habe; wie ein Geier sei er herbeigeeilt, um sich wieder einmal über den Kadaver eines Krieges herzumachen, entfuhr es dem schwer gekränkten Mann, der fast sieben Jahre lang über weite Gebiete Asiens wie ein Monarch geherrscht hatte und sich nun um den Sieg betrogen sah[3]. Pompeius bewies, daß der Vorwurf ungerecht war: Seine Legionen drangen bis an das Kaspische Meer vor, verwüsteten Armenien, marschierten auf den alten Hauptstraßen Asiens und zerschlugen, südwärts vordringend, den alten Seleukidenstaat in Syrien; ihre Vorhuten überschritten die Grenze nach Arabien. In Rom wurden Siege über Völker bestaunt, von deren Namen noch niemand gehört hatte, und die Phantasie entzündete sich an der Vorstellung, zwölf Könige hätten Pompeius Geschenke gebracht und ihre Ergebenheit bekundet. Pompeius war auf dem Höhepunkt seiner Macht. Er krönte seine Siege mit einer umfassenden Neuordnung der Länder vom Bosporus bis Palästina. Die Menschen des griechischen Ostens hatten nicht unrecht, wenn sie diesen Römer wie einen zweiten Alexander feierten. »Retter und Wohltäter, Hüter der Erde und des Meeres«, stand auf den Ehreninschriften in den Städten Asiens zu lesen[4].

Pompeius war der mächtigste Mann der Welt geworden – aber nicht in Rom. Seine Macht hätte gewiß auch dazu ausgereicht – allerdings nur um den Preis einer neuerlichen militärischen Vergewaltigung der Stadt. Dafür sprach freilich wenig: Was hätte der Sieger mit seiner Beute anfangen sollen? Viel wahrscheinlicher war, daß Pompeius nach einer Möglichkeit suchen würde, seine Rolle als erster Mann des Staates zu festigen. In welcher Form und in welchem Ausmaß dies geplant war, wagte niemand zu mutmaßen. Die Ungewißheit währte nicht lange. Im Dezember 63 legte der Volkstribun Metellus Nepos, Legat und Schwager des Pompeius, den Antrag vor, Pompeius solle mit seinem Heer nach Italien gerufen werden, um den bewaffneten Aufstand des Catilina niederzuwerfen. Pompeius dachte offensichtlich daran, wie im Jahre 71 vorzugehen: Dem Retter Italiens sollte das Konsulat zufallen. Doch diesmal war das Szenarium anders: Catilina war nicht Spartacus, und der Senat war vorbereitet. So fiel der Antrag im Jahre 62 durch. Unter den Verlierern war auch

Cäsar. Er hatte diesmal alle Rücksichten fallenlassen und so leidenschaftlich und skrupellos agitiert, daß ihm der Senat für eine
kurze Zeit untersagte, weiter sein gerade erst angetretenes Präto-
renamt auszuüben. Die Hauptsorge aber blieb für alle gleich:
Was würde der General tun, der Ende des Jahres begann, seine
siegreichen Legionen in den unteritalischen Adriahäfen auszu-
schiffen?

Pompeius tat, was viele Zeitgenossen wie ein Wunder bestaun-
ten: Er entließ seine Truppen und kehrte, nur umgeben von seinen Freunden, nach Rom zurück. Er blieb vor der Stadt und
konzentrierte sich auf die Organisation seines Thriumphzuges,
der im September 61 zwei Tage lang Rom in Atem hielt: Der
wiedererschienene Alexander feierte seinen Sieg über die Länder
vom Asowschen bis zum Roten Meer und unterstrich seinen Anspruch, Prinzeps in Rom zu sein. Es war der dritte Triumph, den
er feierte, und es war der dritte Erdteil, den er für Rom bezwun-
gen hatte. Pompeius hatte guten Grund für seine Gewißheit, daß
der Staat ihm zu Dank verpflichtet sei.

Er mußte auf demütigende Weise erfahren, daß der Senat in
seiner Mehrheit anderer Meinung war. Was immer Pompeius
jetzt anpackte, endete mit einer Niederlage. Die Optimaten hatten ihm nie die tiefe Spur von Gewalt und Rechtsbrüchen verzie-
hen, die er in die Geschichte der vergangenen zwei Jahrzehnte
gezogen hatte. Nun wies man dem vermeintlich Wehrlosen die
Tür. Es begann damit, daß ihm Porcius Cato brüsk die Hand
seiner Nichte verweigerte. Dann ließ der vornehme Metellus Celer, Konsul des Jahres 60, die freundschaftliche Maske fallen, da
es Pompeius bei seiner Rückkehr gewagt hatte, seiner Frau Mu-
cia, einer Halbschwester des Celer, den Scheidebrief zu schicken.
Gegen seine wütenden Attacken half auch nicht, daß sein treuer
Legat L. Afranius zum zweiten Konsul gewählt worden war: Dieser tappte holzköpfig und hilflos in jede Falle, die ihm seine listi-
gen Gegner stellten. Schließlich verweigerte der Senat die Ent-
lohnung der Veteranen mit Siedlungsland, und als die Debatte
um die Ratifizierung seiner Verfügungen im Osten begann, erhob sich Lucullus: Rachsüchtig forderte er, die von Pompeius
erwartete pauschale Billigung seiner Maßnahmen abzulehnen

und sie statt dessen Punkt für Punkt durchzugehen und zu prüfen; er setzte sich durch. Pompeius wurde unsicher und verlor an Überzeugungskraft. »Unbefriedigend für die kleinen Leute, nichtssagend für die Lumpen, für die Geldleute wenig ermunternd, für die Optimaten ungefährlich«, kommentierte händereibend Cicero[5] das öffentliche Auftreten des großen und nun auch einsam gewordenen Generals.

Seine Gegner triumphierten und wähnten sich am Ziel. Sie mußten leidvoll erfahren, daß ihre Hoffnung eitel und ihre Politik kurzsichtig und dumm war. Von allen Seiten bedrängt, begehrte Pompeius auf und entschloß sich zum *coup d'état*. Seine Ehre war dahin, wenn er seine ergebenen Veteranen ohne Lohn ins offene Elend ziehen ließ. Kassierte der Senat gar seine Organisation des Ostens, so stürzten sie dort die Standbilder und Altäre, die ihm im frommen Glauben an seine Macht errichtet worden waren. In dieser Situation schlug auch die Stunde des Julius Cäsar. Er wurde zum Regisseur des Staatsstreiches. Beide, Pompeius und Cäsar, sollten die Macht, zu der sie jetzt den Grundstein legten, bis zu ihrem Tode nicht mehr aus der Hand geben.

Am Ziel

Cäsar hatte in den mühseligen Jahren seines langsamen Aufstiegs in der Ämterlaufbahn gelernt, daß wahre Macht nur dem zufiel, der sich in einem großen Krieg hervortat. Und er erkannte, daß nach den blutigen Bürgerkriegswirren der achtziger und siebziger Jahre nur der zum Ziel kam, der sich strikt an die legalen Formen der langsamen Machthäufung hielt und ertrug, sich dabei drehen, wenden und bücken zu müssen. Rom ächtete jeden, der den Weg der Gewalt beschritt und die Tage Sullas heraufzubeschwören drohte.

Den letzten Anschauungsunterricht erteilte die Verschwörung des Catilina. Auch er stammte aus einem alten patrizischen Geschlecht, war als berüchtigter Scherge Sullas reich geworden, 67/66 Statthalter in Afrika gewesen und fest entschlossen, auch noch den Sprung zum Konsulat zu schaffen. Viermal hatte er es

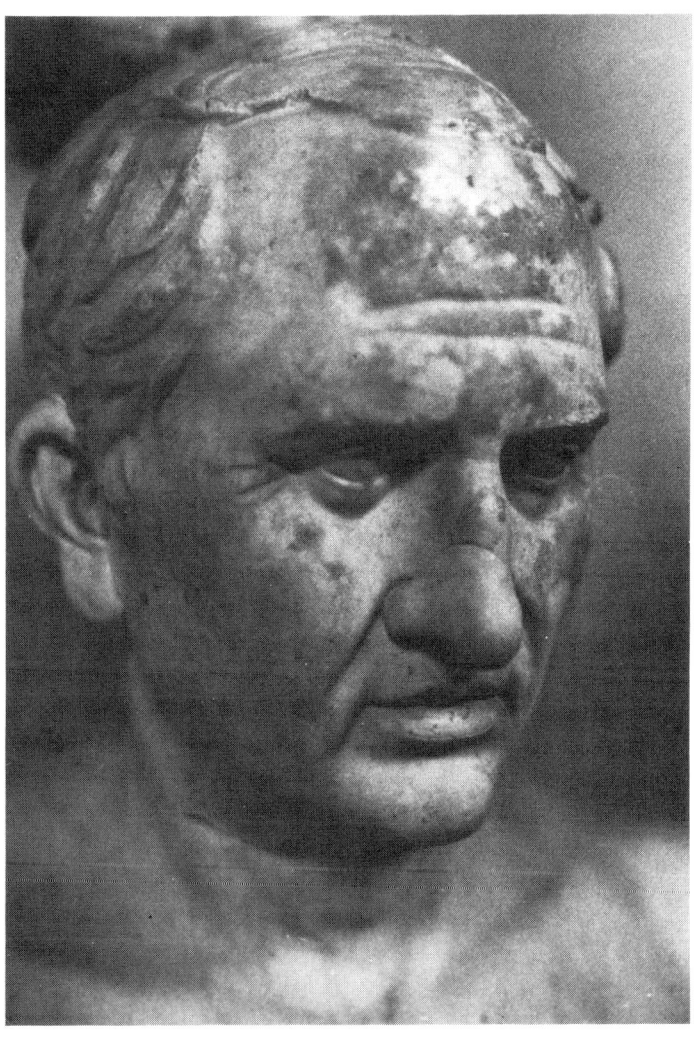

Marcus Tullius Cicero, Konsul im Jahre 63. Als homo novus *in die Nobilität aufgestiegen, genoß er als mitreißender Redner hohes Ansehen im Senat.*

auf legalem Wege versucht, viermal war er am Widerstand der Optimaten gescheitert, die seiner nicht sicher waren. Im Sommer 63 im Wahlkampf erneut unterlegen, entschloß er sich zum Aufstand und machte sich zum Fürsprecher verschuldeter Adliger, verarmter Veteranen und von Teilen der hauptstädtischen Plebs. Auf die Nachricht von Truppenanwerbungen in Etrurien rief der Senat im Oktober den Staatsnotstand aus. Der damit handlungsfähige Konsul Cicero provozierte Catilina zum Verlassen der Stadt und setzte schließlich nach erregter Debatte im Senat am 5. Dezember die Hinrichtung der adligen Anhänger Catilinas durch, die in Rom geblieben waren. »Sie haben gelebt«, verkündete er noch am selben Abend der vor dem Kerker wartenden Menge, die ihn als Retter des Vaterlandes feierlich nach Hause geleitete[6]. Catilina selbst fiel im Januar 62 im aussichtslosen Kampf gegen die Truppen der Republik.

Die zeitgenössische Überlieferung hat aus dieser Verzweiflungstat eines gescheiterten Patriziers die lang geplante Verschwörung eines notorischen Verbrechers gemacht. Aus dem historischen Catilina, wenig mehr als ein Bramarbas des Umsturzes, wurde der Archetyp eines Verschwörers und das Sinnbild des in einer zerrissenen Zeit übermächtig gewordenen Bösen. Dieses Zerrbild hätte nie geschrieben werden können, wenn die Zeit nicht so entschlossen gewesen wäre, Leben und Ehre eines jeden auszulöschen, der das Schwert gegen den Staat erhob. Cäsar erfuhr in diesen dramatischen Tagen am eigenen Leibe, mit welch tödlichem Ernst der herausgeforderte Senat jeden bedrohte, der auch nur in den Verdacht geriet, die Waffe gegen den Staat kehren zu wollen. Er hatte in der Sitzung am 5. Dezember das Wort ergriffen und gegen die geforderte Todesstrafe eingewandt, daß die Catilinarier bereits verhaftet und unschädlich gemacht worden seien, so daß nach geltendem Recht ihre Hinrichtung ohne ordentliches Gerichtsverfahren nicht möglich sei. Er schlug seinerseits vor, das Vermögen der Verschwörer zu konfiszieren und die Täter für immer hinter den Mauern ausgewählter italischer Stadtgefängnisse verschwinden zu lassen.

Cäsar folgte mit diesem Antrag dem einzigen unbestrittenen Grundsatz popularer Politik: Das Gesetz des Gaius Gracchus,

das die Verhängung der Todesstrafe gegen einen römischen Bürger allein dem Volk und einem von ihm eingesetzten Gerichtshof
gestattete, hatte als Grundrecht der Freiheit eines römischen
Bürgers zu gelten. Nur wer offen mit der Waffe in der Hand gegen
den Staat kämpfte, konnte dieses Grundrechtes verlustig gehen[7].
Der Vorschlag der lebenslänglichen Haft traf also Verschwörung
und Verschwörer nicht minder vernichtend wie der von Cicero
geforderte Tod, war aber rechtlich unangreifbar. Trotzdem geriet
Cäsar in der aufgereizten Atmosphäre sofort in Verdacht, die Täter retten zu wollen. Cato bezichtigte ihn in seiner Gegenrede
offen der Mittäterschaft, und beim Verlassen des Saales wurde er
von der ritterlichen Wachmannschaft mit der Waffe bedroht; Cicero soll ihm damals das Leben gerettet haben. Bis in die heutige
historische Forschung hielt sich der Verdacht des Cato – ohne
triftigen Grund.

Cäsar hat immer gewußt, daß ihn einzig der legale Weg zum
Ziel führen konnte. Die Ereignisse des Jahres 63 sagen es ganz
deutlich: Während der Patrizier Catilina zum Desperado wurde
und das aristokratische Turnier um Macht und Ehre mit seinen
klaren Spielregeln verließ, die immer noch durch das Wohl des
Staates festgelegt wurden, kandidierte Cäsar für das Amt des *pontifex maximus* gegen zwei der vornehmsten Mitglieder des Senats.
Er siegte mit den letzten Sesterzen, die er bei Crassus für die
Wahlbestechungen auftreiben konnte. Künftig führte er die Aufsicht über den gesamten Vollzug des Staatskultes und residierte
an der Via sacra im Amtsgebäude des höchsten Priesters. Das
Ansehen und die Würde, die dieses Amt verliehen, machten ihn
zu einem führenden Mitglied der Senatsaristokratie. Die Prätur
im Jahre 62 war nur noch Formsache. Als Proprätor ging er nach
Spanien, sanierte seine Finanzen durch die Ausbeutung der Provinzialen und durch ebenso perfide wie taktisch brillant geführte
Kriege gegen die Grenznachbarn. Dabei häufte er so glänzende
Erfolge, daß ihm der Senat den Triumph bewilligte, als er im Juni
60 nach Italien zurückkehrte.

Cäsar stand vor der letzten Hürde, und er war entschlossen, sie
um jeden Preis zu nehmen. Er zögerte keinen Augenblick, auf
den Triumph zu verzichten, als ihm der Senat die Bewerbung um

das Konsulat *in absentia* verweigerte. Er verbündete sich mit L. Lucceius, einem schwerreichen Freund des Pompeius, der als wenig aussichtsreicher Aufsteiger die Hauptkosten des Wahlkampfes übernahm, um im Schatten Cäsars seine Chance zu wahren. Die alarmierten Optimaten bildeten einen gemeinsamen Wahlfond und unterstützten die Bewerbung des Marcus Calpurnius Bibulus, um wenigstens das Schlimmste zu verhüten. Bibulus war mit Cäsar Ädil gewesen und seitdem sein unversöhnlicher Feind. Mit der Verkündigung des Wahlergebnisses wurde ihm beschert, wovor er sich wohl auch insgeheim gefürchtet hatte: Das gemeinsame Konsulat mit Cäsar, das für ihn zum Martyrium werden und die zukünftigen Jahre seines Lebens vergiften sollte. Als er im Frühjahr 48 vor Erschöpfung und mit ungestillter Wut an Deck einer Galeere starb, hatte ihm Cäsar gerade die letzte Schmach angetan: Er hatte, bei der Verfolgung des Pompeius nach Epirus segelnd, die Blockade der Adriaflotte, die Bibulus kommandierte, durchbrochen.

Die Optimaten gaben das Spiel noch nicht verloren. Um den Schaden zu begrenzen, beschloß der Senat, als prokonsularische Geschäftsbereiche für das Jahr 58 die Pflege der »Wälder und Triften« in Italien einzurichten: Der ehrgeizige Cäsar sollte nicht Herr einer großen Provinz, sondern Anführer einer Schar von Feldmessern werden, die mit Feuereifer die Saumpfade Italiens kartierten[8]. Die Kampfansage war deutlich und forderte eine Antwort. Sie kam in der Form des kalten Staatsstreiches.

Die politischen Fronten des Jahres 60 wiesen von sich aus den Weg in das Haus des Pompeius. Dieser hatte durch seine Unterstützung des Wahlbündnisses zwischen Cäsar und Lucceius bereits zu erkennen gegeben, daß er die Hilfe des aufstrebenden Cäsar in den vergangenen Jahren durchaus nicht übersehen hatte. Was er sich von einem Bündnis mit dem künftigen Konsul versprach, war nicht minder klar als die Erwartungen Cäsars: Der eine brauchte ein Gesetz über die Ansiedlung seiner Veteranen und die Bestätigung seiner Maßnahmen im Osten, der andere suchte Hilfe bei der Durchsetzung eines Volksbeschlusses, der ihm das Schicksal ersparte, tatsächlich die Saumpfade Italiens abgehen zu müssen. Ihre Machtmittel waren schnell gewogen: Der eine bot das ungeheure Ansehen des Reichsfeldherrn und seine ergebenen Veteranen, der andere hatte das Amt, mit dem ein entschlossener Politiker viel erreichen konnte.

Da war aber auch Crassus, der auch diesmal Cäsars Wahl unterstützt hatte. Ihm war in den letzten zehn Jahren nicht mehr viel geglückt; auch seine unverhohlene Feindschaft zu Pompeius hatte die Häupter der Optimaten nicht für sich gewinnen können. Aber Crassus war unvorstellbar reich und verfügte über die vielfältigsten Verbindungen. Aus der Sicht Cäsars wäre es unklug gewesen, diesen bewährten Freund vor den Kopf zu stoßen und ihn in die Arme der Optimaten zu treiben. Es lag ihm auch nicht: Teil seiner patrizischen Ehre war der Stolz, seine Freunde nie im Stich gelassen zu haben.

Diese drei Männer hatten eins gemeinsam: sie hatten mehr im Sinn, als künftig mit ihresgleichen im Senat den Ton anzugeben und den Machtanspruch des Senats zu stützen. Sie sannen nicht auf Umsturz, aber sie wollten herausragen, mehr Ansehen und Macht besitzen als andere. Sie hatten gelernt, daß dieses Ziel nur zu erreichen war, wenn man in langen Zeiträumen dachte. Als sie nun im Spätsommer darangingen, dies vereint zu tun, hoben sie die politische Ordnung der Republik aus den Angeln. Diese hatte immer Bündnisse und Gruppenbildungen ihrer führenden Familien gekannt; Politik wäre anders auch gar nicht zu treiben gewesen. Aber diese Verbindungen gingen viele ein, häufig konkurrierend und immer auf bestimmte, kurzfristig angepeilte Ziele begrenzt. Jetzt aber taten sich drei Männer zusammen, die Gefolgschaften, Geld und Verbindungen in bisher unbekannter Größenordnung kombinieren konnten und dies taten, um sich selbst für einen langen Zeitraum die alleinige Macht zu erhalten. Die einfache Formel, auf die sie sich einigten, kündigte die Gründung eines politischen Kartells an: »Nichts solle im Staat künftig geschehen, was einem von ihnen mißfallen sollte.«[9]

Ihre Fähigkeiten demonstrierten die Triumvirn bereits bei den anstehenden Wahlen und im Konsulat Cäsars, indem sie für mehrere Jahre weite Teile der Staatsmacht an sich rissen und das gewohnte Spiel der republikanischen Kräfte lähmten. Unter dem Eindruck des Schreckens, den dieser Vorgang auslöste, wucherten nun auch die ersten Legenden über den Aufstieg Cäsars, in dem man den eigentlichen Drahtzieher des Komplotts gegen den Staat entdeckt zu haben glaubte. Dieser Mann sollte nun schon von frühester Jugend an die Alleinherrschaft im Staate angestrebt und auf den Weg dorthin zielbewußt die Institutionen der Republik untergraben haben. Tatsächlich wußte man jedoch von Cäsar wenig: Seine Karriere war an die üblichen Regeln der Laufbahn eines Aristokraten gebunden und daher unauffällig gewesen. Nichts davon wies auf den späteren Machthaber. Die Leere dieses Bildes war (und ist) für Biographen unerträglich, und die Wahrheit, von der die wenigen bekannten Fakten sprachen, leuchtete vor dem Hintergrund des Dreibundes und des folgenden Konsulats nicht mehr ein. Niemand fand es glaubhaft, daß Cäsar im Schatten des Pompeius und weitgehend unbeachtet groß geworden war. Und schon gar nicht wollte man verstehen, daß er, als er im Juli 60 seine Bewerbung um das Konsulat anmeldete, eine politische Konstellation vorfand, die sich ohne sein Zutun eingestellt hatte. Die zentrale Rolle spielte immer noch Pompeius, den seine kurzsichtigen Gegner in den Staatsstreich getrieben hatten, als sie seine Ehre zu vernichten drohten. Wenige Tage waren in der Geschichte des aufsteigenden Cäsar so bedeutsam gewesen wie der, an dem Cato, von seiner eigenen Rechtschaffenheit zum Narren gemacht, den Brautwerbern des Pompeius die Tür wies. Er und seine optimatischen Freunde schoben die letzten Hindernisse beiseite, die Cäsar von der Macht trennten. Als sie sich stark genug wähnten, den Eroberer Asiens in die Knie zwingen zu können, planierten sie – blind für die Realitäten und ihr Schicksal – die Straße für den Eroberer Galliens, der sie alle vernichtete.

Der Konsul

Als Cäsar am 1. Januar 59 die Stufen zum Kapitol hinaufschritt, um das vorgeschriebene Stieropfer zu Beginn seines Amtsjahres zu vollziehen, war er noch entschlossen, seine Pläne im Einvernehmen mit dem Senat durchzusetzen. Er hatte in den Wochen

davor energisch versucht, auch Cicero in das Bündnis hineinzu-
nehmen. Dieser *homo novus* hatte das Konsulat als Handlanger
der optimatischen Familien erreicht und ihre Erwartungen nicht
enttäuscht, als er Catilina niederwarf. Er war der beste Redner
Roms, und die Macht seiner Worte wog schwer in einer Welt, die
politische Entscheidungen in öffentlichen Redeschlachten zu fällen gewohnt war. Aber Cicero lehnte ab: Er hatte sich dem Kreis
der ehrwürdigen Häupter des Senats zugesellt und glaubte fest,
daß die hohen Herren ihn als ihresgleichen anerkannten. Dies
war der Traum seines Lebens gewesen, den ihm harte Arbeit nun
erfüllt hatte. Er wollte nichts mehr aufs Spiel setzen. Er traf eine
für beide Seiten verhängnisvolle Entscheidung: Sein Auftreten
für die neuen Machthaber hätte den Konflikt mildern und ihn
selbst vor dem politischen Absturz bewahren können.

So zeigte bereits der erste Gesetzesantrag, daß keine versöhnli-
che Geste die Optimaten von ihrem Entschluß abbringen
konnte, Cäsar als Konsul scheitern zu lassen. Die Vorlage zur
Versorgung der Veteranen des Pompeius wurde in wochenlan-
gen Debatten und mit allen Mitteln der Obstruktion im Senat zu
Fall gebracht. Für die Triumvirn war der Tag gekommen, vom
Leder zu ziehen. Gemeinsam traten sie vor das Volk und begründeten den Gesetzesantrag. Anschließend fragte Cäsar Pompeius,
ob er gewillt sei, das Gesetz vor feindlichen Angriffen zu schützen. Pompeius wurde deutlich: »Wenn jemand wagt, das
Schwert zu zücken, werde ich mein Schwert und meinen Schild
aufnehmen«[10], rief er der begeisterten Menge – darunter vielen
seiner Veteranen – zu. Trotzdem versuchte der furchtlose Bibulus am Tag der Abstimmung, von seinem Vetorecht gegen den
Antrag Gebrauch zu machen. Ein wütender Pöbel, darauf vorbereitet, schlug ihn nieder, stülpte ihm einen Kübel Mist über den
Kopf und zerschlug die Rutenbündel seiner Liktoren. Das Gesetz
wurde angenommen.

Was nun folgte, war eine Serie von Gewalt und Rechtsbrüchen. Gegen jede weitere Gesetzesvorlage Cäsars kämpften seine
Gegner mit den Rechtsmitteln der Interzession und der Him-
melsbeobachtung, und am Tag der Abstimmung ließen sie sich
von Schlägerkommandos niederknüppeln. Angesichts der politi-

schen Übermacht der drei Machthaber wagte jedoch niemand, die Kassation der rechtswidrig zustande gekommenen Gesetze im Senat zu fordern. Sie blieben also gültig und wurden durchgeführt. Zwischen Cäsar und seinen Gegnern riß eine Kluft auf, die von Tag zu Tag unüberbrückbarer wurde und den Konsul, nun bereits aus Gründen seiner eigenen Existenzsicherung, immer weiter vorantrieb. Der Boden unter seinen Füßen war nicht allzu fest. Pompeius, den die ständige Vergewaltigung des Rechts und der offene Haß seiner Standesgenossen tief betroffen machten, wurde zusehends unruhiger; verließ er das Bündnis, war alles verloren.

Was es wieder festigte, waren Planung und Glück: Cäsar gab Pompeius die Hand seiner einzigen Tochter Julia, deren Zauber und Charme der dreißig Jahre ältere General erlag. Aus der politischen Heirat wurde ein inniges Liebesverhältnis. Die Liebe des Pompeius zu Julia wie deren Liebe zu ihrem Mann und zu ihrem Vater verbanden beide Politiker enger miteinander, als es ihre verschiedenen Charaktere an sich gestatten konnten. Der frühe Tod der jungen Frau im Jahre 54 beendete denn auch das herzliche Einvernehmen beider und ließ ihre immer unterschiedlichen Positionen schärfer hervortreten.

Doch lag dies noch im Schoß einer ungewissen Zukunft. Zunächst verlangte die Sicherung der Macht Armeen, Provinzen und willfährige Politiker in Rom. Ein erster Volksbeschluß gab Cäsar das Kommando für fünf Jahre über die Gallia Cisalpina, das Gebiet von den Alpen bis zum Rubikon; einige Wochen später, nach dem Tode des dortigen Statthalters, kam die Gallia Narbonensis hinzu. Damit hatte sich Cäsar die Basis für eine eigenständige Außenpolitik im Stile eines Lucullus oder Pompeius geschaffen. Als Konsuln für 58 wurden Gabinius, ein alter Gefolgsmann des Pompeius, und Calpurnius Piso gewählt, dessen Tochter Cäsar heiratete. Auch für ihre Provinzen wurde gesorgt: Gabinius erhielt Syrien, Piso Makedonien; beide sollten ihre Provinzen mehrere Jahre regieren. Die profiliertesten Gegner im Innern wurden kaltgestellt: Cicero wurde seinem Todfeind, dem Volkstribunen Clodius, ausgeliefert, der ihn für zwei Jahre in die Verbannung trieb; Cato erhielt den Auftrag, die Insel Cypern für den römischen Staat einzuziehen und den dortigen ptolemäischen König zu vertreiben. Schließlich Pompeius selbst: Ihm übertrug das Volk nach einer Hungersnot in Rom im Herbst 57 ein mit weitreichenden Vollmachten ausgestattetes Kommando, das für fünf Jahre die Getreideversorgung der Hauptstadt in seine Hände legte.

Die Macht war verteilt und gesichert: Die Triumvirn verfügten über Provinzen, Legionen und folgsame Magistrate. Die Gegner waren ausgeschaltet und entmutigt. Nun lag die Entscheidung über seine Zukunft bei Cäsar selbst. Er besaß die Macht zu großen Eroberungstaten. Rom wartete gespannt, ob er sie auch zu gebrauchen verstand.

Der Eroberer Galliens

Der Beruf des Kriegers

Im Frühjahr 58 brach Cäsar in seine Provinz auf. Wie alle Prokonsuln der Republik hatte er auf dem Kapitol um glückliche Rückkehr gebetet und die Zustimmung Jupiters für sein Tun durch die *auspicia,* die Beobachtung des Vogelfluges, eingeholt. Er hatte das bürgerliche Kleid, die Toga, mit dem purpurfarbenen Feldherrnmantel, dem *paludamentum*, vertauscht, und seine Liktoren steckten die in der Stadt verpönten Beile in ihre Rutenbündel, um die Macht ihres Feldherrn über Leben und Tod seiner Untergebenen zu verkünden. Auf der Via Flaminia zog Cäsar nach Norden, um seine innenpolitische Stellung durch die Machtmittel seiner Provinzen zu festigen. Tatsächlich veränderte er in den kommenden Jahren die Landkarte des Imperiums. Künftig bildeten der Atlantik, die Nordsee und der Rhein die Nordwestgrenze Roms. Von allen seinen Taten ist dies die bedeutendste und folgenreichste gewesen. Sie führte Rom auf den Weg zur Eroberung der großen Binnenräume Mitteleuropas und ganz Gallien in die Geschichte der Zivilisation.

Cäsar fand dabei sich selbst. Jetzt führte er Krieg wie vor ihm die großen Heerführer der Vergangenheit und wie in seiner Zeit Pompeius und Lucullus.

»Da schien es, als habe er ein neues Leben von ganz anderer Art begonnen«, schrieb rückblickend Plutarch.[1]

Hier, auf den Schlachtfeldern Galliens, stieß er auf seinen innersten Beruf: den Krieg. In ihm fand er alles, lebte er seine ganze Leidenschaft und Phantasie aus. Er wuchs zum großen

Keltisches Kultbecken mit der Darstellung keltischer Krieger. Sie beschrieb der griechische Historiker Diodor: »Als Waffen haben die Kelten manns- hohe Schilde, die in besonderer Weise bunt verziert sind. Sie setzen sich bronzene Helme mit hohen Verzierungen auf. An manchen Helmen sind Hörner angebracht, an anderen Bilder von Vögeln oder vierfüßigen Tieren. Sie haben ganz besonders barbarische Trompeten. Sie blasen hinein und erzeugen einen rauhen und zum Kriegsgetümmel passenden Ton.«

Strategen, als er lernte, den Krieg als Ganzes zu übersehen und zu planen. Er begriff, daß er »für den Krieg geboren war«, wie dies viele Jahrhunderte später Napoleon von sich sagen sollte. Wie dieser fand er in Feldlagern, Märschen und Schlachten eine Selbsterfüllung, der nichts sonst gleichkam.

Das Land, in das die Legionen Roms einfielen, schien auf den ersten Blick in überkommenen Strukturen erstarrt. Die Karte zeigte eine zersplitterte politische Welt, die von großen rivalisierenden Völkern mit einer jeweiligen Klientel von kleinen Stämmen bevölkert war. Zu den großen zählten seit langem die Häduer, Sequaner, Arverner, Carnuten, Remer und Treverer. Sie wurden geführt von mächtigen Adelsfamilien, die das mancherorts noch bestehende Königtum zur politischen Bedeutungslosigkeit verurteilt hatten. Heftige Fehden untereinander ließen die adligen Kontrahenten politische Verbindungen und dynastische Verflechtungen zu den Führern der Nachbarstämme suchen, um die eigene Position zu festigen. Das Ergebnis waren immer neu aufflammende Auseinandersetzungen, in die auch germanische Stämme hineingezogen wurden, die rechts des Rheins auf neue Siedlungsplätze lauerten. Ein Bewußtsein der nationalen Zusammengehörigkeit kannten die Rivalen nicht. Sie sollten es entwickeln, als sie unter der Führung des Arvernerfürsten Vercingetorix gemeinsam und vergeblich versuchten, das drohende Schicksal der römischen Herrschaft doch noch abzuwenden.

Rom hatte sich immer darauf beschränkt, die Ende des 2. Jahrhunderts geschaffene Narbonensis vor der barbarischen Welt des keltischen Nordens zu schützen. Dazu bedurfte es einer Politik, die das labile Gleichgewicht der großen Stämme erhielt. Die Mittel dazu waren die Drohung militärischer Intervention und freundschaftliche Verbindungen zu den Nachbarstämmen der Provinz, unter denen die Häduer und die Arverner hervorragten. Ernste Schwierigkeiten hatte es nie gegeben, da die Statthalter der Narbonensis immer der Versuchung widerstanden hatten, sich in die innergallischen Querelen hineinziehen zu lassen. Erst in den sechziger Jahren drohten die unter der friedlichen Oberfläche ständig tobenden Adelsfehden die Stämme in Bewegung zu bringen. Die Sequaner, die östlichen Nachbarn und Rivalen

der Häduer, strebten energisch nach der Führungsrolle. Sie fanden Bundesgenossen jenseits des Rheins und bei den Häduern
selbst. Dort hoffte eine ehrgeizige Adelskoalition um den Fürsten
Dumnorix, mit sequanischer Unterstützung die regierenden Geschlechter von der Macht zu verdrängen. Am Rhein hielt sich der
tatendurstige Suebenfürst Ariovist bereit. Viele seiner Krieger
waren bereits als Hilfstruppen der Sequaner über den Rhein gezogen und hatten als Lohn für ihre Söldnerdienste Land im Un-
terelsaß bekommen. Dadurch gerieten die in der Schweiz ansäs-
sigen keltischen Helvetier unter Druck. Sie entschlossen sich zur
radikalen, aber nicht ungewohnten Lösung der Auswanderung,
die sie aus der rauhen Heimat des Schweizer Jura in die milden
Gegenden im Südwesten Galliens nach Tolosa (Toulouse) bringen sollte. Der einfachste Weg dorthin führte durch das Gebiet
der Allobroger und damit durch die römische Provinz.

Die Führer der Helvetier dachten nicht an Kampf. Sie schickten Gesandte ins Hauptquartier des römischen Statthalters und
baten um Passiererlaubnis. Als sie dort Anfang April 58 auftauchten, hatte der neue Mann Roms, Cäsar, gerade sein Amt
angetreten. Er wies ihr Ansinnen barsch ab, sperrte die Zugangs-
straßen und Rhoneübergänge und zwang den bereits auf dem
Marsch befindlichen Stamm, sich einen neuen Weg durch das
freie Gallien zu suchen. Dort stießen sie auf die zerstrittenen Häduer, deren offizielle Regierung gerade noch imstande war, ein
Hilfeersuchen an Cäsar zu richten. Die Boten trafen ihn bereits
auf dem Vormarsch: Cäsar hatte selbst entschieden, den Kampf
aufzunehmen. Bei Bibrakte (Mont Beuvray) zerschlugen seine
Legionen den helvetischen Heerbann und trieben die Ausgewan-
derten in ihre alten ungeliebten Siedlungsplätze zurück. Der
nächste Gegner stand bereits unter Waffen und drängte selbstbe-
wußt auf den Kampf: Ariovist. Dieser von Cäsar als anmaßender
Barbar beschriebene landhungrige Fürst der Sueben hatte sich
als Verbündeter der Sequaner links des Rheins festsetzen können
und war entschlossen, seine Position weiter auszubauen. Cäsars
Armee packte ihn im Elsaß und warf ihn über den Rhein zurück.
In wenigen Monaten hatte Cäsar das Gleichgewicht in Gallien
wiederhergestellt und den tradierten Grundsätzen der dortigen

römischen Außenpolitik Genüge getan. Es schien an der Zeit, sich den friedlichen Aufgaben eines Statthalters zu widmen.

Bekanntlich kam es ganz anders. Der Krieg hatte Cäsar in seinen Bann geschlagen, und er war entschlossen, ihn nun, nach den ersten großen Waffentaten, weiter zu nähren. Künftig ging es nicht mehr um die Beruhigung von Krisenherden mit dem Mittel der militärischen Intervention, sondern um Eroberungskriege im Stile des Pompeius. Die Größe des Landes, zu dessen Unterwerfung er nun entschlossen war, mußte dem Sieger den Ruhm verschaffen, der dem des Pompeius gleichkam. Cicero, inzwischen wieder in Rom und Verbündeter Cäsars, hat im Juni 56 in einer großen Rede vor dem Senat die Gedankengänge Cäsars nachvollzogen:

»In Gallien ist erst wirklich Krieg geführt worden, seit Cäsar das Kommando hat; vorher haben wir uns auf die Abwehr beschränkt. Immer zogen es unsere Feldherren vor, die gallischen Völker in die Schranken zu weisen, als sie zum Krieg zu reizen. Cäsar ging von ganz anderen Überlegungen aus. Er hielt es für richtig, nicht nur mit denjenigen Krieg zu führen, die er schon unter Waffen gegen uns sah, sondern er war entschlossen, ganz Gallien unter unsere Herrschaft zu bringen. So hat er mit den stärksten und wildesten Stämmen der Germanen und Helvetier glücklich gekämpft; alle anderen hat er in Schrecken versetzt, zusammengetrieben, unterworfen und an Gehorsam gegen das römische Volk gewöhnt. Landstriche und Völker, von denen uns bislang kein Buch, keine Erzählung, kein Gerücht Kunde gebracht hatte, haben unser Feldherr, unser Heer, haben die Waffen des römischen Volkes durchzogen. Jetzt haben wir es endlich erreicht, daß das äußerste Ende unseres Reiches mit dem jener Länder zusammenfällt.«[2]

Dieselbe triumphierende Lehre verkündete Cäsar selbst, als er 51 der römischen Öffentlichkeit den Bericht seiner Taten vorlegte. Er sollte helles Licht auf den großen General werfen, der in einem wilden und barbarischen Land ganz im Geiste der Vorfahren das Imperium der sieggewohnten Republik gemehrt und die Grenzen der Erde erreicht hatte. Legitimiert werden mußten dabei weder die Gründe des Krieges noch die gnadenlose Härte,

Gallien im 1. Jahrhundert vor Christus

mit der er geführt wurde. Was allein zählte, war die Erfüllung der Sendung Roms, die später Vergil in die gefühlsbetonten Sätze kleiden sollte:

»Du bist ein Römer, dies sei dein Beruf: Die Welt regiere, denn du bist ihr Herr.«[3]

Wer diese Aufgabe meisterte, dem mußte auch Vergebung zuteil werden für die Gewalttätigkeiten während des Konsulats.

Die Völker, die im zweiten Kriegsjahr dem imperialen Machthunger Cäsars erlagen, waren die Belger und ihre Nachbarn. Sie hatten vergeblich versucht, durch eine Koalition einiger Stämme widerstehen zu können. Auf die Nachricht von ihrer Niederlage kapitulierten alle Stämme nördlich der Loire. Weite Teile Galliens unterstanden damit dem Spruchrecht des Siegers, dem in Rom die Ehre eines 15tägigen Dankfestes zuteil wurde. Was jedoch schon wie der endgültige Erfolg aussah, erwies sich sehr bald nur als eine Veränderung des Kriegsgeschehens. An die Stelle der großen Eroberungszüge traten jetzt die Niederwerfung immer neuer Aufstände und blutige Strafexpeditionen, in die das rechtsrheinische Gebiet ebenso wie Britannien einbezogen wurden. Rückschläge blieben nicht aus: Im Winter 54/53 vernichteten die aufständischen Stämme Nordostgalliens, die Eburonen, Nervier und Treverer, 15 römische Kohorten, bevor Cäsar mit der Hauptmacht eingreifen konnte. Der zweimalige Versuch, in Britannien einen Brückenkopf zu bilden, scheiterte.

Aber es gab nun kein Zurück mehr. Cäsar konnte nicht alle gallischen Völker auf die eine oder andere Weise mit Krieg überziehen, ohne bereit und in der Lage zu sein, sie alle auch wirklich zu unterwerfen. Die ständigen Aufstände, nicht minder durch die brutale Ausbeutung des Landes als durch den wachsenden Freiheitswillen der Kelten genährt, ließen nur noch die Vernichtung oder die bedingungslose Unterwerfung der Stämme zu. Selbst diejenigen unter ihnen, die es auf die militärische Konfrontation gar nicht erst ankommen lassen wollten, mußten ihre Festungen schleifen und Waffen und Geiseln ausliefern. Für Freund und Feind, Starke und Schwache, hartnäckige Gegner und kampflos Kapitulierende wurde das Herrenrecht Roms zum Ausgangspunkt aller weiteren Beziehungen.

So fiel die endgültige Entscheidung nicht zufällig in einem letzten großen Aufbäumen, in dem Gallien gegen Rom stand. Die Stämme Galliens, die niemals an das ihnen Gemeinsame, sondern immer an das sie Trennende gedacht hatten, zwang die tödliche Bedrohung ihrer Freiheit zu gemeinsamem Handeln unter einer Führung. Die äußerste Not schweißte selbst die ärgsten Feinde zusammen. Der Mann, der im Winter 53/52 die Koalition schmiedete und führte, war Vercingetorix, ein Fürst der einst mächtigen Arverner, die in der Vergangenheit immer wieder um die Vorherrschaft in Gallien gekämpft hatten. Auch jetzt ging es wieder darum – aber eingebettet in den allgemeinen Kampf um Sein oder Nichtsein.

Der Aufstand forderte von Cäsar alles. Er schlug ihn schließlich – selbst am Rande des Abgrunds – nieder, weil er in den Jahren davor nicht nur die Fäuste seiner Legionäre geschult, sondern auch ihre Herzen gewonnen hatte. Sie marschierten und kämpften im blinden Vertrauen auf die göttliche Kraft ihres Feldherrn auch dann noch, als Übermenschliches von ihnen verlangt wurde und alle Hoffnung geschwunden schien. Der Krieg war in seiner ersten Phase ein mörderischer Kampf um Nachschub- und Verbindungslinien. Gestützt auf die Bergfestungen der zentralgallischen Stämme blockierte Vercingetorix, der jedem großen Treffen aus dem Weg ging, den römischen Nachschub und jagte unermüdlich die römischen Fouragiertrupps. In einem durch Feuer und Schwert verwüsteten Land sollte der Eindringling an Hunger und Verzweiflung zugrunde gehen. Cäsar konnte dagegen nichts anderes tun, als die Bergfestungen einzuschließen und einzunehmen, um die dort lagernden Vorräte in seine Hand zu bekommen. Als ihm in der zweiten Aprilhälfte 52 der Sturm auf Avaricum (Bourges) im Land der Bituriger glückte, schien seine Rechnung aufzugehen. Entschlossen, dem Aufstand nun ein schnelles Ende zu bereiten, zog er nach Süden und belagerte Gergovia (südlich von Clermont-Ferrand), das Zentrum der Arverner. Der entscheidende Angriff scheiterte jedoch und wuchs sich im weiteren Verlauf des Treffens zu einer schweren Niederlage aus. Nun schlossen sich auch die bisher treu gebliebenen Häduer dem Aufstand an. In ihrer Hauptstadt Bibrakte faßten die herbeigeeilten Führer der Revolte den kühnen Entschluß, nun von sich aus die Entscheidung zu suchen und ihre Truppen in die römische Provinz einfallen zu lassen.

Cäsar hatte keine Wahl: In Eilmärschen zog er nach Agedincum (Sens), vereinigte sich mit den im Norden kämpfenden Truppen und trat den Rückzug an. Doch jetzt half ihm der Gegner. Seines Sieges sicher, warf er sich auf die Marschsäulen der abziehenden Legionen. Die offene Feldschlacht, von Cäsar seit Monaten vergebens gesucht, war da und mit ihr die Wende des Krieges. Die Legionäre, entscheidend unterstützt durch die angeworbene germanische Reiterei, schlugen den Angriff ab. Vercingetorix wurde unsicher und kehrte zu seiner bewährten Taktik zurück: Seine Scharen zogen in das stark befestigte Alesia (Alise, Ste-Reine) und hofften dort, den nachrückenden Feind wie in Gergovia aufhalten und schließlich schlagen zu können. Der nachrückende Cäsar hatte jedoch seine Lektion gelernt: Nun sollten die überlegene römische Belagerungskunst und die eiserne Disziplin seiner Soldaten die Entscheidung bringen. Seine Männer schanzten Tag und Nacht. Bald schloß ein 17 Kilometer langer Gürtel tief gestaffelter Belagerungswerke die unglückliche Stadt ein. Inmitten eines feindlichen Landes, ohne gesicherte Verproviantierung und in der mühsam gezügelten Furcht, sich in Kürze eines großen gallischen Entsatzheeres erwehren zu müssen, setzte Cäsar alles auf eine Karte, als er den fast gleich starken Vercingetorix auf dem 418 Meter hohen Plateau von Alesia festnagelte.

Was nun folgte, hat tiefe, bis heute sichtbare Spuren in die Hänge des Mont Auxois gegraben. Als die Kundschafter sichere Nachrichten von der Aufstellung neuer gallischer Heerscharen überbrachten, griffen die Legionäre erneut zu ihren Hacken und Spaten. Sie schaufelten einen zweiten Wall zur Ebene hin und schlossen sich zwischen diesem und dem Belagerungsring um Alesia wie in einer Festung ein. Die Stadt auf dem Hügel wehrte sich: zunächst voll Hoffnung, dann verzweifelt. Der wütende Hunger in ihren Mauern zerbrach jedes Mitleid, aber nicht ihren Widerstand: Als die Not unerträglich geworden war, zog in einem langen Zug des Elends die nicht kampffähige Bevölkerung – Alte, Frauen und Kinder – aus der Stadt heraus und bettelte

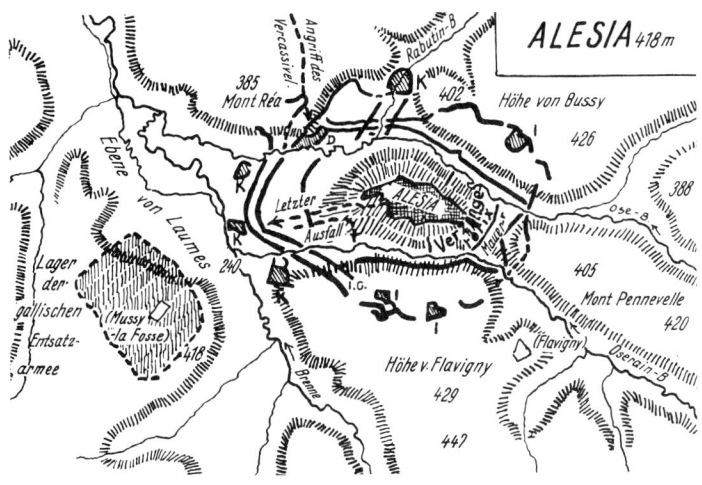

Die Schlacht bei Alesia, 52 v. Chr.

um Brot an den römischen Schanzwerken, hinter denen die Legionäre selbst vor Hunger fast vergingen, da ihre Proviantmeister immer weniger Nahrungsmittel aus dem ausgeplünderten Land heranholten. Das ganze Grauen dieses gnadenlosen Ringens ist in dem furchtbaren Bild des langsamen Sterbens der im Niemandsland zusammengesunkenen Bürger von Alesia festgehalten.

Endlich nahte die Entsatzarmee. Vier Tage berannte sie den römischen Befestigungsgürtel, während sich die Verteidiger der Stadt die Hänge herabstürzten und den sie umklammernden Befestigungswall todesmutig zu durchbrechen versuchten, indem sie mit Faschinen, Leitern und Stangen die Gräben überbrückten. Die Römer gerieten am letzten Tag in so große Bedrängnis, daß Cäsar den ausgefertigten Geheimbefehl zum Ausbruch seinem Stellvertreter Labienus aushändigen ließ. Aber erneut siegten die Kunst und die Leidensfähigkeit des römischen Legionärs und die Strategie und der Mut eines großen Generals, der sich in kritischen Momenten selbst in die Schlacht warf. Am fünften Tag zogen die Reste der gallischen Heerhaufen ab, und Vercingetorix kapitulierte: Mit demütig gefalteten Händen bat er um Gnade. Sie wurde ihm nicht zuteil. Sechs lange Jahre sollte der Rebell in einem römischen Kerker auf seine Hinrichtung warten.

Der gemeinsame Widerstand brach zusammen, das schwer geschlagene Land ergab sich seinem Schicksal. Eine Million Gallier soll in den vergangenen sieben Jahren umgekommen, eine weitere in die Sklaverei gegangen sein. Die Reichtümer des Landes füllten die Kassen Cäsars und seiner Gefolgschaft. Die Legionen bezogen ihre Winterquartiere tief in Gallien. Die Hauptmacht gruppierte sich um die Saône-Doubs-Linie und die Häduerstadt Bibrakte, vorgeschobene Einheiten sicherten die Loire, Garonne, Seine und Mosel.

»Es war, als ob eine Riesenhand, über die Alpen herübergreifend, mit gespreizten Fingern in das Land sich einkrallte, um es niederzuhalten.«[4]

Der Krieg endete im Frühjahr 50 mit einer großen Demonstration der römischen Macht im Land der Treverer: Die sakrale Reinigungszeremonie des Heeres wurde verbunden mit einer

Heerschau, die nicht zuletzt die Germanen rechts des Rheins an die Stärke Roms mahnen sollte. Cäsar hatte Gallien unterworfen und jeden Widerstand für immer gebrochen. Es blieb ihm keine Zeit, das Land zu ordnen. Seine Gegner rüsteten sich in Italien, um ihm den Weg in eine noch größere Zukunft zu verstellen.

Der Zusammenbruch des Dreibundes

In den Jahren des Krieges war Cäsar gewiß, daß seine Erfolge seine Gegner überzeugen mußten. Niemand sollte mehr zweifeln dürfen, daß der Eroberer Galliens einen besonderen Platz in der Geschichte und der künftigen Politik Roms beanspruchen könne. Zudem hatte er viele neue Freunde gewonnen. Der Reichtum des ausgepreßten Landes floß in viele Taschen, und mancher Senatoren- oder Rittersohn machte sich auf den Weg nach Norden, um im Dienste Cäsars Lorbeeren, Ansehen und Gold zu gewinnen. Sorge bereitete nur das Bündnis mit Pompeius und Crassus, das immer neue Risse zeigte. Vor allem Pompeius war unberechenbar. Er hatte zwar während Cäsars Konsulat seine vordringlichsten Ziele erreicht, aber langfristig konnte es seinen brennenden Ehrgeiz nicht befriedigen, die Getreideversorgung Roms zu sichern. Während Cäsar in Gallien marschierte, quälte er sich in der Innenpolitik, die ihm nicht lag und in der er täglich den Zorn seiner Standesgenossen zu spüren bekam, die ihm die Schuld an dem wachsenden Chaos in der Stadt gaben. Zudem hatten sie mit ihrem Verdacht durchaus recht: Pompeius schürte tatsächlich das Feuer der Unruhe in der Stadt und hoffte dabei, der Senat werde ihn eines Tages auffordern, Ordnung zu schaffen, und ihm – nach getaner Arbeit – zujubeln. Pompeius wäre gerne Diktator wie Sulla geworden. Aber er wußte, daß dies weder der Senat noch seine beiden Bundesgenossen zugelassen hätten. So blieb ihm nur das ständige und publikumswirksame Mühen um den gezielt in Unordnung versetzten Staat, um wenigstens den Anspruch auf eine Ausnahmestellung aufrechtzuerhalten.

Sein Verhältnis zu Crassus war nach wie vor schlecht. Er hielt ihn für einen Intriganten und Pfeffersack, der ihm im Senat

Knüppel zwischen die Beine warf und seinen Ruf untergrub. Im Frühjahr 56 drohte das Zerwürfnis der beiden Männer den Bund zu sprengen. Cäsar eilte nach Oberitalien und verhandelte in Ravenna mit Crassus, dann in Lucca mit Pompeius. Erneut wurde die Macht verteilt, diesmal jedoch paritätisch. Cäsars Kommando wurde um weitere fünf Jahre verlängert, Crassus und Pompeius übernahmen 55 das Konsulat, und als ihre Provinzen wurden die beiden spanischen und Syrien, jeweils für fünf Jahre, festgelegt. Das Triumvirat festigte seine Herrschaft über den Staat und hielt die wichtigsten Provinzen mit etwa zwanzig Legionen in Händen. Pompeius hatte allem zugestimmt, weil er einsah, daß er nur als Konsul und im Besitz eines großen Kommandos verlorenes Terrain gutmachen konnte. Aber er gab die Hoffnung nicht auf. Er blieb in Rom, beobachtete und schürte weiter den Niedergang der staatlichen Ordnung und wartete auf seine Chance. In den nächsten drei Jahren lavierte die Republik am Rande der Anarchie. Mehrfach blieben die wichtigsten Ämter für mehrere Monate verwaist, und die Wahlen verwandelten die Stadt regelmäßig in einen Hexenkessel, in dem die Straßenbanden der rivalisierenden Parteien aufeinander einschlugen.

Nur die eigensinnigsten Optimaten gaben auch jetzt nicht auf. Füt 54 setzten sie die Wahl des Domitius Ahenobarbus zum Konsul und des Cato zum Prätor durch. Keiner von ihnen war stark genug, dem Erbfeind Cäsar das Kommando abzujagen. Aber sie richteten die Mutlosen wieder auf und versicherten unermüdlich, noch sei nicht aller Tage Abend. Die furchtbare Katastrophe des Crassus im fernen Mesopotamien gab ihnen recht.

Dieser war im Frühjahr 54, beladen mit unheilvollen Vorzeichen und den Flüchen seiner Feinde, mit einem großen Heer nach Syrien gezogen. Sechzehn Jahre nach seinem ersten Konsulat sollte sich der Sinn seines Lebens erfüllen, wenn die Adler seiner Legionen auf den Mauern der parthischen Königsfeste Ktesiphon aufgepflanzt waren. Dann wollte er als der größte aller Triumphatoren in Rom einziehen. Der nunmehr Sechzigjährige hatte es eilig. Ohne sich die Zeit für vorsichtige Erkundungen des fremden Landes und des gefürchteten Gegners zu nehmen, stieß er über den Euphrat. In der Sandwüste bei Karrhae

Gnaeus Pompeius Magnus

wurde er in die Falle gelockt. Dort ging er mit seinem Heer in verzweifeltem Kampf unter. Sein Kopf wurde über die Bühne des Fürsten Orodes getragen. Dieser hatte am Hochzeitstag seines Sohnes die *Bacchantinnen* des Euripides aufführen lassen, als ein Bote die Siegesnachricht und das Haupt des Erschlagenen brachte. Der Darsteller der Agaue vertauschte den Wachskopf des Pentheus mit der blutigen Trophäe und stimmte jubelnd ihr Lied an:

»Seht, frisch vom Rumpfe gefällt, her aus den Bergen, tragen wir herrliche Jagdbeute.«[5]

Die Folgen für die weitere Existenz des Machtkartells wurden schnell spürbar. Pompeius, dessen junge Frau Julia inzwischen im Kindbett gestorben und von einer rasenden Menge auf dem Marsfeld öffentlich verbrannt worden war, sah seine Stunde gekommen. Die Nachrichten aus Gallien sprachen zudem von neuen schweren Aufständen, deren Ausgang ganz ungewiß war. Als das Jahr 52 ohne Konsuln begann und die offene Anarchie ausbrach, rief der Senat den Notstand aus und bot Pompeius das Konsulat ohne einen Amtskollegen an. Der Vorschlag kam von Bibulus, und Cato brachte ihn durch. Sie wußten, was sie taten. Unter ihrem Beifall räumte Pompeius in Rom auf – wie er es sich immer gewünscht hatte, als Retter des Staates. Seine Truppen schafften Ordnung in den Straßen der Hauptstadt, die notorischen Friedensbrecher wurden vor Gericht gestellt, und neue Gesetze dämmten das wüste Treiben bei den Wahlen ein.

Am Schluß seiner erfolgreichen Amtszeit sah sich Pompeius mit gestärktem Selbstbewußtsein nach neuen Bundesgenossen um, die seine jetzt unbestrittene Führungsrolle weiter festigen halfen. Cäsar hatte ihm eine neue Verbindung ihrer Familien vorgeschlagen: Pompeius sollte seine Großnichte Octavia, er selbst eine Tochter des Pompeius heiraten. Doch diesmal ging Pompeius auf den Schacher mit Frauen und Provinzen nicht ein; er wollte keine Festigung des Bündnisses, er wollte die Bestätigung seiner singulären Machtstellung. Dazu schien ihm die Verbindung mit dem erlauchten Haus des Metellus Scipio viel geeigneter, da dies die Front seiner Gegner im Senat notwendig spalten mußte. Die erstarrten Positionen lösten sich auf. Neue

Koalitionen zeichneten sich ab. In den Köpfen der Optimaten verwandelten sich lang gehegte Hoffnungen in politische Planung: Wenn es gelang, Pompeius in die offene Fehde mit Cäsar zu drängen, mochte auch der Tag nicht mehr fern sein, an dem die um die Macht betrogenen großen Familien den endgültigen Sieg davontrugen.

In den kommenden Jahren wurde Cäsars unerbittlicher Gegner Cato zur Symbolfigur des senatorischen Widerstandes. Niemand, der auf seine republikanischen Tugenden achtgab, hätte es je gewagt, diesem Mann zu widersprechen. Dieser altrömische Starrkopf war mit einem langen Zeigefinger ausgestattet, um damit jederzeit auf einen Sünder zu deuten, der einem Kompromiß auf Kosten des Herkommens das Wort reden wollte. Und er besaß eine Zunge, die im Wachrütteln republikanischer Gefühle ebenso geschult war wie im Appell an die Tradition, die allzu häufig nur die erbaulicher Geschichtsbücher war. Spätere Jahrhunderte hätten einen Mann dieses Zuschnitts wohl als Großinquisitor gebrauchen können. Er hatte bei allem, was er tat, zweifellos Format, wenngleich sein Unvermögen, auch halbe Wahrheiten zu erkennen, seinem politischen Talent kein gutes Zeugnis ausstellte. Wenig ist so bezeichnend für diesen Mann wie die Ablehnung des Oberbefehls über die Truppen der Republik, die sich nach der Niederlage von Pharsalos in Afrika sammelten: Er sei nicht Konsul gewesen, führte er tugendhaft aus, so daß ihm eine solche Ehre nicht zustehe. Das Kommando fiel daraufhin dem Metellus Scipio zu, dessen Autorität vor allem auf der frommen Legende beruhte, daß ein Scipio in Afrika niemals besiegt werden könne. In entscheidenden Situationen wie diesen siegte das Tugendideal über die Einsicht in das politisch Notwendige. Zuviel Donquichotterie steckte daher in seinem politischen Handeln. Cicero machte sich darüber schon früh keine Illusionen:

»Gewiß, unseren Cato schätze ich nicht weniger als du; aber in seiner anständigen Gesinnung und unerschütterlichen Zuverlässigkeit richtet er bisweilen Unheil in der Politik an. Er stellt Anträge, als ob er sich in Platons Idealstaat und nicht in Romulus' Schweinestall befände.«[6]

Ein solcher Querkopf war für Cäsar kein gleichwertiger Gegner. Es war leicht, ihn aufs Glatteis zu führen. Als er 58 das Kommando in Cypern erhielt, um ihn aus der Innenpolitik zu entfernen, verbot ihm sein republikanisches Ehrgefühl, diese vom Volk ausgesprochene Berufung zum Vollstrecker des imperialen Willens der Heimat abzulehnen. Seine Gegner wußten das. So hatte er im fernen Cypern Gelegenheit, seine Vorstellung von korrekter Amtsführung zu demonstrieren und mit reinen Händen nach Rom zurückzukehren. Nicht gelernt hatte er, daß dies in einem politischen Spiel, das längst zum Schlachtfeld geworden war, nicht ausreichte, um Erfolg zu haben. Erst der tote Cato sollte Cäsar Paroli bieten können. Die bedrängte Republik erkor ihn sich zu ihrem Märtyrer und verklärte seinen Tod in so leuchtenden Farben, daß ihm die Nachwelt auch heute noch ihre Achtung nicht versagt.

Die Unterwerfung der Republik

Der Marsch über den Rubikon

Seit es eine römische Geschichtsschreibung gibt, kennt sie die Erzählung von Coriolan. Sie wurde am Beginn des 3. Jahrhunderts v. Chr. von großen und ruhmsüchtigen plebejischen Geschlechtern erfunden, die stolz auf ihre Leistungen für die Republik dem alten, immer noch beneideten patrizischen Adel die eigenen Taten entgegenhielten. Die Legende berichtet von Coriolan, den als Konsul ein undankbares Volk des Hochverrats angeklagt und ins Elend getrieben hatte. Auf der Flucht suchte er am Hofe des Königs der feindlichen Volsker Schutz und Gastrecht und stieg zum Kommandeur auf. Um die gekränkte Ehre zu retten, führte er die Truppen des Landesfeindes vor die Tore des wehrlosen Rom. Der Mutter zuliebe, die als Bittflehende an der Spitze der römischen Matronen in sein Lager kam, und nach einem dramatischen Appell an die Pflicht des Römers gab er Sieg und Rache aus der Hand und befahl den Rückzug: »endlich brachen Mitleid mit seinem eigenen Jammer und mit dem des Vaterlandes den Mann«[1]. Coriolan starb, verachtet von seinen volskischen Gastfreunden, nach jahrzehntelangem Exil als Greis, ohne Rom wiedergesehen zu haben.

Der erste Römer, der tatsächlich seine Armee gegen Rom führte, war Sulla, zum ersten Mal im Jahre 88. Seine Feinde hatten ihm durch Volksgesetz den Oberbefehl im Krieg gegen Mithridates VI., König von Pontos, genommen, obwohl er als Konsul gerade Heerschau über seine Truppen bei Nola hielt. Ein zweites Mal im November 82: In Asien siegreich, entriß der von seinen Gegnern geächtete Prokonsul in Italien der Partei des Marius und des Cinna die Macht über Rom. Sulla handelte, weil er es seinem Rang, seinem Ansehen und seiner Ehre schuldig war. Aber er wollte die mit der Waffe gewonnene Macht nicht für sich und nicht auf Dauer: Nach einer zweijährigen rastlosen Tätigkeit als Restaurator und Reformer der Republik und ihrer Institutionen trat er vom Amt des Diktators zurück und ging seiner Wege. Auch er – wie Coriolan – beugte sich letztlich doch dem Anspruch des Staates auf Unterordnung.

Der zweite Römer, der seine Heimatstadt mit Krieg überzog, war Cäsar. Auch er als siegreicher, in seiner Ehre gekränkter Prokonsul und auch er an der Spitze von Truppen, die ihrem Kommandeur zu folgen bereit waren, weil sie von ihm und nicht von der Republik adäquaten Lohn für ihre Taten und Leiden erwarteten. Die Zeiten Sullas schienen erneut angebrochen, und daß es wie in der Legende von Coriolan doch noch zu einem versöhnlichen Ende kommen könne, wagte niemand mehr zu hoffen.

In der Nacht zum 11. Januar überschritten die Vorausabteilungen der XIII. Legion den Rubikon, der die oberitalische Provinz (Gallia Cisalpina) unweit nördlich des heutigen Rimini vom italischen Bürgergebiet trennte. Cäsar reagierte damit ohne Verzug auf die Entscheidung des Senats am 7. Januar, der den Staatsnotstand ausgerufen und den Magistraten und Prokonsuln in der Nähe der Stadt alle Vollmachten erteilt hatte, den Staat zu schützen. Damit hatte die Regierung in Rom ihren Organen alle nur denkbaren Befugnisse in die Hand gegeben, um den widerspenstigen Prokonsul der gallischen Provinzen zum Gehorsam zu zwingen. Als Cäsar, der am 10. Januar in Ravenna routinemäßigen Amtsgeschäften nachgegangen war und abends geladene Gäste bewirtet hatte, mit seinem Gefolge den Grenzfluß erreicht hatte, zögerte er.

»Denn die furchtbare Entscheidung trat nun an ihn heran, und ihm schwindelte vor der Größe des Wagnisses. Er ließ den Wagen anhalten und erwog schweigend, in sich gekehrt, noch einmal seinen Plan, prüfte ihn hin und her, faßte einen Beschluß und verwarf ihn wieder. Lange beriet er dann mit seinen Freunden und seinem Gefolge und sann dem Gedanken nach, wieviel Un-

Leben und Tod im Zeitalter der Revolution

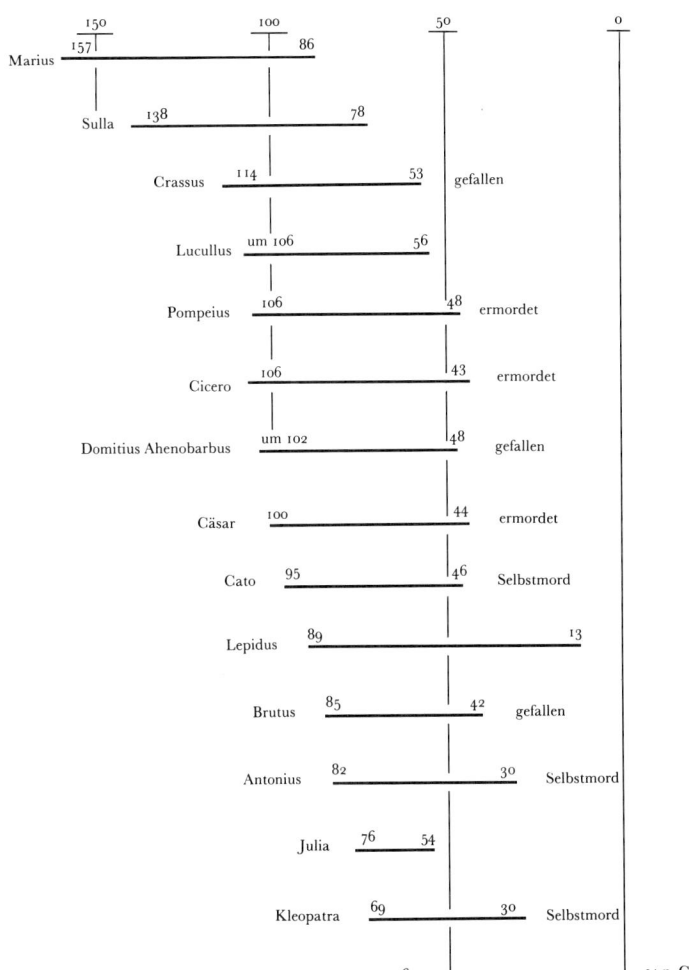

glück über alle Menschen kommen müsse, wenn er den Fluß überschritte, und wie die Nachwelt wohl über ihn urteilen werde. Schließlich aber schob er in leidenschaftlicher Bewegung die Zweifel von sich und tat den Schritt in die Zukunft mit dem Wort, das schon so vielen über die Lippen gekommen ist, die einem ungewissen Schicksal und kühnen Wagnis entgegengingen: ›Der Würfel soll geworfen werden!‹ So überschritt er den Fluß.«[2]

Am 17. Januar traf die Hiobsbotschaft zusammen mit den ersten Flüchtlingen in Rom ein. Cäsar, so ging das Gerücht, marschiere mit seinem Heer, dessen gallische und germanische Reiter Angst und Schrecken verbreiteten, direkt auf Rom zu. So schlimm war es gerade nicht. Für Pompeius jedoch schlug jetzt die Stunde, in der er seinen Kriegsplan öffentlich bekanntgeben mußte. Bestürzt und entsetzt hörte der eilends zusammengerufene Senat, an eine Verteidigung der Hauptstadt sei nicht zu denken und der Rückzug – vorerst nach Kampanien, notfalls aber bis nach Epirus – dringend geboten. Der ausbrechende Tumult war ungeheuer: die einen verfluchten das kompromißlose Vorgehen gegen Cäsar, der doch Vergleichsangebote gemacht habe; andere beschimpften Pompeius, ohne dessen jahrelange Unterstützung Cäsar gar nicht groß geworden wäre; viele höhnten, ihre Feldherr sei ein Versager und Prahlhans, denn entgegen seiner Ankündigung, Italien werde sich mit kriegstüchtigen Legionen füllen, wenn er auf den Boden stampfe, verfüge er nur über milchbärtige Rekruten.

Aber es half alles nichts. Noch an demselben Tag, während die in die Stadt strömenden Flüchtlinge schon die Straßen verstopften, begann der Exodus der Elite. Die Konsuln flohen, ohne die vorgeschriebenen Opfer darzubringen, und die meisten Senatoren rafften eilig ihre Habe zusammen und sorgten für den Transport ihrer Familien. Niemand wollte Cäsar nach dem erwarteten Einmarsch die Chance geben, sich die fehlende politische Legitimation für sein landesverräterisches Treiben gegebenenfalls gewaltsam zu verschaffen. Cicero traf auch diesmal die allgemeine Stimmung, als er seinem Zorn in einem Brief an seinen Freund Atticus Luft machte:

»Reden wir hier eigentlich von einem Imperator des römi-

schen Volkes oder von Hannibal? Dieser elende, wahnsinnige
Kerl, der niemals auch nur einen Hauch des Edlen verspürt hat!
Und da sagt er noch, er tue dies alles, um seine Ehre zu wahren.
Aber was heißt Ehre ohne Anstand? Ist es etwa anständig, ein
Heer in der Hand zu haben, das einem nicht der Staat in die
Hand gegeben hat? Bürgerstädte zu besetzen, um leichter an die
Vaterstadt heranzukommen?«[3]

Pompeius blieb angesichts des Zusammenbruchs der Illusionen und des Tumultes gelassen. Seit Sommer 50 war der Krieg
immer wahrscheinlicher geworden – Zeit genug, um sich auf alle
Eventualitäten vorzubereiten. Im Dezember war die strategische
Planung des Mannes fertig, der zwei Jahrzehnte lang in Italien,
Afrika, Spanien und dem gesamten Osten gelernt hatte zu kämpfen und zu siegen. Am 11. Januar trat der ungünstigste Fall, mit
dem zu rechnen war, tatsächlich ein. Cäsar hatte zum frühestmöglichen Zeitpunkt, mitten im Winter, angegriffen und ver-
stärkte seine Armee täglich durch Überläufer und durch in Eilmärschen aus Gallien und Oberitalien herangezogene kampf-
erprobte Legionen. Das Schicksal Italiens war damit vorerst besiegelt: Die dort stationierten und frisch ausgehobenen Truppen
waren nicht einmal annähernd gut genug ausgebildet, um Cäsars
Eliteeinheiten aufhalten zu können. Also konnte es nur darauf
ankommen, möglichst viele der eigenen Truppen dem Zugriff
Cäsars zu entziehen und über den Kriegshafen Brundisium
(Brindisi) nach Griechenland in Sicherheit zu bringen. Gelang
dies, mußte langfristig der Sieg sicher sein. Denn alle bisherigen
Erfahrungen – nicht zuletzt die Sullas – bewiesen, daß, wer im
Mittelmeer über die Seeherrschaft verfügte, den Krieg gewinnen
mußte.

Daß Pompeius so dachte, beweist der im Mai 49 wieder hoff-
nungsfroh in die Zukunft blickende Cicero:

»Sein ganzer Plan ist themistokleisch, er glaubt nämlich, daß,
wer die See beherrscht, den Krieg gewinnt. Deshalb ging es ihm
nie darum, daß die spanischen Provinzen um ihrer selbst willen
gehalten wurden, die Flottenausrüstung war stets seine vor-
nehmste Sorge. Er wird also zur gleichen Zeit mit gewaltigen
Flotten in See stechen und in Italien landen.«[4]

Nicht alle Senatoren, das zeigte bereits die Aufregung in der letzten in Rom stattfindenden Senatssitzung, waren davon überzeugt. Viele dachten wie der sich in Corfinium (Corfinio bei Sulmona) verschanzende L. Domitius Ahenobarbus und gaben die Hoffnung nicht auf, den verhaßten gallischen Prokonsul doch noch auf italischem Boden stellen und vernichten zu können. Sie verstanden nichts vom Seekrieg und hielten alle großräumigen Planungen für Spiegelfechtereien, die nur das feige Aufgeben der Heimat bemänteln sollten. Diese Männer waren ehrenwert und zur Unzeit borniert. Wie in einem Weltreich Krieg zu führen sei, wußte wohl nur der hellsichtige Pompeius genau, der dies bereits unter Sulla hatte lernen können. Gelang ihm tatsächlich das geplante Absetzungsmanöver nach Griechenland mit großen intakten Verbänden, so war die Flotte sofort in der Lage, Italien von der Getreideversorgung aus Sizilien, Nordafrika und Ägypten abzuschneiden und die Verbindung zu den spanischen Legionen des Pompeius aufzunehmen. Dazu standen die schier unerschöpflichen Reserven des ganzen Ostens bereit, um auf das Kommando des in den sechziger Jahren als Retter und Heiland gefeierten Feldherrn in die Waagschale geworfen zu werden. Der offenkundige Nachteil dieses Plans, mit Italien auch den Nimbus der Unbesiegbarkeit zu verlieren, mußte fürs erste in Kauf genommen werden.

Cäsars militärischer Phantasie gab diese Strategie keine Rätsel auf. Ebensowenig der daraus zu ziehende Schluß, daß die Zeit für Pompeius arbeite. Er setzte dagegen ein, was er hatte: Die spanischen Legionen wurden durch drei Legionen gebunden, die aus dem Häuergebiet in den Raum um Narbonne verlegt wurden; aus dem Gebiet der Belger kommend, rückten vier Legionen nach Süden ab und bezogen Quartier bei den Häduern. Die bereits in der zweiten Jahreshälfte 50 nach Oberitalien verlegten Legionen, die VIII. und XII., erhielten Befehl, in Eilmärschen Cäsar zur folgen; sie erreichten ihn am 4. und 17. Februar in Ancona und vor Corfinium. Und vor allem: Der in Gewaltmärschen vorangetriebene Angriff konzentrierte sich auf die Adriahäfen, um dem Gegner den Weg nach Griechenland abzuschneiden. Die Erfolgsmeldungen überstürzten sich: Nach der Einnahme von Ariminum,

Pisaurum und Fanum kapitulierten bereits am 4. und 8. Februar Ancona und Asculum kampflos. Erst vor Corfinium, das Mitte Februar erreicht wurde, formierte sich ernsthafter Widerstand.

In diese Stadt hatte sich der Prokonsul Domitius Ahenobarbus mit 33 Kohorten (rd. 16 000 Mann) geworfen und war entschlossen, entgegen den getroffenen Vereinbarungen Cäsar zur Schlacht zu stellen. Eigensinnig schlug er die immer drängender werdenden Mahnungen des Pompeius in den Wind, sich auf keinen Kampf einzulassen und sich statt dessen schnellstens mit seinen Truppen in den Raum von Luceria (Lucera) abzusetzen, um die Vereinigung mit dem Heer des Pompeius zu ermöglichen. Denn – so der erboste Pompeius brieflich am 16. Februar an den halsstarrigen Aristokraten –:

»...wir müssen entweder eine starke Streitmacht zusammenbringen, mit der wir einen Durchbruch riskieren können, oder ein Gelände besetzen, das uns eine defensive Kriegführung erlaubt. Beides ist uns bisher nicht geglückt, da Cäsar schon einen großen Teil Italiens okkupiert hat und unsere Truppe nicht so reich ausgestattet und so zahlreich ist wie seine. So müssen wir darauf bedacht sein, keinesfalls die Gesamtlage aus den Augen zu lassen.« [5]

Es half nichts. Nach wie vor davon überzeugt, unter Ausnutzung des Geländes Cäsar aufhalten und seinen Nachschub blokkieren zu können, saß Domitius bald in der selbst aufgestellten Falle und mußte ruhmlos und von seinen eigenen Soldaten im Stich gelassen nach sieben Tagen kapitulieren. Die von Pompeius so sehnlichst erwarteten Truppen leisteten den Eid auf die Fahne Cäsars. So blieb nur noch die schnelle Flucht: Pompeius raffte eilends alle Kohorten zusammen, deren er noch sicher sein konnte, und warf sich Anfang März in das vorsorglich stark befestigte Brundisium. Nur seinen meisterhaften Verteidigungskünsten war es zu danken, daß die heranstürmenden sechs Legionen Cäsars die Stadt nicht nehmen konnten. So gelang es bis zum 17. März, die im Hafen biwakierenden Einheiten weitgehend unversehrt nach Griechenland zu evakuieren. Der Sieger, dem kein Schiff mehr gelassen wurde, konnte die Verfolgung über die Adria nicht aufnehmen und wandte sich – nunmehr unumstrittener Herr Italiens – nach Rom. Seine Generäle erhielten dringliche Marschbefehle nach Sizilien und Afrika, damit sie einer drohenden Hungerblockade Italiens durch die Flotten des Gegners zuvorkamen. In Spanien warteten die Legionen des Pompeius.

Die ersten Monate des Bürgerkrieges sahen am Ende keinen Sieger. Pompeius hatte nur Teile seines Heeres und der neu ausgehobenen Rekruten retten können. Die Umstände seines Rückzugs, der nach Corfinium zur Flucht wurde, nährten neue Zweifel, ob der Krieg zu gewinnen sei, und vor allem: Seine Autorität als allein verantwortlicher Feldherr war nicht mehr unbestritten. Andererseits waren die Eckpfeiler der Kriegsplanung nach wie vor unversehrt: Die Herrschaft über das Meer und über die Provinzen des Ostens, ferner die sieben spanischen Legionen im Rücken Cäsars, dessen war sich Pompeius sicher, mußten schließlich den Sieg bringen. Cäsar seinerseits hatte nicht nur überlebt, sondern er war nach einem glänzenden Siegeszug der Herr Italiens geworden. Seine Armee hatte ihre Bewährungsprobe im Kampf gegen römische Bürger bestanden, und es stand nicht zu befürchten, daß sich ihr republikanisches Gewissen jetzt noch rühren werde. Das eigentliche Kriegsziel jedoch, Pompeius in Italien zum politischen Einlenken zu nötigen oder ihn zu vernichten, war verfehlt worden. Der italische Bürgerkrieg mußte zum Weltkrieg werden, wodurch endgültig die Chance vertan schien, mit der Republik doch noch zu einer Verständigung zu kommen. Das am Rubikon gefallene prophetische Wort von dem allen Menschen drohenden Unglück begann bittere Wirklichkeit zu werden.

Der Konflikt mit der Republik

Cäsar hatte vieles getan, um diesen unheilvollen Krieg zu vermeiden. Vor und nach dem Ausbruch der Feindseligkeiten stritt und feilschte er mit dem Senat und mit Pompeius, um sein politisches Ziel auf gütlichem Weg zu erreichen. Er kannte den Haß, der bis in seine Tage die Erinnerung an Sulla verdunkelte und selbst dessen Großtaten für den Staat und das Reich schmähte.

Es war dies Warnung und Ansporn genug, keine Anstrengung zu scheuen, eine Kompromißformel zu finden.

Worum es ging, war alles andere als ungewöhnlich: Der in Gallien siegreiche Prokonsul hatte seit Jahren angekündigt, er beabsichtige nach der gesetzlich vorgeschriebenen Wartezeit von zehn Jahren ein zweites Mal Konsul im Jahre 48 zu werden. Um dies problemlos zu ermöglichen, wollte Cäsar seine Provinzen bis zum Ende des Jahres 49 behalten und sich in Abwesenheit um das Konsulat bewerben. Dafür war langfristig Vorsorge getroffen worden: 55 v. Chr. verlängerte ein von Pompeius und Crassus eingebrachtes Gesetz die Statthalterschaft Cäsars in Gallien und verbot, vor dem 1. März 50 über die gallischen Provinzen im Senat neu zu verfügen. Nach der damit geschaffenen Rechtslage hätte der Senat Gallien frühestens den Konsuln des Jahres 49 zuweisen können; diese hätten nach einer gesetzlichen Regelung Sullas ihr Kommando nach Ablauf ihres Amtsjahres in Rom am 1. Januar 48 angetreten. 52 v. Chr. gestattete ein von allen zehn Volkstribunen eingebrachtes Plebiszit Cäsar die Bewerbung um das Konsulat *in absentia:* ein unerläßliches Privileg, da den mit militärischer Befehlsgewalt ausgestatteten Statthaltern das Betreten der Stadt Rom verboten war.

Dieses feingesponnene Netz, das Cäsar unmittelbar im Anschluß an sein gallisches Kommando das Amt des Konsuls sichern sollte, zerriß in den wachsenden Spannungen zwischen dem Senat und dem selbstherrlichen Prokonsul in Gallien. Bereits 52 verfügte ein Gesetz, daß Provinzen an ehemalige Konsuln und Prätoren nicht mehr unmittelbar nach ihrer Amtsführung vergeben werden mußten; dies bedeutete, daß zum Beispiel der Konsul des Jahres 54 am 1. Januar 49 die Statthalterschaft in Gallien antreten konnte, wenn ihn der Senat nach dem 1. März 50 damit betraute. Im selben Jahr wurde gesetzlich der ohnehin immer gültige Grundsatz verschärft, daß jeder Bewerber um ein Amt sich persönlich in Rom beim wahlleitenden Beamten zu melden habe. Die Ausnahmeregelung für Cäsar wurde später als Anmerkung beigefügt, jedoch war dieser Zusatz rechtlich bedeutungslos. Damit waren alle rechtlichen Sicherungen des gallischen Kommandos über den 1. Januar 49 hinaus zerstört und Cäsar in der fatalen Lage, gegebenenfalls im Jahre 49 als Privatmann in Rom leben und seinen Wahlkampf führen zu müssen.

Dort aber warteten seine Gegner. Allen voran der unversöhnliche und rachsüchtige Cato, der die Erinnerung an die Gewalttaten des Jahres 59 wachhielt und öffentlich geschworen hatte, Cäsar bei der ersten sich bietenden Gelegenheit politisch zu vernichten. Die Mittel dazu lagen bereit und waren – zuletzt im Prozeß gegen den Clodius-Mörder Milo – erfolgreich erprobt worden. Fraglos drohte dem nach Rom zurückgekehrten Cäsar eine Flut von Prozessen, in denen er der Erpressung, des Hochverrats und der Rechtsverletzungen während seines ersten Konsulats angeklagt worden wäre. Das Ende war absehbar: Sorgfältig ausgewählte Geschworene eines Sondergerichts, dessen Zusammensetzung und dessen Verfahrensregeln durch das einsetzende Gesetz vorgeschrieben wurden, würden das Urteil fällen. Daran hätten auch die treuen Veteranen Cäsars nichts ändern können; ausbrechende Tumulte wären ein willkommener Anlaß gewesen, die Soldaten des mit prokonsularischer Befehlsgewalt ausgestatteten Pompeius das Gerichtsgebäude umstellen und die Richter zu besonderer Eile anspornen zu lassen. Dann wäre dem siegreichen Eroberer Galliens das Los des Milo beschieden gewesen: die Freude am Genuß frischer Seebarben und gelehrter Vorträge im Exil der Universitätsstadt Massilia.

In Rom wartete aber auch Pompeius. Er hatte seine Machtstellung während seines alleinigen Konsulats 52 durch die Verlängerung seines Kommandos über die Provinzen Spaniens um weitere fünf Jahre ausbauen können. Der Grundsatz der Gleichheit der Machthaber, der das Triumvirat stabil gehalten hatte, war damit außer Kraft. Zudem hatte sich das Verhältnis des Pompeius zu seinem ehemaligen Schwiegervater nach dem Tode Julias zusehends verschlechtert. Die frischen Siegeslorbeeren des Herrn über Gallien und Britannien warfen tiefe Schatten auf die eigenen und gefährdeten den seit den Siegen im Osten unbestrittenen Anspruch auf die Rolle des ersten Mannes im Staate. Pompeius machte sich nichts vor: Ein zweites Konsulat des jüngeren und dynamischeren Cäsar mußte zu tiefgreifenden Machtverschiebungen führen, an deren Ende sein eigener Stern gesunken wäre. Nicht minder furchtbar war für den bald Sechzigjährigen der Gedanke, daß sein Ruhm vor der Geschichte verdunkelt würde, zumal er bis jetzt sicher war, daß sie ihn als einen der Großen Roms feiern und ihm Unsterblichkeit verleihen werde.

Natürlich wurde dies alles von niemandem offen ausgesprochen. Heftige Debatten löste nur die Frage aus, ob und auf welche Weise der mächtige Prokonsul in Gallien unter Beachtung der geltenden Rechtsregeln abgelöst werden könne. Unsere antiken Gewährsleute geben diese Debatte getreulich wieder – jedenfalls soweit sie diese angesichts der schwierigen Rechtsmaterie überhaupt noch verstanden haben. Der politische Kernpunkt des Konflikts ist trotzdem leicht einsehbar. Was alle Gegner einte, war die tiefe Furcht vor einem Konsulat Cäsars im Jahre 48:

»Mit verfassungsmäßigen Zuständen würde es zu Ende sein, wenn Cäsar Konsul würde, selbst nach Auflösung seiner Armee«[6], beschwor am 25. Dezember 50 Pompeius Cicero, der noch vor den unabsehbaren Folgen des militärischen Konflikts zurückscheute. Was man im einzelnen fürchtete, läßt sich aus den auf Cäsar zukommenden konsularischen Aufgaben und seinen Wünschen für die eigene Zukunft rekonstruieren.

Als erste Maßnahme waren die Ansprüche der Veteranen des gallischen Krieges zu befriedigen; dazu hätte es eines umfänglichen Ackergesetztes bedurft, das Land – vor allem in Italien – und Kapital beschafft hätte. Die Folge einer erfolgreichen Ansiedlungspolitik war seit den Gracchen und seit Sulla zum Alptraum für den Senat geworden: Sie schuf eine ergebene und leicht zu mobilisierende Klientel, die auf Jahre hinaus ihrem Patron zur beliebigen Verfügung stand. Nicht zuletzt dies hatte den Senat in den Jahren 61 und 60 bewogen, hartnäckig eine Versorgung der Veteranen der pompeianischen Ostarmee zu blockieren. Als zweiter Schritt drohte – ganz analog zur Politik der Triumvirn 59 – eine langfristige Sicherung der Macht durch eine gezielte Beeinflussung der Magistratswahlen für 47 und die folgenden Jahre. Fraglos wäre dabei die Gefolgschaft Cäsars, die Cicero wegen ihrer sozialen Herkunft verächtlich als »Höllenmeute« zu titulieren pflegte, mit Ämtern versorgt und weiter an ihn gebunden worden. Drittens war eine Neuauflage der *lex Vatinia* und damit ein neues langfristiges Militärkommando angesichts der leidenschaftlichen Hingabe Cäsars an das Kriegshandwerk unschwer vorauszusehen. Dieses Kommando – soviel lehrte bereits ein Blick auf die Weltkarte – konnte nur im Osten liegen, wo die Abrechnung mit dem Partherreich nach Karrhae Ruhm und Anerkennung im besonderen Maße versprach. Ausgestattet mit der Machtfülle eines solchen Kommandos und schließlich siegreich, wäre Cäsar der Herr Roms und der größte Feldherr der an bedeutenden Militärs gewiß nicht armen römischen Geschichte geworden. Schließlich wollten im Jahre 50 Gerüchte nicht verstummen, die von dem populären Politiker Cäsar Gesetze über Schuldenerlasse und Mietnachlässe erwarteten. Cäsar selbst hat dies beim Ausbruch des Bürgerkrieges bestritten: Niemand, so beruhigte er die aufgebrachten Gemüter, müsse um seinen Reichtum fürchten.

Man kann sich rückblickend darüber streiten, ob diese befürchteten Maßnahmen in ihrer Summe tatsächlich das Ende verfassungsmäßiger Zustände bedeutet hätten. Doch kommt es auf die Antwort wenig an. Viele teilten die Einschätzung des Pompeius, und sie hatten recht, wenn sie von einem Konsul Cäsar einschneidende Veränderungen fürchteten, an deren Ende der politische Führungsanspruch Cäsars und seiner Gefolgschaft fester Bestandteil der künftigen römischen Geschichte geworden wäre. Die Einmischungen aus dem fernen Gallien in die römische Innenpolitik seit 58 hatten zudem das während des Konsulats von 59 aufgebrochene Mißtrauen gegen den popularen Führer ohne republikanisches Gewissen eher vertieft als beseitigt. Nach dem Tode des Crassus und der Annäherung des Pompeius an den Senat schien er der eigentliche Störenfried, der die Republik nicht zu ihrem geordneten Alltag zurückkehren ließ. Und diesen sollte man zum Konsul wählen lassen?

Die Frage so zu stellen, hieß, sie sogleich zu verneinen. Fraglich konnte nur sein, ob man das äußerste Mittel, den Krieg, in das politische Kalkül mit einbeziehen dürfe. An diesem Punkt schieden sich die Geister sogar im Senat. Cato und sein Anhang kämpften nach ihrem Verständnis um die Republik selbst, wenn sie Cäsars Bewerbung um das Konsulat *in absentia* kategorisch ablehnten: Eher müsse man den Tod erdulden als zulassen, daß ein Bürger der Republik Bedingungen stelle. Andere taten nur so und hofften insgeheim, im Bürgerkrieg ihre desolaten Vermögensverhältnisse aufzubessern oder politisch Karriere zu machen. Der Aasgeruch des Bürgerkrieges hat zu allen Zeiten die Geier angelockt. Wieder andere hielten sich an M. Caelius Rufus, Volkstribun im Jahre 52, und folgten der wenig rühmlichen, aber sicheren Lebensweisheit,

»daß man bei inneren Streitigkeiten, solange mit zivilen Mitteln, nicht mit den Waffen gekämpft wird, auf der anständigeren Seite stehen muß, sobald es aber zu Krieg und Waffenlärm kommt, auf der stärkeren, und für das beste halten muß, was das Sicherste ist«[7].

Die meisten Senatoren – die anderen sozialen Schichten ohnehin – waren jedoch für die Erhaltung des Friedens – auch um den Preis, daß man Cäsars Forderungen erfüllen müsse.

»Ich zog einen noch so unbilligen Frieden dem gerechtesten Kriege vor«[8], schrieb Cicero knapp vier Jahre später.

Er sprach der überwältigenden Mehrheit aus dem Herzen, die nichts mit der persönlichen Vergangenheit und den Zielen Cäsars zu tun haben wollte, aber die Schrecken des Bürgerkrieges, mit denen der tollkühne Prokonsul drohte, für furchtbarer hielten als sein gefordertes Konsulat.

In Rom waren also im Ringen um die Vermeidung des drohenden Krieges die Positionen früh bezogen worden: Gelang es den mächtigen Familien um Cato, Pompeius von der Unvermeidbarkeit des Krieges zu überzeugen und ihn auf ihre Seite zu ziehen, so war damit zum ersten Mal seit 60 eine Koalition geschmiedet, die Cäsar Paroli bieten konnte. Der Fehdehandschuh mußte eine Politik sein, die im Senat gegen die um den Frieden bangende Mehrheit die rechtzeitige Ablösung des gallischen Statthalters im Jahre 49 durchsetzte und ihn zwang, sich in Rom persönlich und als Privatmann um das Konsulat zu bewerben. Cäsar stand dann dort, wo man ihn haben wollte: entweder er unterwarf sich, oder er mußte als geächteter Feind des Staates Krieg gegen Rom und sein Imperium führen.

Cäsar sah die Dinge nicht minder klar: Angesichts der ihm

drohenden Prozeßwelle und der wachsenden Feindschaft des Pompeius bedeutete die Rückkehr nach Rom als Privatmann das ruhmlose Ende seiner politischen Karriere. Der große Eroberer, der fast zehn Jahre lang unter dem Beifall der römischen Öffentlichkeit Kriegstat auf Kriegstat gehäuft und das Reich gemehrt hatte, sollte ehrlos und verachtet ins Exil gejagt werden. Der Staat, der ihm dieses androhte, konnte in seinen Augen nur von einer Minderheit beherrscht und verführt worden sein, die sich im Haß auf ihn einig wußte und dem Senat mit massivem Druck die aberwitzige Vorstellung suggerierte, ein Konsul Cäsar bedeute das Ende der Republik. Sollte es zum Äußersten kommen, war dieser Staat nicht legitimiert, sich ihm in den Weg zu stellen. Sein Rang, sein Ansehen und seine Ehre, gegründet auf seinen Taten für die Republik, konnten dann nur noch von seinen Soldaten geschützt werden.

»Sie haben es so gewollt! Nach allen meinen großen Taten wäre ich, Gaius Cäsar, verurteilt worden, wenn ich nicht beim Heere Hilfe gesucht hätte.«[9]

Als dies der Sieger von Pharsalos angesichts der Toten, die das Schlachtfeld bedeckten, schrie, war es die Wahrheit: seine Wahrheit.

Das Ringen um Verständigung

Dem Rückblickenden erscheinen die Fronten vor Kriegsausbruch hoffnungslos verhärtet. Trotzdem hat es nicht an vielfältigen und teilweise hektischen Anstrengungen gefehlt, den Konflikt doch noch zu lösen. Alle Initiativen gingen von Cäsar aus, dessen Rechtsposition in Gallien schwach und dessen politisches Ziel nur zu erreichen war, wenn ihm der Senat eine von Prozeßdrohungen unbelastete Bewerbung um das Konsulat ermöglichte. Als erstes mußte die Abwehr aller Versuche gelingen, ihn vor Ende 49 seines Kommandos in Gallien zu entheben, wozu seine Gegner fest entschlossen und rechtlich legitimiert waren. Der erste Vorstoß erfolgte im April 51. Im Senat trug der Konsul Marcus Claudius Marcellus vor, der Krieg in Gallien sei beendet und man könne nunmehr unverzüglich einen Nachfolger für Cäsar benennen. Der Angriff war übereilt und leicht zu parieren, da er die bis zum 28. Februar 50 gesetzlich verbriefte Beratungssperre über die gallischen Provinzen ignorierte. So fiel der Antrag sang- und klanglos durch. Der ob dieser Stümperei indignierte Pompeius erklärte grollend, er sei zwar dagegen, daß Cäsar Provinzen und Heer behalte und 48 Konsul werde, aber ein Senatsbeschluß, der gegen das Recht verstoße, werde von ihm nicht gutgeheißen. Die Folge war, daß der Senat auf seiner Sitzung am 29. September 51 die Behandlung der Frage auf den 1. März des kommenden Jahres vertagte.

Cäsar war gewarnt. Zum ersten Mal war die Entschlossenheit seiner Gegner demonstriert worden. Auch Pompeius hatte fast unverhüllt zu erkennen gegeben, welcher Seite in der Sache seine Sympathien und unter Umständen auch seine Unterstützung gebühre. Das sich anbietende Mittel, trotzdem einen Senatsbeschluß über Cäsars Provinzen zu verhindern, war der Einsatz des Vetorechtes der Volkstribunen, von denen es einen zu gewinnen galt. Er fand sich in der Person des Gaius Scribonius Curio: jung, hochbegabt, politisch gänzlich gewissenlos und – ein Glücksfall für Cäsar – dank seiner Leidenschaft für das Theater und prachtvolle Spiele hoch verschuldet. Sein Preis war die ungeheure Summe von zehn Millionen Sesterzen – rund ein Viertel der Jahreseinnahmen in Gallien. Aber es zeigte sich sehr schnell, daß dieses Geld gut angelegt war. Als im März 50 im Senat die gallischen Provinzen zur Verhandlung aufgerufen wurden, warf Curio die Forderung in die Debatte, gleichzeitig mit Cäsar habe auch Pompeius auf Provinz und Heer zu verzichten; dann erst sei die Republik wirklich frei.

Rechtlich war dieser Vorschlag unbegründet und für Pompeius zudem kränkend, da dessen Kommando in Spanien gerade in aller Form um weitere fünf Jahre verlängert worden war. Politisch schien er ein genialer Schachzug zu sein, da er, wie geplant, in dieser wie in den folgenden Senatssitzungen jede Beschlußfassung verhinderte. Im Rom – möglicherweise auch im gallischen Hauptquartier – machte sich der trügerische Eindruck breit, Cäsar könne es doch noch glücken, sein Kommando auch im

Jahre 49 zu behalten. Für den wendigen Caelius schien die Sache
gar entschieden. Im Juni schrieb er nach einem erneut fehlge-
schlagenen Versuch, Curio im Senat zum Nachgeben zu zwingen, an seinen Freund Cicero:

»Sie haben sich dahin entschieden, man müsse Cäsar zur Wahl
zulassen, ohne daß er Heer und Provinzen abgäbe.«[10]

Er sollte sich täuschen. Tatsächlich verschob der Antrag des
Curio das Problem nur auf eine andere, weniger reale als ideale
Ebene. Die Republik, so lautete seine verführerische Botschaft,
seit Anfang des Jahrzehnts bedrängt durch zwei ihrer übermäch-
tigen Generäle, mußte ihren alten Handlungsspielraum wieder-
gewinnen, wenn Pompeius und Cäsar ins Privatleben zurück-
kehrten. Für die in wachsender Furcht vor einem Bürgerkrieg
lebende Senatsmehrheit zeichnete sich ein ebenso überraschen-
der wie vernünftiger Weg aus der Krise ab, dem sie nur allzugern
gefolgt wäre. Das Thema war denn auch nicht mehr zu unter-
drücken und bestimmte weitgehend das politische Tauziehen der
folgenden Monate.

Anfang Dezember, unter wachsendem Kriegsdruck, verdop-
pelten beide Seiten ihre Anstrengungen, um im Senat doch noch
zu einem Erfolg zu kommen. Zunächst forderte der Konsul Gaius
Marcellus nach einem handgreiflichen Streit um die von einem
der beiden Zensoren verfügte Ausstoßung des Curio aus dem Senat die Suspendierung des renitenten Volkstribunen von seinem
Amt – vergebens; der Senat lehnte mehrheitlich ab. Dann setzte
Curio durch, daß über seinen Antrag, beide Prokonsuln sollten
ihre Kommandos niederlegen, abgestimmt wurde; der Senat vo-
tierte mit der überwältigenden Mehrheit von 370 gegen 22 Stimmen dafür. Daraufhin verlangte der Konsul die getrennte Abstimmung über die einzelnen Teile des Antrags; die Mehrheit
sprach sich jetzt für die Ablösung Cäsars und gegen die des Pompeius aus. An einem der nächsten Tage nutzte der Konsul umlaufende Gerüchte über den Anmarsch Cäsars zu einem Versuch,
dessen Verurteilung als Hochverräter und den Einsatz von Truppen durchzusetzen; der Antrag scheiterte am Veto des Curio, der
die Haltlosigkeit der Gerüchte bewies. Erst als neue und ge-
nauere Nachrichten über die Rüstungen Cäsars eingingen, war

die Senatsmehrheit doch zu energischen Schritten zu bewegen. Marcellus eilte, um das Veto Curios gegen einen Senatsbeschluß zu umgehen, in Begleitung der designierten Konsuln und mit der Mehrheit des Senats, die Trauerkleidung angelegt hatte, zu Pompeius, der außerhalb der Stadtgrenze wohnte. Dort übertrug er ihm den Oberbefehl über die in Italien stehenden Legionen und ermächtigte ihn, Truppen auszuheben.

Alle diese Vorgänge bezeugen in ihrer hektischen Planlosigkeit, daß der von Kriegsfurcht geschüttelte Senat zu klaren Entscheidungen kaum noch fähig war. Dies war nicht zuletzt dem gefährlichen Spiel mit dem Feuer zu verdanken, das Curio so meisterlich beherrschte. Sein Vorschlag war ein gelungener Theatercoup – geeignet, die Position Cäsars propagandistisch aufzuwerten. In der Sache war er wertlos, da er bewußt die tatsächlichen machtpolitischen Verhältnisse übersah. Zu diesen gehörte vor allem, daß Pompeius durch die Verlängerung seiner Statthalterschaft in Spanien seinen Führungsanspruch nachdrücklich untermauert hatte. Wer annahm, daß er darauf gerade angesichts einer drohenden Auseinandersetzung mit Cäsar verzichten würde, machte die Rechnung ohne den Wirt. Es kam aber noch schlimmer: Das überaus publikumswirksame Anheizen der Illusion, man könne beide Störenfriede der Republik loswerden, drängte Pompeius – je länger dieses Spiel dauerte, um so entschiedener – in das Lager der Cäsar-Feinde. Dabei wäre es auf das genaue Gegenteil angekommen: Nur wenn es gelingen konnte, den drohenden Schulterschluß zwischen Pompeius und der mächtigen Senatorengruppe um Cato zu hintertreiben, bestand Hoffnung, den Krieg vermeiden zu können. Da nutzte es auch nichts, sondern schadete nur, daß man das Ziel aller Bemühungen Cäsars, das angestrebte Konsulat, aus dem Streit der Parteien herausnahm. Eben darin waren sich Pompeius und die Häupter des Senats in der Beurteilung der Sache ja einig geworden: Ein Konsul Cäsar war für die künftige verfassungsrechtliche Ordnung ebenso wie für den Machtanspruch des Pompeius eine tödliche Bedrohung.

Angesichts der sich zuspitzenden Krise erkannte nun auch Cäsar, daß weitere taktische Finessen, sosehr sie die öffentliche Meinung für ihn einnehmen mochten, den Krieg nicht mehr verhindern konnten. Die Zeit wurde zudem knapp: Von den Konsuln des Jahres 49 war nichts Gutes zu erwarten, und die in Italien beginnenden Aushebungen zwangen zu einem frühen militärischen Vorgehen, wenn der Krieg noch in Italien entschieden werden sollte. Cäsars Abgesandter Hirtius, der am 6. Dezember nach Rom kam, um ein klares Bild von der Lage zu gewinnen, eilte, ohne Pompeius gesprochen zu haben, mit alarmierenden Nachrichten nach Ravenna zurück, wo Cäsar sein Hauptquartier aufgeschlagen hatte. Am 10. Dezember, nach Ablauf seiner Amtszeit, folgte Curio und berichtete von der wachsenden Entschlossenheit der Gegner. Eine umfassende Analyse der Situation ergab, daß die große Mehrheit des Senats, unbeeindruckt von der Propaganda Cäsars, sich dessen Forderungen nach wie vor versagte und nur aus Angst vor dem Krieg bisher ein massives Vorgehen gegen den gallischen Statthalter blockiert hatte. Pompeius, von schwerer Krankheit genesen, schien fest entschlossen, seine führende Stellung im Staat mit allen Mitteln zu verteidigen. Die senatorische Kriegspartei endlich hatte erreicht, was sie seit anderthalb Jahren anstrebte: das Bündnis mit Pompeius, ohne dessen Machtmittel und Kriegskünste Widerstand gegen Cäsar immer zwecklos gewesen war. Angesichts dieser Entwicklung konnte es nur noch eine Frage von Wochen sein, bis im Senat die entscheidenden Anträge, die Cäsar Amt und Heer nahmen, eine Mehrheit fanden. Spätestens bei Kriegsausbruch mußte schließlich auch die Sympathie der italischen Honoratioren, der Ritter, Bankiers, Geschäftsleute und der breiten Volksmassen umschlagen, die für Cäsar waren, weil sie den Krieg fürchteten, nicht aber, weil sie seine Sache für die bessere oder gar gerechtere hielten.

Jetzt unterbreitete Cäsar neue, vertrauliche Vorschläge: Für das Privileg, sich *in absentia* um das Konsulat bewerben zu dürfen, sei er bereit, auf das jenseitige Gallien und acht Legionen zu verzichten. Jede künftige Drohung mit dem Bürgerkrieg wäre damit unmöglich geworden; der politische Streit hätte sich ins Jahr 48 verlagert und wäre unter einem Konsul Cäsar entschieden worden. Das aber war der Kern des Konflikts, und darauf ging auch dieser Vorschlag nicht ein. Was der Gegner verlangte, war der Verzicht auf das Konsulat; über den Termin, zu dem die gallische Statthalterschaft abzugeben war, hätte sich reden lassen. Cäsars politische Zukunft wiederum hing am höchsten Staatsamt: Nur in seinem Besitz waren Macht und Einfluß für weitere Jahre zu gewinnen.

Trotz dieses offenkundigen Dilemmas machte keine Seite den Versuch, über die Amtsführung eines künftigen Konsuls Cäsar ins Gespräch zu kommen, um gegebenenfalls darüber Vereinbarungen zu treffen. Der Grund dafür liegt im römischen Amtsverständnis. Niemals hatte die Verfassung Kontrollen der Amtsträger jenseits von Senatsbeschlüssen zugelassen, die ihrerseits immer nur empfahlen, nie befahlen. Im Bewußtsein aller sozialer Schichten war die Handlungsfreiheit der Amtsträger Teil der Freiheit der Republik. Verhandlungen über die Handhabung des Konsulats lagen jenseits aller Möglichkeiten diplomatischer Vorsorge, die die Institutionen der Republik nicht zum Gegenstand des Schacherns machen konnte. So blieb es dabei: Der gallische Prokonsul beharrte auf dem Konsulat, Pompeius und die mit ihm verbündete Senatsfraktion ließen sich darauf nicht ein. Sie sahen das Recht und die militärische Überlegenheit zudem auf ihrer Seite. Das erste war richtig, auf das zweite kam es an.

Zunächst aber hatten noch einmal die Propagandisten das Wort, und ihre Schachzüge beanspruchten ungeteilte Aufmerksamkeit. Marcus Antonius, der nach seinem Amtsantritt als Volkstribun in die Rolle des Curio geschlüpft war, griff am 21. Dezember Pompeius scharf als Unterdrücker der Freiheit an und malte ein düsteres Bild von einer Republik, die von einer kleinen Gruppe machtgieriger Senatoren vergewaltigt werde, um ihrem persönlichen Haß auf Cäsar freien Lauf lassen zu können. Im Gegenzug ließ der neue Konsul L. Cornelius Lentulus am 1. Januar 49 eine Debatte der von Cäsar in einem Schreiben unterbreiteten Vorschläge, die in der Sache nichts Neues anboten, gar nicht mehr zu. Am selben Tag wurde der seit Monaten umkämpfte Beschluß durchgebracht, der Cäsar ultimativ befahl, zu einem bestimmten Tag sein Heer zu entlassen; widrigenfalls werde er als Feind des Staates angesehen und verfolgt. Als die cäsarfreundlichen Volkstribunen ihr Veto einlegten, verfügte ein zweiter Senatsbeschluß die Aufnahme sofortiger Verhandlungen, die den Tribunen ihre Suspendierung vom Amt für den Fall androhten, daß sie ihre Haltung nicht änderten.

Noch einmal griff Cäsar ein. Unter der drängenden Vermittlung Ciceros korrigierte er sein erstes Angebot: Er sei nun bereit, so versicherten seine Bevollmächtigten, sich auf Illyrien zurückzuziehen und mit einer Legion zufrieden zu sein; im Gegenzug müsse ihm die Bewerbung um das Konsulat aus dieser sicheren Entfernung gestattet werden. Cicero riet dringend zur Annahme, Pompeius schwankte, Cato und der Konsul Lentulus schrien, all dies sei Lug und Trug. Sie setzten sich schließlich durch, obwohl Ciceros beschwörende Mahnungen vor den Folgen eines Bürgerkrieges bei Pompeius Eindruck gemacht hatten. Den Ausschlag gab auch diesmal, daß die Bewerbung um das Konsulat, nicht aber dieses selbst Gegenstand der Verhandlungen war. So rief der Senat am 7. Januar den Staatsnotstand aus und durchbrach damit das Veto der Tribunen gegen den Beschluß vom 1. Januar. Die Not des Staates war in der Tat groß: Seit Dezember 50 waren die Rüstungen des gallischen Prokonsuls unübersehbar, und alle seine Legionen waren auf dem Marsch in neue Positionen, von denen aus nur zwei Ziele zu erreichen waren: Italien und Spanien mit den Legionen des Pompeius. Cäsar war zu Beginn des Jahres kriegsbereit: Wer daran noch zweifelte, wurde am 11. und an den folgenden Januartagen eines Besseren belehrt.

Der verlorene Friede

Bereits die ersten Tage des Krieges bestätigten die schlimmsten Befürchtungen Cäsars: Der Abscheu vor dem Aggressor einte die Öffentlichkeit in Italien und Rom. Seine in Eilmärschen nach Süden drängende XIII. Legion löste eine allgemeine Flucht in Norditalien aus; es war, »als wenn ganze Städte aufgebrochen wären und flüchtend durcheinanderliefen«[11]. Die Schreckenstage eines Hannibal oder eines Sulla schienen wieder anzubrechen. Die Empörung war allgemein, und in den noch sicheren

Städten des Südens sprach man wie Cato und Pompeius: Jetzt
könne es keine Zugeständnisse mehr geben, nun werde man den
Aufrührer mit dem Schwert zur Raison bringen. Im Senat formierten sich die Fronten neu. Auch Cäsars Schwiegervater, L.
Calpurnius Piso, der sich noch Anfang Januar als Vermittler angeboten hatte, nannte jetzt Cäsars Angriff öffentlich ein Verbrechen und verließ Rom demonstrativ an der Seite der Pompeianer.
Selbst die Treuesten der Treuen, Cornelius Balbus und C. Oppius, wankten, und Titus Labienus, während des gesamten gallischen Feldzugs der beste der Generäle, wechselte die Fahne. Wir
hören von der Stimmung in Cäsars Offizierskorps nichts, aber es
bedarf keiner großen Phantasie, um sich vorzustellen, daß auch
hier Stimmen laut wurden, die die Fortsetzung der Verhandlungen und ein schnelles Ende der Kämpfe forderten. Und schließlich Cicero: Er, der die letzten Vermittlungsversuche am 4., 5.
und 6. Januar energisch vorangetrieben und bis zuletzt ein Einlenken und Nachgeben gegenüber Cäsar öffentlich vertreten
hatte, äußerte sich in furchtbarer Erregung:

»Oh, der verruchte Räuber! Oh, die unauslöschliche Schande
für den Staat.«[12]

Noch einmal war Cäsar gefordert – und sei es, um die eigenen
Reihen wieder zu schließen. Er wollte Konsul in Rom und nicht
der Eroberer von Rom werden, vor dem die eigene Zeit und die
Nachwelt wie vor Sulla ausspie. Am 23. Januar erreichten neue
Depeschen die Konsuln und Pompeius im kampanischen Tea-
num Sidicium: Er, Cäsar, sei jetzt willens, sein Heer und seine
Provinzen ausnahmslos und sofort den vom Senat bestimmten
Nachfolgern zu übergeben; außerdem werde er sich zum gesetzlich anberaumten Termin persönlich in Rom einfinden, um sich
ordnungsgemäß um das Konsulat zu bewerben. Er verlange jedoch die Auflösung aller in Italien ausgehobenen und stationierten Truppen sowie den Abzug des Pompeius nach Spanien. Ein-
zelheiten der Friedensregelung sollten einem persönlichen Gespräch zwischen ihm und Pompeius vorbehalten bleiben und
schließlich durch Eide besiegelt werden.

Kein Zweifel: Dies schien der Rückzug. Zum ersten Mal – und
erst jetzt – erklärte sich Cäsar bereit, auf sein Kommando und das

Privileg der Bewerbung *in absentia* zu verzichten und sich den gegen ihn gerichteten Senatsbeschlüssen zu beugen. Die Substanz seiner Interessen blieb trotzdem gewahrt: die allgemeine Entwaffnung Italiens, der Rückzug des Pompeius nach Spanien, die Aufhebung des Staatsnotstandes und die allgemeine Euphorie über das glückliche Ende des Bürgerkrieges mußten die besten Voraussetzungen schaffen, um unbehelligt von der vor Wochen noch drohenden Prozeßwelle Konsul zu werden. Cicero sah es auch so, als er die Skeptiker zu beruhigen suchte, die in dem Angebot nur eine Finte sahen, um die konzentrierten Rüstungen des Pompeius zu stören:

»Ich bin überzeugt, er zieht seine Truppen zurück: wenn er Konsul wird, hat er ja gewonnenes Spiel, und das auf anständigere Art, als wenn er es auf dem beschrittenen Wege erreichte. Aber der Schlag muß hingenommen werden; wir sind schandbar schlecht gerüstet.«[13]

Pompeius und seine Verbündeten kannten also den neuen Preis, der gleichwohl der alte war: das Konsulat. Auch Cato und die Konsuln kannten jetzt den Preis, um den allein Cäsar zu schlagen war – spätestens die kopflose Flucht aus Rom am 17. Januar hatte alle Illusionen darüber beseitigt: ein weltweit geführter Krieg mit hohem Einsatz, großen Blutopfern und einem allmächtigen Feldherrn Pompeius. Also nahm man – wenn auch zähneknirschend – das Angebot an:

»Alle hoffen, daß Cäsar seine Besatzungen zurückzieht und im übrigen zu den von ihm vorgeschlagenen Bedingungen steht... Selbst Cato möchte lieber nachgeben als schlagen«, notierte der erleichterte Cicero.[14]

Boten eilten ins Hauptquartier Cäsars, der inzwischen in Picenum einmarschierte, und überbrachten die uneingeschränkte Zustimmung. In einem ersten Schritt, so präzisierten sie das praktische Vorgehen zur Einstellung der Kämpfe, solle Cäsar seine Soldaten aus den besetzten Städten abziehen und selbst über den Rubikon zurückgehen; damit seien die Voraussetzungen geschaffen, daß sich der Senat und die Magistrate in Rom versammeln und die nötigen Beschlüsse fassen könnten; denn nur sie allein seien die zuständigen Instanzen. Die Forderung nach einer persönlichen Unterredung Cäsars mit Pompeius blieb unerwähnt: Es wäre auch eine Brüskierung besonderer Art gewesen, die amtierenden Konsuln zu Zuschauern der detaillierten Friedensgespräche zu machen. Darauf konnte sich Pompeius als Feldherr der Republik nicht einlassen, und seine senatorischen Verbündeten konnten es erst recht nicht. Allzu lebhaft müßten sie sich in einem solchen Fall an die jahrelange Kumpanei der Triumvirn erinnert fühlen.

Alles dies war marginal. In der Sache war allen Vorschlägen und Forderungen Cäsars entsprochen worden. Die sofortige Publikation der Antwort unterstrich zudem die Ernsthaftigkeit des Friedenswillens. »Er müßte wahnsinnig sein, wenn er nicht annähme, zumal seine Forderungen an sich schamlos sind«, ließ sich Cicero[15] vernehmen, und er dachte dabei natürlich an das Konsulat, das nunmehr dem Aufrührer sicher war.

Cäsar sah es anders. In seiner Darstellung des Bürgerkrieges nennt er lapidar drei Gründe, die ihn zum sofortigen Abbruch der Verhandlungen genötigt hätten: von ihm, Cäsar, habe man verlangt, sofort über den Rubikon zurückzugehen, während seine Gegner weiter mobil machen konnten; Pompeius habe keinen Termin für die zur Bedingung gemachte Abreise nach Spanien genannt, und schließlich und vor allem: Pompeius hätte die dringlich gewünschte persönliche Aussprache verweigert.

Über die beiden ersten Punkte hätte sich eine Einigung unschwer erzielen lassen. Der letzte Punkt barg das eigentliche Problem. Dies wird vollends deutlich, wenn man die Beharrlichkeit verfolgt, mit der Cäsar in allen folgenden diplomatischen Kontakten – bis Pharsalos ein gutes Dutzend – immer wieder darauf zurückkam. Warum, so lautete für Cäsar die entscheidende Frage, ließ sich Pompeius jetzt auf Kompromisse ein? Dieser wußte doch, daß er im zwar sicheren, aber fernen Spanien über kurz oder lang seinen beherrschenden Einfluß auf die römische Politik verlieren mußte. Eben deswegen hatte er in den vergangenen Jahren sein dortiges Kommando nie angetreten, sondern in seinem Landhaus vor den Toren Roms wie die Spinne im Netz die Fäden gezogen. Ein Konsul Cäsar, der freien Spielraum hatte – aus diesem Grund war Pompeius schließlich in den Krieg gezogen –, beendete das

Prinzipat des Pompeius, der im befriedeten Spanien auch keine Gelegenheit hatte, durch spektakuläre Siege auf sich aufmerksam zu machen. Selbst wenn man unterstellte, daß der in seiner schwierigen Lage durch die larmoyanten Vorwürfe und die Unfähigkeit seiner Bundesgenossen schwer gereizte Mann seinen Entschluß längst bereute, warum lehnte er dann eine persönliche Zusammenkunft ab? Denn in dieser allein konnten verbindliche Absprachen über die politische Zukunft beider getroffen werden. An einen ob des bisherigen Kriegsverlaufs vor Angst schlotternden Pompeius, von dem Cicero gelegentlich sprach, glaubte im Lager Cäsars ohnehin niemand.

Nein: Pompeius gab nicht auf – zu diesem Schluß mußte jede Analyse Cäsars kommen. Also spielte er mit seiner Nachgiebigkeit falsch, oder er hatte Trümpfe in der Hand, die man nicht kannte. Um so dringlicher wurden direkte Verhandlungen der beiden Großen, deren Verständigung ohne ein neues Bündnis auf Zeit nicht vorstellbar schien. Auf den Senat und die Männer um Cato kam es dabei nicht an: Ohne Pompeius waren sie politisch und militärisch bedeutungslos. Sie hatten den Platz einzunehmen, den ihnen die Absprache der beiden Großen zuwies. Ende Februar wurde Cäsar, ungeduldig und enttäuscht über die ihm unverständliche Verhaltensweise seines Gegners, sehr direkt. In einem an seine Vertrauten Oppius und Balbus geschriebenen Brief, den diese weisungsgemäß an andere weitergaben, drängte er:

»Schon zwei andere Offiziere von Pompeius' Partei sind mir in die Hände gefallen, und beide habe ich frei gegeben. Wenn sie sich dankbar erweisen wollen, müssen sie Pompeius dazu zu bringen suchen, daß er es vorzieht, mir Freund zu sein und nicht diesen Leuten, die stets seine und meine erbittertsten Gegner gewesen sind.«[16]

Auch dies entbehrte nicht der Logik: Nicht nur in den Augen Cäsars war das Bündnis der konservativen Senatskreise mit dem General unnatürlich, an dessen gewaltigen Aufstieg man sich nur zu erinnern brauchte: Eine Kette von Rechtsbrüchen säumte seinen Weg nach oben, und nicht weniger frech als Cäsar hatte er mit den Waffen gedroht und sich damit die Republik willfährig gemacht. Die Liste seiner prominenten Opfer war lang, und Verzeihung für sein machtgieriges Treiben war von den großen Adelsfamilien nicht zu erwarten. Cäsar wußte es, Pompeius mußte es wissen. Aber warum – so Cäsars grollende Frage – handelte er nicht nach dieser Einsicht? Oder hielt die Gegenseite sein Angebot doch nur für ein Spiel der Propagandisten, auf das sie einging, um seinen Vormarsch zu verlangsamen? Dies durfte unter keinen Umständen sein, wenn der Krieg noch in Italien entschieden werden sollte. Zeit zum Nachfragen, Präzisieren gab es nicht. Also war erneut nur Verlaß auf das, was man beherrschte und liebte zugleich: die Soldaten und den Krieg.

Der Friede war vertan. Das Netz von Fehleinschätzungen, Mißtrauen und militärischen Zwängen, in dem sich die Akteure verfingen, war bereits zu dicht gesponnen, um binnen Tagen aufgelöst werden zu können. Cäsar hatte mit seinem letzten diplomatischen Vorstoß gesiegt, aber er war nicht mehr in der Lage, dies klar zu erkennen. Wie sollte er auch verstehen, daß Pompeius tatsächlich bestimmte Umgangsformen mit seinen Bundesgenossen wahren mußte, ohne die er nicht mehr handlungsfähig war. Angesichts der Niederlagen und der zerstörten Illusionen hielt dessen ohnehin labiles Bündnis einer schweren politischen Belastung nicht mehr stand. Männer wie der energische Domitius Ahenobarbus handelten bereits jetzt, als gäbe es keinen gemeinsamen Kriegsplan. Wie Titus Labienus, gerade erst übergelaufen und der einzige Soldat mit herausragenden Kenntnissen und Fähigkeiten, auf ein Zusammentreffen Cäsars mit Pompeius reagieren würde, war unschwer abzusehen. Auf beide Konsuln war kein Verlaß; Lentulus, ein hoch verschuldeter Mann, war noch Ende 50 als Cäsarianer im Gerede, und Marcellus trat zwar als entschiedener Gegner Cäsars auf, war aber ein strenger Republikaner, der Pompeius nur als notwendiges Übel ertrug. Ferner war da noch M. Junius Brutus, der spätere Cäsar-Mörder, der Pompeius als dem Mörder seines Vaters den Tod geschworen hatte und nur um des Staates und der Republik willen in sein Lager gekommen war. Die Mehrheit des Senats haßte Cäsar wie Pompeius und wollte diesen unseligen Krieg vom Halse haben und nach Hause gehen. Sie wäre beim ersten Gerücht über eine

Verständigung der Machthaber davongelaufen, und jeder hätte auf seine Weise sein Schäfchen ins trockene zu bringen versucht.

Unter diesen Auspizien waren für Pompeius direkte Verhandlungen mit Cäsar, von denen jedermann wissen mußte, daß sie auf eine Neuauflage des Triumvirats hinauslaufen konnten, ausgeschlossen. Die Folge wäre eine allgemeine Flucht von der Fahne und eine drastische Verschlechterung seiner Position gewesen. Hier liegt denn auch der Grund, warum Pompeius Cäsars Forderung nach seinem Rückzug in die spanischen Provinzen akzeptieren mußte. Das Friedensangebot Cäsars rundweg abzuschlagen, fehlte selbst der rabiaten Kriegspartei um Cato die Kraft. Man hatte erreicht, worum man zu kämpfen behauptet und wofür man erst nach langem und schmerzvollem Entscheidungsprozeß Mehrheiten zusammengebracht hatte: Cäsar beugte sich den Beschlüssen des Senats. Dagegen kam Pompeius nicht an, schon gar nicht mit seiner Vision von einem Krieg rund um das Mittelmeer. Hätte Cäsar den Frieden besiegelt, war Pompeius der eigentliche Verlierer. Im fernen Spanien hätte er dem Satz Ciceros nachsinnen können, auch ein Konsulat Cäsars dauere nur ein Jahr und gehe also vorüber.

Der Schatten Sullas

Am Rubikon hatte Cäsar die Wahl, die ihm seine Gegner aufgezwungen hatten: eine ungewisse Zukunft, die nach Lage der Dinge wohl nur den Absturz ins politische Nichts bereithielt, oder den Bürgerkrieg. Am Anfang dieses Weges stand der Appell an die Legionen und ihre Bereitschaft, ihrem Feldherrn gegen jeden Gegner zu folgen. Der Schatten Sullas fiel dunkel und für jedermann sichtbar auf den Aggressor, der Rom und Italien mit Krieg überzog. Wie jenem drohten auch ihm Haß und Verachtung und die Verdunklung seiner großen Taten in Gallien, die ihm einen herausragenden Platz in der eigenen Gesellschaft und in den Augen der Nachwelt sichern sollten. Diesem Los zu entrinnen, war das politische Gebot der Stunde und die Forderung der Geschichte, wenn ihr Urteil gnädig sein sollte.

Es kam für Cäsar also alles darauf an, sowohl für die Eröffnung des Krieges als auch für die Absichten und Pläne danach eine überzeugende Legitimation zu finden, die über die eigene Zeit hinaus Bestand haben konnte. Eine solche Aufgabe verlangte mehr als die Wiederholung der im Tageskampf eingeübten Propagandaformeln. Sie forderte auch nicht die Paladine, sondern Cäsar selbst heraus. So schrieb er im Jahr nach Pharsalos *Commentarii* (soviel wie: Aufzeichnungen) über seine Taten in der Zeit vom 1. Januar bis zum Ausbruch der kriegerischen Wirren in Alexandria. Vor der Mit- und Nachwelt und wohl auch vor sich selbst dienten sie dazu, die Schuld seiner Gegner am nationalen Unglück sowie die Vornehmheit der eigenen Entschlüsse und Handlungen zu beweisen. Von der Wahrheit durfte dabei nicht abgewichen werden. Sie war nur allzu nachhaltig durchlitten und in das Gedächtnis der Zeit eingegraben worden, um plumpe Fälschungen zu ertragen. Wohl aber war es möglich, den Ereignissen die subjektive Lesart aufzupfropfen und sie damit für die eigene Position sprechen zu lassen. Dazu verhalf ein meisterhaft gehandhabter literarischer Kunstgriff: Die bekannten Tatsachen werden exakt beschrieben, die Motive und der Charakter der Gegner erscheinen im Zwielicht persönlicher Schwächen.

Vor allem dort, wo im kalten Licht des Staatsrechts die eigene Schuld offen zutage lag, bot sich dieses Verfahren an. So wurden die Gegner, die am 4. und 7. Januar im Senat den Sieg davongetragen hatten, zu habgierigen und neidischen Schurken:

»Cato reizten die alte Feindschaft gegen Cäsar und der Schmerz darüber, daß er bei der Kandidatur zum Konsulat durchgefallen war. Die Beweggründe des Lentulus waren die Höhe seiner Schulden, die Hoffnung auf ein Heer und Provinzen und große Schenkungen bei der Verleihung von Königstiteln. Im übrigen rühmte er sich im Kreise seiner Anhänger, ein zweiter Sulla zu sein, der alle Regierungsgewalt erlangen werde. Scipio trieb die gleiche Hoffnung auf eine Provinz und auf Legionen. Wegen seiner Verwandtschaft mit Pompeius glaubte er, das Kommando über die Heere mit ihm teilen zu können. Zugleich bewog ihn die Furcht, vor Gericht gezogen zu werden, außerdem sein Geltungsbedürfnis und die Kriecherei vor den Männern, die in Politik und Rechtsprechung den größten Einfluß hatten.«[17]

Nichts an diesem Bild ist wirklich falsch; in seiner generalisierenden Aufzählung ist es sogar durchaus typisch: Alle diese Männer gierten nach Macht und Einfluß, hofften auf lukrative Provinzen, lebten mit ihresgleichen in vielfachen Fehden, und häufig genug plagten sie Schulden, da ihr königlicher Lebensstil, glänzende Festspiele, Volksbewirtungen, Prachtbauten und Bestechungen, die das Sprungbrett für große Karrieren sein sollten, Unsummen verschlangen. Stadtbekannt waren dafür Metellus Scipio, Schwiegervater des Pompeius, Faustus Sulla, der Sohn des großen Diktators, und Scribonius Libo, dessen Tochter mit dem jüngeren Sohn des Pompeius verheiratet war. Sie und die anderen erwarteten nach dem sicher geglaubten Sieg, sich an den Besitztümern der Unterlegenen und der neutral Gebliebenen bereichern und die lästigen Gläubigerscharen abschütteln zu können. »Lauter kleine Sullas«, schimpfte im März 49 der erboste Cicero, der als profilierter Kämpfer für einen Kompromiß mit Cäsar auch sein Hab und Gut in Gefahr sah. Geradezu gespenstisch ging es im pompeianischen Lager von Pharsalos zu, als ein lautstarker Schacher um Ämter und Posten, darunter das Amt des *pontifex maximus*, die Gemüter erhitzte. In der Zuversicht des gewissen Sieges ging man bereits daran, die Kriegsbeile für die Fehden untereinander zu schärfen; sie hatte man nur auf Zeit und um des höheren Zieles willen vergraben.

Die Wahrheit über den Ausbruch des Bürgerkrieges enthüllen diese Charakterbilder nicht. Sie sprechen von einer anderen Wahrheit: Die Verteidiger der Republik waren keine Lichtgestalten, sondern Männer und Familien, die im Kampf um die Macht vor nichts zurückscheuten. Die Ordnung, für die sie das Schwert zogen, war die der Väter. Aber es war auch die Ordnung, die das Weltreich ihrem ureigenen Streben nach Macht, Reichtum und Ehre auslieferte. Cäsar war einer von ihnen – mit Leib und Seele; selbst in der Art seiner Verteidigung, als er das Argument des Gegners, die Berufung auf das Recht und die

Tradition, unterschlug. Was dann blieb, war der suggestive Gedanke an einen kleinen Klüngel sich drängender Ehrgeizlinge,
die dem Eroberer Galliens das verdiente Konsulat mißgönnten.

Es wäre völlig abwegig, hinter der zornbebenden Abrechnung
Cäsars mit seinen Gegnern den kalten Verstand eines auf Wirkung bedachten Propagandisten zu sehen. Dies war Cäsars Sicht
der Dinge, und in ihr zittert noch der Haß auf die Gruppe Senatoren nach, die nicht in alle Ewigkeit und um keinen Preis daran
gedacht hatten, seine großen Taten für die Republik und das
Reich anzuerkennen und zu belohnen. Sie hatten nach seiner festen subjektiven Überzeugung den Bürgerkrieg auf dem Gewissen, als sie ihn zwangen, das Schwert zur Wahrung seiner Ehre
zu ziehen. Denn sie wollten in Rom nicht mehr gelten lassen, was
immer zu Roms höchsten Tugenden gezählt hatte: Krieg und
Eroberung und als Lohn Ämter und Ehren.

Genau hier liegt der archimedische Punkt der geistigen Auseinandersetzung und somit auch der Verteidigung Cäsars. Als
eine mächtige Koalition seiner Gegner das für ihn – wie für jeden
römischen Aristokraten – Heiligste, seinen Rang und seine Ehre,
beschnitt und als er zum Lohn für seine Siege ins politische
Nichts gestoßen werden sollte, sprengte er den Ring, den eine in
Jahrhunderten eingeübte staatliche Disziplin um ihn und alle
seine Standesgenossen gelegt hatte. Dieser Staat war nicht mehr
der seine, da er seine Freiheit (*libertas*) mißachtete. Man verstand
in Rom, was er mit Freiheit meinte: das uralte aristokratische
Recht auf Anerkennung großer Taten, das nicht minder als jede
staatliche Ordnung durch Tradition und Herkommen legitimiert
war. Auch seine Gegner wußten es:

»Cäsar, der alle Begriffe göttlichen und menschlichen Rechts
verkehrte, um jener Vorrangstellung willen, die er sich selbst in
einer Wahnvorstellung zuerkannt habe.«[18]

Die Formulierung liest sich wie eine gezielte Replik auf das,
was Cäsar am Vorabend des Marsches über den Rubikon den
Legionären der XIII. Legion zugerufen hatte: Nun gelte es, »den
guten Ruf und das öffentliche Ansehen (*existimationem dignitatem-
que*) ihres Feldherrn zu verteidigen, unter dessen Führung sie in
neun Jahren dem Wohl des Staates mit dem größten Erfolg ge-

dient, eine Unzahl von Siegen erfochten und ganz Gallien und Germanien befriedet hätten«[19].

Hier wird nun auch der moralische Rechtstitel seiner Forderung unverhüllt genannt; die Eroberung Galliens und seine Eingliederung in das Imperium begründeten den Anspruch auf das Konsulat, und sie rechtfertigten es nach dessen Verweigerung durch den Senat, die Waffen zur Wahrung der Ehre zu ergreifen. Bereits seit 51 hielt Rom die zusammenfassende Darstellung seiner Feldzüge in Gallien in Händen und damit den Beweis, daß die beanspruchte *dignitas* auf einer großen Leistung für den Staat beruhte, die der Senat anerkannt hatte. So beendete er die *Commentarii* seiner Taten bewußt mit dem Senatsbeschluß, der die Niederwerfung der letzten großen gallischen Rebellion durch ein zwanzigtägiges Dankesfest feiern ließ. Und was Rom verführt und unter dem Druck seiner haßerfüllten Feinde jetzt nicht mehr sehen wollte, erkannten die italischen Landstädte um so klarer, als sie ihm kampflos die Tore öffneten. Auch die Honoratioren von Auximum (Osimo) gehörten dazu, als sie dem zum Widerstand bereiten Attius Varus in den Arm fielen:

»Sie legten dar, daß sie die Rechtslage nicht beurteilen könnten; weder sie noch die übrigen Bürger könnten aber zulassen, daß der Feldherr C. Cäsar, der sich um den Staat so verdient gemacht und so große Taten vollbracht habe, am Einzug in die Stadt gehindert werde.«[20]

In dieser Auseinandersetzung um das moralische Recht des Staates und seines in der Ehre gekränkten Dieners wog die juristische Frage nicht viel und ließ die Gemüter kalt. Hier war Cäsars Position ohnehin erbärmlich schwach. Von all dem, was etwa über die Verteidigung des Vetorechts der Volkstribunen gesagt wurde, ließen sich allenfalls einfache Gemüter täuschen. Cäsar vertiefte diesen Punkt auch nicht weiter. Er war der Angreifer, und was ihn allein vom Schatten Sullas befreien konnte, waren das moralische Recht zur Selbstverteidigung und die Art und Weise, wie er siegte.

Gewalt und Gnade

Wer in diesen ersten Monaten des Krieges den Schatten Sullas über Rom sah, dachte an die fast pathologische Rachsucht, mit der der aus dem Osten heimkehrende General und geächtete Staatsfeind an seinen Gegnern Vergeltung geübt hatte. Damals war nach einer ersten Welle spontaner Mordtaten die weitere Verfolgung rechtlich durch ein Proskriptionsgesetz geregelt worden. Öffentliche Listen machten alle die bekannt (*proscribere*), die für vogelfrei erklärt und deren Vermögen von Staats wegen versteigert wurden. Der Massenmord war zum ersten Mal in der Geschichte Roms durch Gesetz legalisiert worden. Dies – und Schlimmeres – erwartete man von Cäsar, von dem in der ersten Panik Cicero ein furchtbares Gemetzel fürchtete wie viele andere, die Hals über Kopf nach Süden flohen. Und wer dies von Cäsar selbst nicht glauben mochte, war doch überzeugt, daß sein nach Rache und Reichtum dürstender Anhang bald Gewalttat auf Gewalttat häufen werde. Warum sollte im Lager Cäsars die Schar derer geringer sein, die nach Ämtern und Besitzungen gierten und auf dem Weg dorthin vor keiner Bluttat zurückschreckten? Ihnen allen, die mit ihrem Feldherrn den Rubikon überschritten hatten, war ohnehin klar, daß sie im Falle der Niederlage nicht mit Milde und Erbarmen rechnen konnten.

Hier jedoch lag auch die große Chance, dem Schatten Sullas entfliehen zu können. Im Waffenarsenal popularer Politik befand sich seit langem das Schlagwort der Milde (*clementia*), das man der Grausamkeit (*crudelitas*) der großen Nobilitätsfamilien entgegensetzte, die bereits die Gracchen ohne Gnade niedergeworfen und mit Sulla erbarmungslos unter ihren politischen Feinden gewütet hatten. Den Grundgedanken der politischen *clementia* hatte der junge Anwalt Cicero in seinem ersten großen Prozeß im Jahre 80 mit hohem idealistischen Pathos formuliert:

»Entfernt die Grausamkeit aus der Bürgerschaft, ihr Richter, duldet nicht, daß sie länger in diesem Staate wütet! Denn sie enthält nicht nur das Übel, daß sie so viele Bürger auf die grausigste Weise ausgerottet hat: sie hat, da man sich an die Widerwärtigkeiten gewöhnte, auch den barmherzigen Menschen das Mitleid genommen.«[21]

In der praktischen popularen Politik der folgenden Jahrzehnte ist dieser Gedanke nie wirklich zu einem politischen Programm verdichtet worden. Als der Morgen des 21. Februar 49 dämmerte, änderte sich das grundlegend. Aus dem Stadttor des besiegten Corfinium bewegte sich ein langer Zug um ihr Leben bittender Gefangener, angeführt von ihrem Kommandeur Domitius Ahenobarbus und 50 Angehörigen bedeutender Senatoren- und Ritterfamilien. Viele Zuschauer mögen sich an den Tag der Kapitulation von Praeneste (Palestrina) 82 erinnert haben, als der haßerfüllte Sieger Sulla 12 000 Nichtrömer und alle Offiziere hinzurichten befahl. Die Gefangenen selbst waren voller Hoffnungen, trotz der lautstarken Schmähungen des cäsarischen Heeres. Einer von ihnen, der Konsul des Jahres 57, Lentulus Spinther, hatte sich in der Nacht zu Cäsar geschlichen, an die alte Freundschaft appelliert und um sein Leben gefleht. Cäsar hatte ihm kurz geantwortet, er habe seine Provinz nicht verlassen, um Verbrechen zu begehen, sondern um sich gegen die unwürdige Behandlung durch seine Feinde zur Wehr zu setzen.

Die Soldaten waren wohl am meisten überrascht, als sie an diesem Morgen ihren Feldherrn ähnliche Sätze sagen hörten und sahen, wie Cäsar Gnade und Verzeihung übte. Selbst die Kriegskasse, die die Stadtväter von Corfinium übergaben, wurde dem sofort abrückenden Domitius ausgehändigt, »um nicht maßvoller zu erscheinen gegenüber Menschenleben als gegenüber Geld, obgleich feststand, daß es sich um öffentliche Gelder handelte«[22]. Die Stadt wurde verschont, die gefangenen Soldaten auf ihren neuen Imperator vereidigt und sofort mit Marschbefehlen nach Sizilien versehen. Viele der begnadigten Honoratioren, allen voran Domitius, eilten sofort ins Lager des Pompeius und nahmen den Kampf wieder auf. Cäsar ließ sich dadurch nicht beirren; enttäuscht war er wohl ohnehin nicht:

»Nichts ist mir lieber, als daß ich mir und jene sich gleichbleiben«[23], schrieb er unbewegt an Cicero.

Kein Zweifel: Dies war Politik, honorig und erfolgreich dazu. Die Stimmung schlug über Nacht um. Vor allem in den italischen

Landstädten, die der Krieg nichts anging, machte sich Erleichterung breit:

»Sie gehen zu ihm und meinen es ehrlich damit... Daß dieser Peisistratos alles Böse, was man von ihm erwartet hat, unterläßt, wird so dankbar empfunden, als hinderte er jemand anders daran, es zu tun. Von ihm erhoffen sie Gnade, von dem anderen befürchten sie Zorn. Was meinst du wohl, was für Ovationen aus den Städten es gibt, was für Ehrungen!«[24]

Der kluge Kaufmann Atticus beruhigt seinen aufgeregten Freund: »Sie fürchten sich.« Er trifft den Nagel auf den Kopf. Die Bürger der italischen Städte hatten seit dem Ende des furchtbaren Aufstandes gegen Rom (90 bis 88) jedes Interesse an Politik verloren. Sie hatten sich eingerichtet: Behäbig die einen, die die Felder ihrer Heimat bestellten oder bestellen ließen und die Freuden der Provinzstadt bewußt genossen. Umtriebig die anderen, die als Kaufleute und Auswanderer in die römisch gewordene Welt drängten und dort ihr Glück machten. Rom war weit, und das Spiel um Macht und Ehre seiner Großen, die hie und da in ihren Villen am Golf von Neapel wie die Könige Hof hielten, war längst undurchschaubar geworden.

Alle Italiker waren römische Bürger, aber sie dachten und handelten anders als die Bevölkerung der Hauptstadt. Die Verleihung des Bürgerrechts nach dem Aufstand hatte ihnen ohnehin keine wirklichen politischen Rechte geben können. Rom kannte die Repräsentativverfassung nicht, so daß das gesamte politische Leben auf das Forum und die Kurie in Rom konzentriert blieb. Wer aber hatte schon Lust, aus dem fernen Apulien oder auch nur aus dem nahe gelegenen Etrurien nach Rom zu eilen, um dort im unentwirrbaren Dschungel von Meinungen, Intrigen, Machtkämpfen und widerstreitenden Gesetzesvorlagen – dazu noch konfrontiert mit der verderbten Plebs der Weltstadt – Politik zu treiben?

Trotzdem begann die reale Macht dieser unpolitischen Bürger politische Wirksamkeit zu entfalten. Ihre Zahl überstieg die der hauptstädtischen Bevölkerung mindestens um das Vierfache. Von ihrem sozialen und wirtschaftlichen Wohlstand hing wesentlich die Aufrechterhaltung des Weltherrschaftsanspruches

durch Rom ab, und es waren schon lange ihre Offiziere und
Mannschaften, die die Legionen füllten und unbesiegbar machten. Die führenden Adelsfamilien ihrer Städte konnten Meinungen machen und den Senat in Rom durch eindrucksvolle Demonstrationen beeinflussen. Ciceros Freunde handelten so, als sie
57/56 Abstimmungen zugunsten des aus Rom Verbannten in
den Städten Italiens inszenierten. Pompeius kannte ihre Macht,
als er seine Erkankung im Sommer 50 zum Anlaß nahm, in Italien Bittgottesdienste für seine Gesundung und Loyalitätsbekun-
dungen einzufordern. Dies kostete damals Italien nicht viel. Jetzt
aber ging es um Krieg, Hunger und Elend – und das war etwas
anderes. Wofür und warum sollte Italien seine Söhne und seine
blühenden Städte opfern? Um die römische Verfassung zu retten? Sie bedeutete von Etrurien bis Kalabrien nichts: weder in
der sozialen Wirklichkeit noch als politischer Idealzustand. Um
Partei auf seiten des Pompeius und der mächtigen Familien des
römischen Senats zu ergreifen? Sie bedeuteten ebensowenig, und
an viele Namen erinnerte man sich vor allem in Mittelitalien mit
Schrecken, wenn man an den Aufstand und an Sulla dachte. Mit
Cäsar hatte man keinen Streit. Wozu sich also in Händel hineinziehen lassen, die einen nichts angingen und die auf Kosten Italiens ausgefochten wurden?

Die Senatoren, die aus Italien nach Rom gekommen waren,
wußten dies natürlich, und sie machten sich keine Illusionen
über die Antworten auf die gestellten Fragen. Ihnen war auch
klar, daß in ihrer alten Heimat nur eine römische Politik die Massen begeistern konnte, die ihnen Sicherheit und Wohlstand auf
Dauer versprach.

»Die Leute aus den kleinen Städten hier, die Bauern vom
Lande sprechen oft mit mir. Sie kennen keine anderen Sorgen als
um ihre kleine Landwirtschaft, ihre elenden Hütten und ihre
paar Groschen. Wie verdreht die Welt doch ist! Vor dem einen,
dem sie früher ihr Vertrauen schenkten (Pompeius), sind sie in
Furcht, den anderen lieben sie, den sie gefürchtet haben. Daß
aber alles auf unsere eigenen dummen Fehler zurückgeht, daran
kann ich nur mit Schmerzen denken.«[25]

Die Gnade von Corfinium hatte drei Adressaten: Italien, die

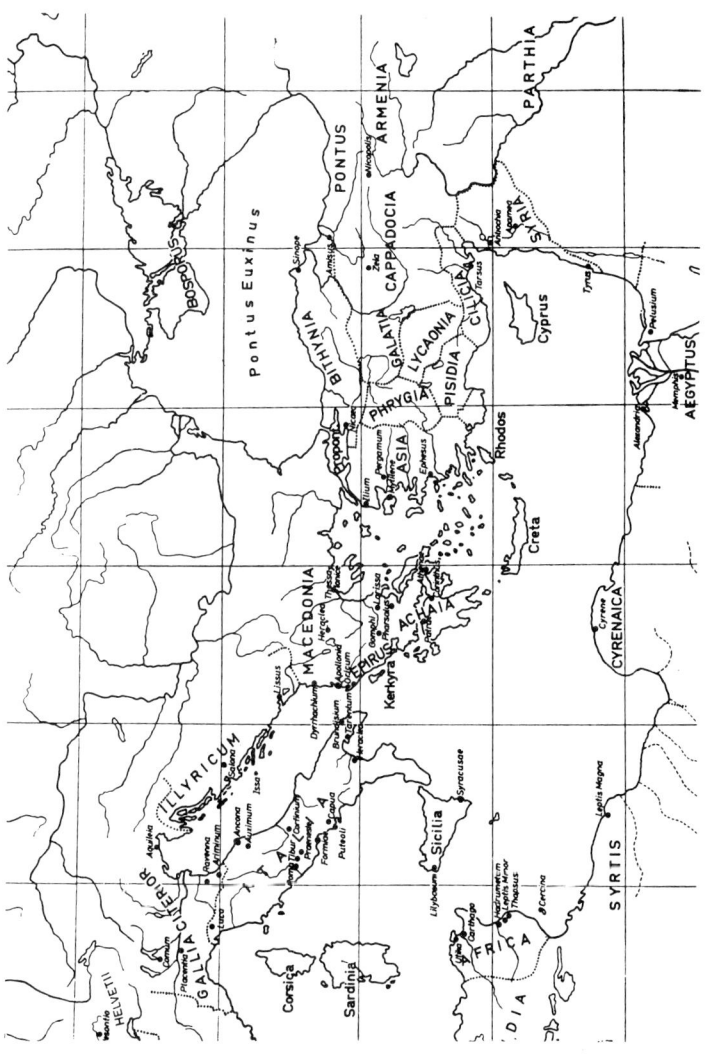

Italien und die Ostprovinzen des Imperiums zur Zeit Cäsars.

römische Elite, soweit sie überhaupt noch hören wollte, und die Geschichte. Nicht zuletzt dieser galt der programmatische Entwurf einer Politik der Gnade, den Cäsar im März in einem Schreiben an Oppius und Balbus verbreiten ließ:

»Ich bin entschlossen, größte Milde walten zu lassen und mich um eine Versöhnung mit Pompeius zu bemühen. So wollen wir versuchen, auf diese Weise, wenn möglich, allgemeine Zuneigung zu gewinnen und den Sieg zu einem dauerhaften zu machen. Alle anderen haben ja infolge ihrer Grausamkeit dem Haß nicht zu entgehen vermocht und ihren Sieg nicht allzulange aufrechterhalten können, abgesehen von dem einen Sulla, und den möchte ich nicht nachahmen. Mit Barmherzigkeit und Großmut wollen wir uns sichern; das sei unsere neue Art zu siegen.«[26]

Italien war mit dieser neuen Tugend schnell besiegt – ob auf Dauer, hing noch von anderen Faktoren ab. Die Geschichte hat die *clementia* in den ewig geltenden Tugendkatalog der Mächtigen aufgenommen und Cäsar häufig genug allein aus diesem Grund Generalabsolution für alle seine Missetaten erteilt. Seit Augustus begannen die Herrscher sie als eine ihrer höchsten Tugenden zu betrachten und bauten ihr Altäre. Pompeius und die kriegführende Nobilität jedoch sahen in ihr die Gnade des Usurpators, der es – besessen von seinem Ranganspruch – verschmäht, seine Gegner als solche ernst zu nehmen.

»Was soll mir ein Leben oder ein Bürgerrecht von Cäsars Gnaden«[27] rief Pompeius, als er die letzten Friedensfühler schroff zurückwies.

Nach diesem Gesetz gaben sich die meisten namhaften Gegner Cäsars den Tod, soweit sie nicht im Kampf fielen. Die Milde des Tyrannen beleidigte ihre Ehre als Republikaner mehr als der Tod. Cato machte in seinen letzten Stunden ein politisches Programm daraus:

»Wenn ich durch Cäsars Gnade mein Leben erhalten wollte, brauchte ich nur zu ihm hinzugehen. Aber ich mag nicht dem Tyrannen noch Dank abstatten für sein rechtswidriges Tun. Denn er handelt wider das Recht, wenn er als Herr die begnadigt, über die zu herrschen ihm nicht zukommt.«[28]

Damit war der als Geste der Versöhnung gedachte Akt der

Begnadigung des politischen Gegners höchst wirkungsvoll in
sein Gegenteil, in die Kriegserklärung an die tradierten Ideale
der Republik, verwandelt worden. Dieser Gedanke ist in seinem
republikanischen Radikalismus abstoßend, da er nur die Wahl
zwischen Sieg und Untergang läßt und die Bühne frei macht für
Verzweiflung und Fanatismus. »Hört auf, vom Vergleich zu reden. Denn für uns gibt es keinen Frieden, außer wenn uns Cäsars
Kopf gebracht wird.« Der so redete, Titus Labienus, starb dafür
auf dem Schlachtfeld, vier Jahre später; er fiel mit der Gewißheit
Catos, daß Milde und Erbarmen mit dem politischen Gegner
allzu schnell beansprucht, zur Gnade des Herrschers zu werden,
die Untertanen gewährt wird. Die Gloriole des republikanischen
Märtyrertums verklärt diese Sicht des fanatischen Aristokraten.
Das Leben orientierte sich jedoch anders: Die italische und römische Bevölkerung richtete sich nach Corfinium erleichtert in
einer kaum noch erhofften Welt ein, in der so unmißverständlich
die Erinnerung an die Schreckensherrschaft Sullas getilgt wurde.

So kehrten auch viele senatorische Familien auf ihre Güter und
nach Rom zurück, die schon immer ein Leben unter dem Konsul
Cäsar den Greueln des Bürgerkrieges vorgezogen hätten und nur
unter dem Druck des entschlossenen Pompeius oder in panischer
Angst vor den vermeintlich blutrünstigen Horden des gallischen
Prokonsuls nach Süden geflohen waren. Ihr Ethos war nicht so
spektakulär, wie das des eisernen Cato und seiner Standesgenossen. Aber es orientierte sich an einfachen Lebenserfahrungen
und hatte nicht minder unmißverständlich den Erhalt der tradierten Ordnung zum Ziel, die durch den Bürgerkrieg mehr als
durch jeden noch so ruhmlosen Kompromiß gefährdet schien.
Nicht zufällig war es erneut der aus dem italischen Arpinum
kommende Cicero, der es schlicht und klar formulierte:

»Ich sage mir: Dieser Mann (Cäsar) ist auch nur ein Mensch
und kann schließlich, wer weiß wie, einmal ums Leben kommen;
Rom aber und unser Volk, meine ich, müssen soviel an uns liegt,
für alle Ewigkeit erhalten bleiben.«[29]

So trug die Milde Cäsars Früchte. Die Dankbarkeit für erwiesene Wohltaten war nicht minder eine aristokratische Tugend.
Wer seinen Gegner nicht dem Beil des Henkers auslieferte, son-

dern Leben, Besitz, Familie und Ehre der Besiegten schonte, hatte Anspruch auf Anerkennung und Gefolgschaft. So beugten sich nach Pharsalos neben vielen anderen auch Brutus und Cassius der Gnade des Siegers und traten in seinen Dienst. Das eigentliche große Ziel dieser Politik, eine Verständigung mit Pompeius und der Elite des Senats, scheiterte jedoch an der Unerbittlichkeit des Widerstandes, der Milde als monarchische Gnade zu verachten lehrte.

Sieg und Niederlage

Im März 49 war Cäsar militärisch Sieger und Verlierer zugleich. Da es nicht gelungen war, Pompeius in Italien zur Entscheidung zu zwingen, drohte unausweichlich der Weltkrieg, dessen ungeheure Opfer nun erst recht anklagend auf den gallischen General weisen mußten. Zudem forderte dieser Krieg militärische Anstrengungen in bis dahin unbekanntem Umfang. Starke cäsarische Verbände schützten den Landweg von Illyrien nach Oberitalien, die Adriahäfen und Sizilien, um eine Invasion der Pompeianer verhindern und die Getreideversorgung Italiens sichern zu können. Die Werften Italiens hatten Hochkonjunktur: Jedes Schiff, das auch nur halbwegs seetauglich war, wurde zusammen mit neu gebauten in Dienst gestellt, um die Armee Cäsars nach Griechenland transportieren zu können. Cäsar selbst wandte sich nach Spanien, um die dort stationierten sieben pompeianischen Legionen zum Kampf zu stellen, bevor sie mit Hilfe der Flotte Verbindung zu Pompeius aufnehmen konnten. Dies war die vordringlichste Aufgabe, und der Weg dahin führte über Rom.

Auch politisch war Cäsar Sieger und Verlierer zugleich. Seine Kriegführung und seine Milde hatten ihm die italischen Landstädte zugeführt, die aber ihr Mißtrauen gegenüber der tödlichen Fehde der römischen Aristokraten damit keineswegs abgelegt hatten. Die Gegnerschaft der großen Familien des Senats hatte sich hingegen verhärtet. Es blieb schwankend die Schar der Zweifler, der Friedliebenden und der immer Vorsichtigen, die die

Fahnen beider Kontrahenten hinter dem Rücken hielten. Unter ihnen galt es die Senatoren – allen voran die mit konsularischem Rang – zu gewinnen. Sie wurden bereits seit Wochen von Cäsar brieflich hofiert und jetzt dringlich zu einer Senatssitzung am 1. April nach Rom geladen. Denn nur sie konnten noch den Weg zu einer Verständigung offenhalten und der gegnerischen Propaganda entgegenwirken, kein Mann von Rang und Ehre schlage sich für den aufrührerischen Prokonsul Galliens.

Der wichtigste unter ihnen war Cicero: mit Cäsar seit 55 verbündet, sein Freund, sein Schuldner und der Mann, der entschlossen für das Konsulat und den Frieden eingetreten war. Der briefliche Kontakt war in den ersten Kriegswochen sehr eng gewesen. Nun sollte die persönliche Begegnung, die auf Ciceros Landgut bei Formiae Ende März stattfand, den Durchbruch, die Erneuerung der alten Gefolgschaft bringen.

Es wurde nichts daraus, und das Menetekel dieses Scheiterns begleitete Cäsar bis nach Pharsalos. Cicero lehnte bereits die erste Bitte Cäsars ab, an der Senatssitzung am 1. April teilzunehmen und für den Frieden einzutreten. Cäsar hielt ihm vor, damit spreche er über ihn das Urteil; bleibe selbst er fern, so würden es die anderen erst recht nicht eilig haben. Cicero antwortete, er könne im Senat ohnehin nur das Los des Pompeius beklagen und vorschlagen, keine Truppen nach Spanien und Griechenland zu schicken. Cäsar parierte heftig, dies könne er keinesfalls dulden. Cicero wiederum: »Entweder muß ich so sprechen oder wegbleiben, und manches sagen, was ich nicht verschweigen kann, wenn ich zugegen bin.«[30]

Das Gespräch war festgefahren. Spätestens jetzt wurde Cäsar klar, was ihn in Rom erwartete: ein Senat, in dem die Großen fehlen und die Kleinen, die so energisch für den Kompromiß plädiert hatten, mit bedächtig wiegenden Köpfen alles vermeiden würden, was sie eindeutig auf die Sache Cäsars festlegen könnte. Die Angst vor der unerbittlichen Rache der vielleicht doch siegreichen Partei des Pompeius lähmte Cicero und alle anderen, die viel zu verlieren hatten. Cäsars Ziel, letztlich doch eine Verständigungsformel mit den großen Nobilitätsfamilien zu finden, rückte in immer weitere Ferne. Enttäuscht, bitter und zornig über die als Demütigung empfundene Absage des alten Freundes schied er mit der Drohung, wenn Cicero sich weigere, ihm zu raten, so werde er sich an die halten, die sich ihm anböten; jetzt sei ihm jeder Weg recht.

Rom bestätigte alle Befürchtungen. Der Senat, dürftig mit nur zwei Konsularen geschmückt, hörte sich Cäsars Version von Schuld und Unschuld am Bürgerkrieg an, rang sich auch nach langer Debatte zu dem Entschluß durch, eine Friedensgesandtschaft abzuschicken, zeigte sich dann aber unfähig, Männer für diese Aufgabe zu finden. Zum Eklat geriet der Zugriff auf den im Tempel des Saturn liegenden Staatsschatz, den die Konsuln bei ihrer kläglichen Flucht aus Rom nicht hatten fortschaffen können. Der Volkstribun Lucius Metellus legte gegen jeden Beschluß darüber sein Veto ein und schützte schließlich die Tür des Tempels mit seinem Körper, als der auf das Kriegsrecht pochende Cäsar mit einigen Legionären die ihm als Träger eines militärischen Kommandos verschlossene Stadtgrenze überschritt und die Auslieferung verlangte. Außer sich vor Zorn ließ Cäsar jede Rücksicht fallen und drohte dem Tribunen den Tod an:

»Waffen und Gesetze vertragen sich nicht miteinander. Wenn du dich über mein Vorgehen ärgerst, gehe lieber deiner Wege. Der Krieg duldet keinen Widerspruch. Ist einmal der Friede geschlossen und habe ich die Waffen niedergelegt, dann magst du kommen und deine Reden halten.«[31]

Die Soldaten drängten den eingeschüchterten Tribun ab, herbeigerufene Schlosser sprengten die Tür des ehrwürdigen Tempels, und der Schatz wurde ins Feldlager Cäsars transportiert. Die Geschichte lief wie ein Lauffeuer durch die Gassen, und mit Cäsars Popularität bei den kleinen Leuten war es vorerst vorbei: Der Mann, der ausgezogen war, die Rechte des Volkstribunen zu verteidigen, verletzte diese selbst aufs gröblichste.

Cäsars Gegner waren voller Genugtuung: Der Tyrann hatte endlich die Maske fallen lassen. Auch die eigenen Anhänger, die endlich nach Herzenslust Ordnung schaffen, sich dabei bereichern und alte Rechnungen begleichen wollten, witterten den Umschwung. Curio, am 14. April zu Gast bei Cicero, klärte seinen Gastgeber auf: Cäsar sei aus Rom in übelster Laune abgereist und habe wegen der Staatsschatzaffäre auf seine geplante Ansprache vor dem Volk verzichtet; milde sei er nicht aufgrund natürlicher Neigung, sondern aus politischer Berechnung. Erweise sich diese als trügerisch, so werde er grausam sein.

Der weitere Gang der Ereignisse gibt keine eindeutige Antwort auf die Frage, was präzise damit gemeint war. Aber es zeigt sich in diesen Vorgängen etwas viel Wichtigeres: Cäsar gewöhnte sich an den Gedanken, daß erst der endgültige Sieg den widerspenstigen Gegner und die Schar der Zauderer zur Anerkennung seiner Größe bringen könne. Bis dahin mußten der Krieg und sein Gesetz regieren. Wenn der Senat, zitternd vor der möglichen Rache des Pompeius, die nötigen Hilfen praktischer und deklamatorischer Art nicht leisten wollte, so ging es auch ohne ihn. Als er in seiner ersten Rede in Rom den Senat aufforderte, gemeinsam mit ihm die Regierungsgeschäfte zu führen, fügte er einen gewichtigen Satz hinzu:

»Wenn die Senatoren sich dem jedoch aus Furcht entziehen wollten, so werde er sie nicht weiter belästigen und den Staat allein regieren.«³²

Der seit neun Jahren an Befehl und Gehorsam gewöhnte General tat sich sichtlich schwer, den richtigen Ton gegenüber Senatoren zu finden, die von ihrer Wichtigkeit tief durchdrungen und zugleich voller Angst und Mißtrauen waren. Nur mit äußerster Selbstbeherrschung ertrug er die dreitägige fruchtlose Senatsdebatte, an deren Ende es aus ihm herausbrach:

»In Zukunft hat der Senat nur zu tun, was ich will.«³³

Seine Mitstreiter hörten es mit großer Erleichterung und folgten begeistert dem Befehl, in Rom zunächst alles stehen- und liegenzulassen und sich auf den Weg nach Spanien zu machen.

Es blieb immer der Krieg, der niemals enttäuschte. Seine Pflichten waren klar, seine Notwendigkeiten auch; wer diese nicht sah oder sie mißachtete, setzte alles aufs Spiel. Der Krieg hatte klare Fronten; man wechselte sie ganz oder starb im Niemandsland. Der Krieg kannte keine Verstellungen und falsche Rücksichten; man siegte, verlor oder wurde begnadigt, um für den Rest seiner Tage zu dienen. Und vor allem: die in Spanien wartende militärische Aufgabe als Ganzes zu übersehen und zu planen, in ihr die einzelnen Strategien und Schlachten zu durchdenken und sich gegebenenfalls selbst tapfer ins Gefecht zu stürzen – dies forderte die Entfaltung der höchsten aristokratischen Tugenden, und dies fand den Beifall aller. Cäsars Beherrschung und seine gute Laune kehrten zurück: Nun ziehe er aus gegen das Heer ohne Führer und marschiere von dort gegen den Führer ohne Heer, scherzte er grimmig.

Die Kriege in Spanien und gegen das aufbegehrende Massilia zeigten eindrucksvoll, wozu Cäsar, der in Rom gescheiterte Diplomat, als Soldat fähig war. Ein Feldzug von vierzig Tagen genügte, um über die erfahrensten Legionen des Gegners zu triumphieren und ganz Spanien ohne weiteres Blutvergießen in die Hand zu bekommen. Auf dem Rückmarsch zwang er das eingeschlossene Massilia zur Kapitulation, in dem sich der in Corfinium begnadigte Domitius Ahenobarbus vergeblich um seine militärische Rehabilitierung mühte. Die besiegte Stadt lieferte ihre Flotte und ihre Schätze aus. Der drohende Zweifrontenkrieg war beendet, bevor er richtig begonnen hatte: Italien, Spanien, Gallien, Sardinien und Sizilien hörten jetzt auf die Befehle Cäsars. Auf dem Pyrenäenpaß des Col Perthus, wo Pompeius vor 22 Jahren ein monumentales Denkmal zur Erinnerung an seinen Sieg über Sertorius errichtet hatte, feierte nun ein einfacher steinerner Altar den Sieg über die Gefolgsleute des Pompeius.

Aber auch Niederlagen galt es zu verschmerzen. Curio, nach der Eroberung Siziliens mit zwei Legionen glücklich in Afrika gelandet, verlor im Spätsommer Heer und Leben, als der numidische König Juba den bereits geschlagenen Truppen seines alten Freundes Pompeius zu Hilfe kam. Gaius Antonius, beauftragt, Illyrien zu halten, kapitulierte nach schweren Kämpfen mit seiner ganzen Armee. Dolabella, zwanzig Jahre alt und tollkühn, büßte bei einem mißglückten Landungsunternehmen an der dalmatinischen Küste vierzig Schiffe ein, die Cäsar bitter fehlen sollten.

Pompeius war rastlos tätig. Gestützt auf die fünf Legionen, die er aus Italien hatte retten können, trieb er Gelder ein – wobei er vor allem die abhängigen Könige Kleinasiens und Syriens zur Ader ließ –, zog Truppen an sich, baute Getreidesilos und Flotten und exerzierte mit großer Sorgfalt. Zur Bewunderung seiner Soldaten nahm der 58jährige selbst an den Übungen teil und verblüffte alle durch die meisterliche Beherrschung des Kriegshandwerks. Sein Plan, nach Italien mit überlegenen Kräften überzusetzen, konnte warten. Nach dem Sieg des Gegners in Spanien war ohnehin damit zu rechnen, daß man ihn wohlgerüstet in den Küstenstädten Epirus' und Griechenlands erwarten und zusammen mit der Flotte schlagen konnte.

Die Entscheidung in Griechenland

Und Cäsar kam – früher und schneller, als man gehofft hatte. Nach einem elftägigen von hektischer Tätigkeit erfüllten Aufenthalt in der Hauptstadt, die ihn zum Konsul wählte, rückte er nach Brundisium ab. Dort pferchte er 20000 Mann in hundert Schiffe, landete am 5. Januar 48 ungesehen und unbehelligt von der Flotte des Feindes bei Palaeste (an der albanischen Küste nördlich von Korfu) und nahm im eiligen Vormarsch nach Norden Apollonia ein. Der aufgeschreckte Pompeius, dessen Legionen sich noch tief im Innern Makedoniens bewegten, konnte gerade noch die Kapitulation des großen Kriegshafens Dyrrachium (Durazzo) verhindern.

Die erste wichtige Schlacht des Krieges hatte Marcus Bibulus, 59 mit Cäsar Konsul und seither sein Todfeind, als Kommandant der adriatischen Flotte verloren. Seine Schiffe lagen in Kerkyra (Korfu), und Mannschaften und Steuerleute genossen den Landurlaub. Jetzt aber zeigte der tatkräftige Mann, daß er seine Lektion gelernt hatte. Rasend vor Zorn warf er sich auf die nach Brundisium zurückkehrende Flotte Cäsars und verbrannte dreißig Schiffe. Von Dalmatien bis nach Epirus blockierten jetzt seine Schiffe die Küste. Cäsar, vom Nachschub abgeschnitten, Pompeius an Truppen deutlich unterlegen, von Zweifeln über die Zuverlässigkeit seiner in Italien kommandierenden Generäle geplagt, hatte drei Monate qualvollen Wartens vor sich. Er konnte nur eins tun, um seinen Verstärkungen das Überqueren der Adria zu erleichtern: Kleine Truppenverbände überwachten die

Küste, um Bibulus an der Wasseraufnahme zu hindern und ihn dadurch zu langen Fahrten bis nach Kerkyra zu zwingen. Doch gelang Marcus Antonius erst am 10. April der Durchbruch durch die Blockade: Drei Veteranenlegionen, eine Rekrutenlegion und 800 Reiter landeten nordostwärts von Lissus (Lezhë) und unterstellten sich dem Befehl ihres erleichterten Feldherrn.

Es war nicht mehr Bibulus, der diese zweite wichtige Schlacht des Krieges verlor. Er hatte seine vor der Küste kreuzenden Geschwader unermüdlich angetrieben und war völlig erschöpft gestorben. Auch er hätte es jetzt nicht mehr verhindern können, daß Cäsar zum Angriff überging. Zum ersten Mal war Pompeius selbst an der Reihe, seine große Feldherrnkunst gegen Cäsar unter Beweis zu stellen. Es wurde sein letzter Sieg.

Cäsar, durch die überlegene Reiterei des Gegners am Fouragieren gehindert, versuchte das ihm zahlenmäßig überlegene Heer des Pompeius bei Dyrrachium mit Wall und Graben einzuschließen. Was in Alesia den Sieg gebracht hatte, sollte auch hier den Krieg rasch beenden. Wie dort schanzten seine Soldaten Tag und Nacht und zogen einen Belagerungsring von 21 Kilometern um den Feind. Aber diesmal standen ihnen keine Gallier, sondern die eigenen Landsleute gegenüber, die dieselbe Kunst beherrschten und nun ihrerseits mit derselben Disziplin darangingen, möglichst viele der umliegenden Höhenzüge zu halten und zu befestigen. Diesen Krieg der Maulwürfe und Ingenieure gewann Cäsar – aber es wurde ein Pyrrhussieg. Seine Kräfte waren überdehnt worden. Mit einem wuchtigen Ausfall sprengte der vom Vorteil der inneren Linie begünstigte Pompeius den Belagerungsring und rollte ihn auf.

»Heute wäre der Sieg bei den Feinden gewesen, wenn sie einen gehabt hätten, der zu siegen verstünde«[34], analysierte Cäsar nüchtern.

Tausend Tote, 32 verlorene Fahnen und der unausweichliche Rückzug nach Apollonia genügten, um die Initiative wieder dem Gegner überlassen zu müssen.

Die Auswirkungen dieser Niederlage waren politisch und militärisch fast tödlich, obwohl in den Tagen nach der Schlacht die Absatzbewegung vom Feind gelang. Für Freund und Feind schien der lang erwartete Beweis erbracht, daß Cäsars in Gallien erlernte Kriegskünste nicht genügten, um den Altmeister des Krieges, den Sieger über Sertorius, die Seeräuber und Mithridates, zu schlagen. Militärisch sah die Lage katastrophal aus: Die Versorgung der Truppen mit Lebensmitteln war jetzt an der Küste nicht mehr zu sichern, so daß der Rückzug in die fruchtbaren Ebenen Thessaliens unvermeidlich wurde. Damit war Pompeius Herr der Situation. Entweder verwirklichte er jetzt seinen alten Kriegsplan und landete in Italien; dies hätte Cäsar zu dem wenig aussichtsreichen Versuch gezwungen, seine Truppen auf dem Landweg durch Illyrien nach Oberitalien zu führen. Oder er setzte seine Ermattungsstrategie fort und ließ den Gegner in Griechenland bis zum Einbruch des Winters nicht zur Ruhe kommen. Spätestens dann mußte alle Welt von dem Feind der Republik abgefallen und seine Armee dem Hunger preisgegeben sein. Pompeius entschied sich für den zweiten Plan. Er war sicher, daß sich der geschwächte Gegner, von jedem Nachschub aus Italien abgeschnitten, nur wenige Monate in Griechenland ernähren könne. Es wäre dies auch der kürzeste Weg zum Kriegsende: Fiele Cäsar in seine Hände, so wäre der ganze Spuk vorbei und die Welt gehorchte ihm, dem Sieger.

Daß es anders kam, war nicht Cäsars Werk, sondern das seiner senatorischen Todfeinde um Cato, Scipio und Ahenobarbus. Sie drängten auf die große Schlacht, in der auch ihr Stern aufgehen sollte. Die weitsichtigen unter ihnen hatten seit dem Kampf um Cäsars Konsulat immer in der Furcht gelebt, daß sich die beiden Großen letztlich doch noch auf ihre Kosten verständigten. Cäsar selbst hatte in allen Friedensverhandlungen offen darauf spekuliert, daß Pompeius Schlüsse aus der Einsicht zöge, daß sein Zusammengehen mit den optimatischen Familien nach einem Sieg in Feindschaft umschlagen werde. Nur die schnelle Entscheidung bot die sichere Gewähr, daß es nicht doch noch zum Umsturz der Bündnisse kommen würde. Der zögernde Pompeius machte sich verdächtig – besonders bei denen, die vom Krieg nichts verstanden. Sie nannten ihn spöttisch »König der Könige« oder »Agamemnon«. Dieser unglückliche Führer der Griechen vor Troja war längst zur Symbolfigur eines herrschsüchtigen und wenig verantwortungsbewußten Königs geworden. Alle gemeinsam hofften und gierten sie nach Beute, Rache, Ämtern und Ruhm. Sie waren nicht gewillt, noch länger darauf zu warten, nur weil ihr Feldherr seine Führungsrolle möglichst lange genießen wollte.

Pompeius gab ihrem Drängen nach. Ob er selbst inzwischen die militärische Lage und die Kampfkraft seiner Legionen günstiger beurteilte oder ob er das Gezänk einfach satt hatte – wir wissen es nicht. Am Morgen des 9. August meldeten die Kundschafter dem erleichterten Cäsar, daß sich der Gegner in der Ebene von Pharsalos zum Kampf bereit mache. Für ihn, der zum wiederholten Male die Schlacht hatte erzwingen wollen, bot sich die kaum mehr erwartete Chance, der tödlichen Falle in Griechenland doch noch mit einem einzigen großen Sieg entrinnen zu können. Auf seine Offiziere und Soldaten, obwohl dem Gegner an Zahl unterlegen, war Verlaß: Sie wußten, daß es um Sieg oder Tod ging; keiner von ihnen konnte auf Gnade hoffen – dies hatte ihnen der rachsüchtige Gegner durch öffentliche Hinrichtungen gefangener Soldaten drastisch vor Augen geführt.

Die Tapferkeit und Erfahrung dieser Männer und eine schnelle taktische Entscheidung Cäsars vor Beginn der Schlacht brachten den Sieg. Als sich Pompeius anschickte, seine weit überlegene Reiterei die rechte Flanke des Feindes durchbrechen zu lassen, zog Cäsar sechs Kohorten aus dem dritten und letzten Treffen heraus, bildete mit ihnen ein viertes und postierte es hinter der am rechten Flügel stehenden Reiterei. An ihm bissen sich die Reiter des Pompeius die Zähne aus. Ihr Angriff verwandelte sich in Flucht, die nachdrängenden cäsarischen Kohorten warfen den linken Flügel des Pompeius und kamen ihren im Zentrum kämpfenden Kameraden zu Hilfe. Am Mittag war die Schlacht entschieden und Pompeius auf der Flucht. Die Reste seiner Armee ergaben sich am folgenden Tag. Im peloponnesischen Elis, im Tempel der Minerva, wandte sich das Standbild der Victoria zur Tür, und in Pergamon dröhnten die Pauken im unzugänglichen Allerheiligsten. Ein Zeitalter war zu Ende gegangen.

Der Untergang des Pompeius

Pompeius floh, gehetzt vom nachsetzenden Cäsar, der jeden noch
möglichen Widerstand im Keim ersticken wollte. Die Jagd ging
quer durch Griechenland zum Hellespont, durch die Ägäis nach
Cypern; sie endete in Ägypten. Als Cäsar am 2. Oktober in
Alexandria eintraf, war sein großer Rivale tot.

Pompeius hatte gehofft, in Ägypten Hilfe zu finden. Das Land
war reich, leicht zu verteidigen, und den Kern des ägyptischen
Heeres bildeten einige römische Kohorten, mit deren Unterstützung gerechnet werden konnte. Der Vater des amtierenden un-
mündigen Pharao Ptolemaios XIII. war mit Hilfe des Pompeius
auf den Thron gekommen; der Sohn schuldete also Dank. Dessen
Ratgeber sahen es anders. Der königliche Knabe führte gerade
Krieg bei Pelusium gegen seine Schwester und Mitregentin
Kleopatra VII., die, vom Hofe vertrieben, mit einem Heer ge-
waltsam ihre Ansprüche zu wahren suchte. Half der König Pom-
peius, so war abzusehen, daß sich der heranstürmende Cäsar der
Sache Kleopatras annehmen und damit den Streit entscheiden
würde. Also schien es besser, sich beizeiten auf die richtige Seite
zu schlagen und Pompeius zu opfern. Als dessen Geschwader vor
Pelusium ankam, schickte ihm sein königlicher Mörder ein
Schiff, um ihn an Land zu bringen. Dort starb Pompeius, die
Toga über das Gesicht gezogen, von der Hand eines gedungenen
Römers, der unter ihm als Zenturio im Seeräuberkrieg gedient
hatte. Cäsar wandte sich mit Tränen in den Augen ab, als ihm
einige Tage später die dienstbeflissenen Mörder den Siegelring
und das Haupt des Toten brachten. Er befahl, es feierlich zu ver-
brennen und in aller Ehre zu bestatten. Nur in Jerusalem jubelte
das Volk über den Tod des römischen Generals, der einst das
Allerheiligste des Tempels geschändet hatte:

»Und nicht brauchte ich warten, bis Gott mir den Übermut
des Mannes bezeugte, erstochen auf den Bergen Ägyptens, zu
nichts zergangen zu Land und See, sein Leib auf den Wellen ent-
führt mit vielem Schimpf, und es war nicht, der ihn begrub, weil
Gott ihn in Schande vernichtete.«[35]

Pompeius starb am 29. September 48. Dreizehn Jahre zuvor

war er an diesem Tag feierlich in Rom eingezogen: triumphierend als Sieger über den griechischen Osten und eingehüllt in den Sternenmantel Alexanders des Großen. Wie kein zweiter stand der Name Pompeius für den Glanz und das Elend der weltbeherrschenden Republik. Aufgestiegen im Schatten Sullas und sein militärischer Arm bei der Niederwerfung des popularen Widerstandes in Afrika und Spanien, gaben ihm seine Anhänger in Anlehnung an Alexander früh den Beinamen »der Große«. Zwanzig Jahre war er es auch, und während dieser Zeit wurde die römische Herrschaft über die Länder des Mittelmeeres in einem Maße gefestigt, daß zum ersten Mal das Imperium als einheitliches Ganzes ins römische Blickfeld trat. Allen voran hatten die Menschen des Orients Grund, diesen Römer als einen zweiten Alexander zu feiern und ihn als Heiland und Retter zu preisen. Die Anbetung der Macht hatte in Pompeius den richtigen Mann für ihr vielfältiges Vokabular gefunden.

Sein Einfluß hatte den Osten und die Provinzen des Westens durchdrungen. Grenzen setzten ihm nur der Stolz, das Ethos und der Neid der auf die Plätze hinter ihm verbannten römischen Elite. Im politischen Kampf um das Kommando gegen die Piraten im Jahre 67 hatte ihm Hortensius, der mit Cicero um die Krone des besten Redners in Rom stritt, zugerufen:

»Wenn einem alles zuzuerkennen wäre, so ist Pompeius der Würdigste; aber es darf nicht alles einem übertragen werden.«[36]

Damit war alles gesagt, was das Verhältnis der Nobilität zu ihm immer prägen sollte. Selbst als ihre Häupter mit ihm den Pakt zur Abwehr der Machtansprüche Cäsars schlossen und er Cornelia, die Tochter des vornehmsten Mannes in Rom, Quintus Metellus Scipio, heiratete, wurde er damit nicht zu einem der Ihren. Sie brauchten ihn als Werkzeug, und sie waren sicher, ihn nach dem Sieg zur Unterordnung zwingen oder vernichten zu können. Pompeius selbst erwartete das genaue Gegenteil von einem Sieg, den nur er erringen konnte: die Bestätigung seines Anspruches auf die Rolle des Ersten im Staate auf Dauer. Nur dafür war er bereit gewesen, seinen langjährigen Bundesgenossen und schließlichen Rivalen Cäsar zu stürzen. Am Ende stand er allein da; allein war er auch, als er am Strand von Pelusium starb: Seine senatorischen Freunde sammelten sich in Afrika, Cäsar war ihm als Feind auf den Fersen, und der ptolemäische König, von dem er Dank für erwiesene Wohltat erhoffte, bezahlte seinen Mörder.

Für Cäsar war der Tod seines Rivalen auf den ersten Blick ein Glücksfall. Für beide war auf dieser Erde kein Platz mehr. Solange Pompeius lebte, kämpfte er und wies jede Geste der Versöhnung schroff zurück. Sein Blut klebte nun an den Händen ägyptischer Höflinge, und niemand konnte Cäsar für ihr elendes Komplott verantwortlich machen. Erst jetzt war er für Rom und Italien der Sieger. Die Statuen des Sulla und des Pompeius wurden in der Hauptstadt von ihren Podesten gestürzt, und Senat und Volk überboten sich in ehrenden und devoten Beschlüssen.

Trotzdem war Cäsars Trauer echt. Der Tod des in der ganzen römischen Welt seit über einer Generation gerühmten Generals, dessen Leichnam kopflos und unbestattet an einem ägyptischen Strand lag, wies drohend auf das künftige eigene Schicksal. Pompeius und die Toten von Pharsalos raubten ihm endgültig den höchsten Ruhm eines römischen Aristokraten, unter seinesgleichen der Erste an Macht und Ansehen zu sein. Um dies zu erreichen, hatte er in Gallien gesiegt und nicht, um mit der dort gewonnenen Macht die Republik und seine Standesgenossen in die Schranken fordern zu können. Den Rubikon hatte er mit Waffen überschritten, um seine verletzte aristokratische Ehre wiederherzustellen, und nicht, um Militärdiktator über Rom zu werden. Jetzt, im Angesicht der Toten von Pharsalos und des erbärmlich erschlagenen Pompeius, wurde die am Rubikon mühsam unterdrückte Ahnung zur Gewißheit, daß ihm weder die Toten noch die Lebenden vergeben würden.

Ohne diese Vergebung war auch er allein: Um den Staat wiederaufzubauen und die Wunden des Bürgerkrieges zu heilen, bedurfte er der Hilfe der politischen Eliten Roms. Ohne sie mußte jeder Versuch dazu vergeblich sein. Er war gewiß der Herr Roms, aber er war es wie ein auswärtiger Eroberer, dessen Herrschaft in Mord und Brand enden mußte, wenn sie nicht den Verstand und das Herz der alten regierenden Klasse gewinnen konnte. Der tote Pompeius jedoch lud niemanden zur Versöhnung ein. Sein Name stand nun unverrückbar auf den Fahnen der Republikaner, die sich in Afrika zu sammeln begannen und neue Legionen gegen Cäsar ins Feld stellten. Ihr Widerstand, der jeden Kompromiß, jedes Gespräch und jede Kapitulation ablehnte, verdammte in den Augen des traditionsbewußten Adels Cäsar endgültig zum Zerstörer, furchtbarer als Sulla, dessen Gnade nicht genommen und dem Vergebung nicht gewährt wurde.

Der Bruch mit der Vergangenheit

Kleopatra

Cäsar war in Alexandria mit einer Flotte von 32 Schiffen, 3200 Legionären und 800 Reitern gelandet. Mit dieser kleinen Streitmacht ließ sich in der quirligen Weltstadt, in der über eine halbe Million griechischer, jüdischer und ägyptischer Einwohner lebten, im Ernstfall wenig ausrichten. Cäsar, der ohnehin keinen längeren Aufenthalt eingeplant hatte, vertraute darauf, daß sein Name und das Gewicht des römischen Weltreiches Sicherheit und Schutz böten. Es kam anders – nicht zuletzt, weil er die ersten Sturmzeichen übersah. Als er in Alexandria einzog und Quartier im königlichen Palast nahm, trug er die purpurgesäumte Toga des Konsuls, und seine Liktoren gingen ihm mit Rutenbündeln und Beilen voran. Die Bevölkerung, empfindsam und leicht erregbar, reagierte auf diese ungenierte Zurschaustellung römischer Macht verletzt und feindselig. Sie war es zwar seit über hundert Jahren gewöhnt, Gesandte des römischen Senats über die Geschicke des alten Pharaonenreiches entscheiden zu sehen. Aber diese kamen als Diplomaten und meist leise und ohne Aufsehen. Jener jedoch zeigte in ihren Gassen das anmaßende Auftreten der Großmacht, die bis dahin niemand schätzen-, die meisten aber wegen ihrer unersättlichen Habgier hassengelernt hatten.

Was Cäsar vorhatte und wie er es anpackte, verschlimmerte die Lage, als es ruchbar wurde. Der 51 verstorbene König schuldete ihm noch die horrende Summe von 17½ Millionen Denaren, von denen Cäsar 10 Millionen sofort verlangte, um seine

schmal gewordene Kriegskasse aufzubessern. Rücksicht schien
um so weniger geboten, als die offizielle Regierung im Bürgerkrieg mit fünfzig Schiffen gegen ihn gekämpft und Pompeius mit
Getreide beliefert hatte. Zusätzlich zum Geld reizte auch der
Streit um den Königsthron. Ihn zu schlichten war gute römische
Herrentradition; zudem bot er Gelegenheit, sich eine der beiden
Seiten aufs engste zu verpflichten. Also forderte Cäsar von den
streitenden königlichen Geschwistern die sofortige Entlassung
ihrer Heere und lud sie als Konsul Roms vor seinen Richterstuhl.

Kleopatra kam. Ende Oktober stand sie, 21jährig, vor Cäsar.
Sie war heimlich in einem Nachen nach Alexandria gekommen
und hatte sich von ihrem griechischen Vertrauten, verschnürt in
einem Bettsack, unbemerkt in den königlichen Palast tragen lassen. In einer persönlichen Aussprache mit dem allmächtigen Römer hoffte sie, ihre Ansprüche am besten vertreten zu können.
Der Thron, um den es ging, war der Thron der makedonischen
Ptolemäer und der Pharaonen. Er war der älteste und ehrwürdig-
ste der Erde. Mit 18 Jahren bestieg sie ihn und legte das königliche Diadem an. Bereits als Kind hatte sie von ihrem Vater gelernt, welche Demütigungen zu ertragen waren und mit welcher
mörderischen Raffinesse zu Werke gegangen werden mußte, um
zwischen den Hofintrigen im eigenen Haus und den geldgierigen
römischen Potentaten den richtigen Weg zur Herrschaft zu finden. Die Intrigen der Höflinge ihres Bruders, eines hilflosen drei-
zehnjährigen Knaben, und die Vertreibung aus dem Palast hatten sie nicht einschüchtern können. Jetzt trat sie mit dem Stolz
und der Unbeugsamkeit einer drei Jahrtausende alten Dynastie
vor Cäsar, um ihr Diadem zu retten.

Plutarch hat sie beschrieben, wie sie, sieben Jahre älter, Marcus Antonius, den Gefolgsmann Cäsars, in Tarsos empfing:

»Ihre Schönheit war an und für sich nicht so außerordentlich,
daß jeder, der sie sah, von ihr betroffen wurde; bei näherer Be-
kanntschaft übte sie jedoch eine unwiderstehliche Anziehungs-
kraft aus. Durch ihre fesselnde Unterhaltung und allen Liebreiz,
der in ihrem Wesen lag, wirkte ihr schönes Antlitz, als dränge
einem ein Stachel in die Seele.«[1]

Cäsar fiel ihr in die Arme. Der nunmehr 52jährige war für

seine Leidenschaften berühmt und berüchtigt. Seine Soldaten gröhlten beim gallischen Triumph in den Straßen Roms, »Städter, hütet eure Weiber! Den kahlen Buhler führen wir her«. Sueton führte in seiner Cäsar-Vita pedantisch Buch über die vornehmen und schönen Frauen, vor deren Reizen der große General nur allzugern kapituliert haben soll. Unter ihnen war auch eine Frau des Licinius Crassus und eine des Pompeius, als er mit beiden verbündet war. Cäsar hatte keine sonderlichen Skrupel, sich des Geldes des einen und der Macht des anderen zu bedienen und gleichzeitig in ihre Häuser und Ehebetten einzudringen. Berüchtigt war sein jugendlicher Umgang mit dem bithynischen König Nikomedes, der den Spott manches Jambendichters beflügelte und seine Gegner immer wieder zu sarkastischen Ausfällen gereizt hat: »Bithynische Königin«, fluchte sein Mitkonsul des Jahres 59, Bibulus, und der alte Curio war nicht zimperlicher: »Er (Cäsar) sei der Mann aller Frauen und die Frau aller Männer.« So konnte 250 Jahre später der Historiker Cassius Dio ganz unromantisch resümieren:

»Cäsar neigte in höchstem Grade dazu, sich zu verlieben, und hatte mit den meisten Frauen, mit denen der Zufall ihn zusammenführte, ein Verhältnis.«[2]

Warum also auch nicht ein erotisches Abenteuer mit der Königin Ägyptens?

Es wurde weit mehr als dies – obwohl es dies natürlich auch war. Die folgenden Monate sind wohl der einzige Abschnitt in Cäsars Leben, den man mit dem Namen einer Frau überschreiben muß. Die Liebe zu Kleopatra warf ihn fast aus der Bahn, so daß er zeitweilig Rom, das Reich und den Krieg vergaß. Dabei führte er Krieg, mit fast verzweifelter Wildheit, eingeschlossen im Palast und belagert von einer weit überlegenen Armee und verfolgt vom Haß der riesigen Stadt Alexandria. Sein Versuch, den Streit um den Thron zu schlichten und eine gemeinsame Herrschaft der beiden königlichen Geschwister dauerhaft zu festigen, löste den Aufstand aus. In diesen griff die königliche Armee ein, ein stattliches Heer von 20 000 kriegserfahrenen Söldnern, in dem römische und kilikische Reisläufer mit Piraten und entlaufenen Sklaven aus aller Herren Länder dienten. Sie und der Winter schlossen Cäsar Mitte Dezember im Königspalast von Alexandria ein. Erst Ende April erhielten seine Gefolgsleute in Rom die erlösende Nachricht, daß ihr Feldherr Verstärkungen erhalten und Ende März nach einer blutigen Schlacht die ägyptische Hauptstadt eingenommen hatte. Herausgehauen hatte ihn ein gewisser Mithridates aus Pergamon, ein Bastard des Königs von Pontos, geübter Condottiere und Abenteurer aus Passion. Mit einer bunt zusammengewürfelten Truppe, in der Beduinen, Aufgebote der Häuptlinge kleiner kilikischer und syrischer Stämme und auch 3000 Juden unter dem Kommando des Idumäers Antipatros fochten, stürmte er Pelusium und Memphis und vereinigte sich mit Cäsar, der ihm entgegengeeilt war. Sein Lohn wurde ein Königreich in Kleinasien: Nach der Niederwerfung des pontischen Königs Pharnakes im August 47 empfing er dessen Diadem.

Cäsar blieb weitere zwei Monate in Ägypten – allen drängenden Aufgaben zum Trotz und taub gegenüber den flehentlichen Bitten seiner Freunde, von denen einige aus Italien herbeigeeilt waren und schlimme Kunde über das dort herrschende Chaos im Gepäck hatten. Auf der königlichen Barke fuhr er mit der schwangeren Kleopatra nilaufwärts bis an die Südgrenze Ägyptens: Feste, Bankette und die Liebe der Königin füllten die Tage und Nächte. Erst seine meuternden Soldaten brachten ihn zur Umkehr. In Alexandria gebar Kleopatra einen Sohn, der den Namen Cäsarion (kleiner Cäsar) erhielt und nach der Aussage griechischer Schriftsteller an Gestalt und Gang später Cäsars Ebenbild geworden sein soll. Cäsarions Schicksal besiegelte der Sieg von Cäsars Adoptivsohn Octavian bei Aktium: »Eine Menge von Cäsaren ist keine gute Sache«, notierte Plutarch[3], und Octavian handelte danach, als er sich des Erbes der Ptolemäer bemächtigte.

Unsere Quellen verraten über die Liebe des alternden Feldherrn und der jungen Königin, die um ihren Thron kämpfte, so gut wie nichts. Cäsar selbst schwieg darüber in seiner Geschichte des Bürgerkrieges. Selbst der ansonsten so klatschfreudige Cicero verstummte auf befremdende Weise. Die Historiker der frühen Kaiserzeit umgingen das Thema – nicht aus Feingefühl, sondern weil es dem leisetretenden Stil der Zeit entsprach, bestimmte Dinge nicht zu sehen. Erst der von Nero verfolgte Dichter Lucan durchbrach in seinem Versepos über den Bürgerkrieg das Tabu. Mit der ganzen pathetischen Entrüstung, der ein nationalstolzer Römer fähig war – vor allem, wenn er aus der spanischen Provinz kam –, rechnete er mit der »Hure zum Unheil Roms«[4] ab:

»Ganz unmittelbar im vollen Wüten des Krieges,
in dem Palast, den die Manen des Magnus durchschwebten, besudelt noch vom thessalischen Blutbad, ließ sich der Schänder der Ehe, Pflichten zum Trotz, auf ein Liebesspiel ein, ergab sich verbotner Lust, als Soldat, und zeugte ein Kind, nicht im Schoße der Gattin.
Schande: Er gab dir Julia, ohne an Magnus zu denken, einen Bruder von einem schmutzigen Weib. An den Grenzen
Libyens ließ er die fliehenden Gegner aufs neue sich sammeln.«

Diese Schmähung spiegelt die Propaganda der Jahre 33 bis 31, in denen Kleopatra, das *fatale monstrum*, zum furchtbarsten Gegner Roms seit Hannibal hochstilisiert wurde. Kein Wunder, daß die Nachricht von ihrem Tod Horaz frohgemut mit der Ode *Nunc est bibendum* feierte (Oden 1,37). Alles dies sind propagandistische Variationen des vielbehandelten Stoffes Antonius und Kleopatra. Mit der jungen Frau, die sieben Monate mit Cäsar den Krieg ertrug und zwei Monate mit ihm auf dem Nil die Liebe genoß, hat dies nichts zu tun.

Die Botschaft Alexanders des Großen

Anfang Juni 47 brach Cäsar nach Syrien und Kleinasien auf, neun Monate nachdem die Jagd auf Pompeius zu Ende gegangen war. Die Toten von Pharsalos säumten nach wie vor seinen Weg zurück in den Kampf um Rom und das in den Grundfesten erschütterte Reich. Hinzu kamen die Lebenden, die Zeit genug hatten, ihre Kräfte neu zu formieren und vor allem in Afrika ein starkes Heer aufzustellen. In Rom und den Provinzen pfuschten seine Paladine wie die Zauberlehrlinge, und es fehlte nicht viel, daß Italien sich den in Afrika rührig tätigen Republikanern in die Arme warf. Ohne das ägyptische Abenteuer wäre dies alles leicht zu vermeiden gewesen. Cäsar wußte es, und es war es ihm wert.

Der Cäsar, der Alexandria verließ, war in vielem ein anderer geworden. Zum Schwert hatte er im Januar 49 gegriffen, um seine Ehre als Aristokrat zu wahren und Unrecht von sich abzuwenden. Dafür hatte er das ganze Mittelmeer mit Krieg überzogen, und ein Ende der Kämpfe war nicht in Sicht. Der Krieg hatte ihn weit über sein Ziel hinausgetragen und an neue Ufer geführt: Er war Herr der Welt und nun endgültig der Todfeind seines Standes geworden. Was sollte er mit diesem Sieg anfangen, was mit einem Staat, der seine Beute geworden war, obwohl er nichts anderes am Rubikon im Sinn gehabt hatte, als in Rom und unter seinen adelsstolzen Familien als einer der Großen zu leben und Anerkennung zu finden? Zurück konnte und wollte er nicht mehr. Der Krieg hatte ihn zum Herrschen berufen, und künftig konnte es nur noch um die Art und Weise gehen, wie er es tat. Zweifel daran quälten ihn nicht.

In Ägypten sah er eine andere, neue Welt vor sich. Dieses Land hatte seit dem Untergang Makedoniens 168 alle Drangsalierungen und Interventionen der römischen Diplomaten überstanden. Seine Monarchen waren dabei wenig heldenhaft zu Werke gegangen. Aber in ihrem Herrschaftsanspruch spiegelten sich die Würde und Gelassenheit einer jahrtausendealten Monarchie, was dem durch die Liebe zu Kleopatra empfindsam gewordenen Römer nicht verborgen blieb. Die Königin gehörte einer Dynastie an, deren Ahnherr Ptolemaios als General Alexanders Ägypten verwaltet und schließlich den Thron der Pharaonen bestiegen hatte. Cäsar, der wie alle gebildeten Römer seiner Zeit die Autorität der griechischen Kultur anerkannte, nahm die Alexander-Tradition am Hof der ptolemäischen Könige mit der hellsichtigen Schärfe auf, die eine ungewisse Zukunft dem Mann der Tat an die Hand zu geben pflegt. Der große Makedonenkönig und sein Name waren in der griechischen und römischen Welt längst zum Symbol unbegrenzter Macht geworden. Alexander verkörperte in idealer Form die Möglichkeit, durch die individuelle Tat alles auf Erden erreichen und die Unsterblichkeit erlangen zu können. Der erste Römer, der in diesen Dunstkreis der Macht ohne Grenzen gehüllt wurde, war Scipio Africanus, der Bezwinger Hannibals und des Seleukiden Antiochos III. Scipio selbst hat – anders als Pompeius – die Erinnerung an den makedonischen König nicht von sich aus gesucht. Seine Zeit und die Nachwelt taten es um so eifriger: Für sie wurde auch er von Jupiter in der Gestalt einer Schlange gezeugt, und seine großen Siege schienen ihnen ohne die Hilfe der Götter gar nicht vorstellbar. Die römischen Feldherrn des letzten Jahrhunderts v. Chr., die die Grenzen des Imperiums immer weiter ausdehnten und dabei ein eigenes individuelles Selbstbewußtsein entwickelten, suchten von sich aus die Verbindung zu Alexander. Die großen Kriege im Orient, zu denen Sulla, Lucullus, Pompeius und Crassus aufgebrochen waren, boten den äußeren Anknüpfungspunkt, um ihre gewonnene Macht durch die Angleichung an Alexander jedermann verständlich zu machen.

Für Cäsar, der am Hofe der Ptolemäer – unweit des Grabes Alexanders – seinem künftigen Schicksal entgegensah, lag die Besinnung auf Alexander noch näher als seinen Vorgängern, die der besiegte Osten schon wie Götter und Heilande gefeiert hatte. Er war der mächtigste Mann der Erde und auf der Suche nach der ihm noch gemäßen Aufgabe, die ein Zurück zu dem Tag vor der Überschreitung des Rubikon nicht mehr zuließ. Als er ihn überschritt, hatte er das, wofür er es tat, verloren: die Ehre des Aristokraten, die seinesgleichen anerkannten. Jetzt betrat er den Weg zu den Höhen der Macht, die noch von niemandem vorher erkundet worden waren – auch von dem besiegten Pompeius nicht, den außerhalb Italiens schon die Gloriole eines beinahe göttlichen Weltherrschers umgeben hatte. Pompeius hatte sich in dieser Rolle gefallen, aber er hatte nicht daran gedacht, die damit verbundene Aufgabe auch zu übernehmen. Wer dies wollte, blieb allerdings auf Gedeih und Verderb an den Ausgangspunkt der Macht gebunden: Rom. Alexander konnte nur den Weg zu neuen

Taten weisen und zu der Größenordnung, die sie forderten. Die Republik in Italien, die das Weltreich geschaffen hatte, teilte mit niemandem das Recht, die formale Stellung zu definieren, die der Macht Cäsars oder jedes anderen ihrer Söhne künftig Legitimität geben konnte. Wer dies mißachtete, war ein Tyrann, und diesem drohte jeder römische Bürger den Tod an.

Der griechischen und orientalischen Welt allerdings brauchte man den Bezug auf Alexander nicht weiter zu erläutern. Die Formen, in denen sie die Macht anbetete, waren die Alexanders, und sie paßten auf Cäsar nicht minder gut als auf Pompeius. In Rom stand alles unter dem Diktat der Republik, ihrer Institutionen und ihrer regierenden Klasse, der Senatsaristokratie. Hier war die Entscheidung darüber zu suchen und zu finden, in welche mit der Tradition vereinbare Rechtsform die faktische Gewalt eines Universalherrschers gegossen werden konnte, der diese als lebenslängliche zu beanspruchen fest entschlossen war. Der Name Alexander umschrieb den Anspruch und die Größe der Macht; Form konnte er ihr, da ihr römischer Ausgangspunkt nicht veränderbar war, nicht geben.

Die römischen Zeitgenossen haben sich in den kommenden Jahren in dieses Thema der formalen Machthülle, die zugleich den Prüfstein für die richtige republikanische Gesinnung abgab, regelrecht verbissen und an diesem Punkt ihre Rechnung mit Cäsar aufgemacht. Die folgenden Generationen sahen – aus der Distanz und selbst unter weltbeherrschenden Monarchen lebend – die Dinge unverkrampfter und besser: Wenn sie die Motive Cäsars und die Größe seiner Macht anschaulich beschreiben sollten, hielten sie sich an den Vergleich mit Alexander. So hatten sie vor ihrem geistigen Auge einen Cäsar, der bereits als Quästor im spanischen Gades neben dem Tempel des Herkules das Bild Alexanders erblickt und tief geseufzt haben soll, es ekele ihn vor seiner Trägheit, da er in einem Alter, in dem Alexander schon den Erdkreis unterworfen, selbst nichts Rühmenswertes vollbracht habe. In den Träumen des damals 33jährigen hätten die Traumdeuter auch sofort die ersten Fingerzeige auf seine künftige Herrschaft über den Erdkreis gefunden.[5]

Diese Geschichte ist wie viele vergleichbare eine Legende.

Aber sie reicht aus zu zeigen, wie selbstverständlich es für Griechen und Römer wurde, Cäsar neben Alexander zu stellen: »Cäsars Größe überstieg die Natur und den Glauben der Menschen, jenem großen Alexander aber, wenn er nüchtern und nicht zornig war, war er höchst ähnlich«, notierte in seiner kurzgefaßten Römischen Geschichte Velleius Paterculus[6], ein dem Tiberius und dem julischen Kaiserhaus treu ergebener Offizier und Beamter. Der Seitenhieb auf die Trunksucht und den Jähzorn des großen Makedonen unterstrich Cäsars behauptete Größe noch.

Das Hauptthema aller Geschichten und Vergleiche ist immer und in jedem Fall die Welteroberung und die Allmacht des Herrschers. Alexanders Reich umfaßte nun gewiß nicht die ganze damals bekannte Welt, aber die idealisierende Rückschau der Griechen hat dies nicht gestört. In ihren Augen war der strahlende junge König der unumschränkte Herr der Welt, dem nur der Ozean Grenzen gesetzt hatte. Als Cäsar mit ihnen auf Alexander zurückschaute, um seine künftige Aufgabe und Stellung zu verstehen, so zeigten sich Kampf und Eroberung als Urquell der Allmacht. Der Mann, der in den vergangenen zwölf Jahren im Krieg seinen Himmel und seine Hölle gefunden hatte, fand dort von neuem die Erfüllung seines Lebens. Die an den Namen Alexander geknüpfte Herausforderung muß er fast schmerzlich dort empfunden haben, wo er in Alexandria und am Hof der Ptolemäerkönige dem großen Makedonen am nächsten und Rom am fernsten war, das in ihm die Drohung despotischer Macht sah und fürchtete.

Der erste Schritt auf dem Weg, die Herausforderung anzunehmen und zu bestehen, war leicht auszumessen. Alle Länder östlich des Euphrat waren seit langem von der Mittelmeerwelt losgerissen, an die sie der Siegeszug Alexanders herangeführt hatte. Dort herrschte jetzt das kriegerische Reitervolk der iranischen Parther, die, seit sie über die Legionen des Crassus triumphiert hatten, Syrien, Palästina und Kleinasien bedrohten. Krieg gegen sie zu führen, hieß der Botschaft Alexanders folgen und zugleich das bittere Gefühl des Unvermögens und der Enttäuschung abschütteln, das die Unterwerfung der Republik zurückgelassen hatte. Es war dies vielleicht auch der Weg, den republikanischen

Abscheu vor dem Bürgerkriegsgeneral zu mildern. Alle zeitge-
nössischen römischen Kommentare haben die Pläne Cäsars für
den Partherkrieg nicht im einzelnen verfolgt – da gab es, auf das
Ende hin besehen, doch Wichtigeres. Aber sie haben sie einstim-
mig begrüßt. Die Niederlage von Karrhae beleidigte das römische Nationalgefühl nicht minder als die aggressive Politik der
Parther, deren Reiter in Syrien und an den kleinasiatischen
Grenzen auftauchten. Der Feldherr, der diese Gefahr bannte
oder gar die Legionsadler durch die Tore der parthischen Königsstadt Ktesiphon tragen ließ, durfte eine andere Begrüßung in
Rom erwarten als der Sieger über Pompeius.

Die ersten Nachrichten über die Planung und die Vorbereitung eines großen Partherkrieges weisen in den Sommer des Jahres 47.[7] Mit dem Aufbruch aus Alexandria begann eine diplomatische Offensive, die die verunsicherten Dynastien Syriens und
Kleinasiens wieder fester an Rom binden sollte. Nach dem Sieg
über Pharnakes von Pontos im August schien Cäsar entschlossen, die Vorbereitungen des Krieges zu intensivieren. Die sich
täglich verschlechternden Nachrichten aus Rom und Afrika jedoch führten ihn in die entgegengesetzte Richtung: Noch einmal
sollte der Bürgerkrieg alle Aktivitäten beherrschen.

Noch ein zweiter Gedanke war mit dem Namen Alexander verbunden, und er drängte sich in die Herzen der Menschen: Die
Gestalt des Weltherrschers verschmolz mit der des Heilandes,
auf den bereits die göttliche Zuneigung und eine wundersame
Kindheitsgeschichte wies. In einer von Krieg und Elend geschlagenen Zeit fiel Cäsar die Rolle des Heilsbringers von selbst zu.
Die Sorgen der Menschen vor der Zukunft verlangten nach einer
heiligenden Kraft, die menschlicher Willkür entzogen war und
ihre segenbringende Tätigkeit auf Dauer entfaltete. Für die Völker des Orients richteten sich alle Hoffnungen auf den Monarchen von Gottes Gnaden, den man schon im 2. Jahrhundert
vergeblich in den großen Feldherren der Republik Roms gesucht
und voreilig hymnisch gefeiert hatte. Aber auch der kleine Mann
in Italien kannte solche Wünsche. Die Tabernakel, die fromme
Menschen zwanzig Jahre später an den Wegkreuzungen für Augustus aufstellten, waren gewiß schon für Cäsar gedacht. Aber er

konnte dem Fluch des Bürgerkrieges nicht entrinnen – anders als Augustus, der auf seine Weise an Alexander anknüpfte und die Welt zu heilen bereit war.

Die Krise der sozialen Ordnung

Enttäuschte Hoffnungen

Der Bürgerkrieg war in Pharsalos und mit dem Tod des Pompeius entschieden worden. Was sich an Widerstandspotential bis in den Sommer 47 in Afrika gesammelt hatte, war nur rein zahlenmäßig beeindruckend. Keiner der dort das Kommando führenden Männer verstand etwas von einem großen Krieg und seiner Planung, die das Meer in die strategischen Berechnungen miteinbezog und auf den Angriff setzte, wenn der Gegner seine Kräfte anderswo band. Die neuen Führer Metellus Scipio und Cato ließen mit zehn kampfbereiten Legionen in den afrikanischen Garnisonen den Sommer 47 verstreichen, obwohl die Cäsarianer in Italien und Rom dilettantisch in den sozialen und wirtschaftlichen Problemen herumfuhrwerkten, meuternde Legionen in Kampanien ihre Entlassung und Versorgung verlangten und Cäsar selbst in Kleinasien Krieg führte. So verloren die Republikaner den Krieg durchs Nichtstun noch vor dem ersten Schwerthieb; als er schließlich im Frühjahr 46 geführt wurde, war der Widerstand nur schwächlich.

Doch noch war es nicht soweit. In Kleinasien träumte der Sohn des Königs Mithridates, Pharnakes, von einem pontischen Großreich und führte Krieg gegen die Vasallen Roms und gegen die Provinz Asia. Cäsars Legionen packten am 2. August sein Heer im eigenen Land bei Zela (Zile) und zerschlugen es binnen vier Stunden. Der sieggewohnte Feldherr meldete – stolz auf seinen Sieg und seinen Wortwitz – nach Rom: *Veni, vidi, vici* (Ich kam, sah, und siegte). Im September betrat er die unruhige

Hauptstadt und machte sich daran, das Knäuel von Problemen zu entwirren, das seine Gefolgsleute – allen voran Antonius und Dolabella – verschnürt hatten.

Das wirtschaftliche und soziale Leben Italiens war seit langem instabil. Der Ausbruch des Bürgerkrieges hatte die Situation rapide verschlechtert, was sich am auffallendsten in der Verknappung des Geldes niederschlug. Wer über Bargeld verfügte, hielt es krampfhaft fest, während die Gläubiger versuchten, auf jede nur denkbare Weise Schulden einzutreiben. Verschärfend kam der ungeheure Geldbedarf der Kriegsparteien hinzu, die ihre Soldaten mit großzügigen Geldgeschenken bei den Fahnen hielten. Kredit gewährte niemand mehr, und wer seine immobilen Werte wie Land und Häuser verkaufen oder als Sicherheit anbieten wollte, stellte schnell fest, daß ihr Wert ins Bodenlose gefallen war. Dieser allgemeine Mangel an Geld traf die unteren wie die oberen Schichten: Der kleine Mann konnte seine Miete nicht bezahlen und der große sah sich von seinen Gläubigern hart bedrängt und bat um Stundung, um dem drohenden Konkursprozeß zu entgehen. So führte Cicero am 3. Februar 49 bewegte Klage bei seinem Freund Atticus, der als geschäftstüchtiger Bankier darangegangen war, auch bei Ciceros Bruder Quintus unerbittlich die Schulden einzufordern:

»Bruder Quintus hat seine liebe Not, dir seine Schulden zu bezahlen mit dem Posten, den Egnatius ihm schuldete. Egnatius fehlt es nicht an gutem Willen, auch er ist nicht unbegütert; aber bei diesen Zeitläufen, wo Q. Titinius erklärt, er habe kein Reisegeld ... wo Quintus augenblicklich keinen Pfennig im Hause hat, aber auch von Egnatius nichts bekommen oder irgendwo eine Anleihe aufnehmen kann, wunderte er sich doch, daß du diese allgemeine Kalamität nicht in Rechnung gestellt hast.«[1]

In Cäsars Lager sammelten sich die Schuldner, Bankrotteure, Hasardeure und die Masse der Verzweifelten, die von dem Volksfreund Cäsar schnelle Hilfe – und sei es um den Preis des Umsturzes – erhofften. Daraus wurde nichts. Die gekränkte Ehre des aristokratischen Generals führte in den Bürgerkrieg, aber nicht in die soziale Revolution. Cäsar war jeder Gedanke an eine Veränderung der bestehenden Eigentums- und Vermögensverhältnisse höchst zuwider. Seine vielfältigen Beziehungen zum Ritterstand und zu den Häuptern des italischen Landadels duldeten keine Politik, die in diesen Kreisen Unruhe hätte auslösen können. Andererseits waren das Problem und die Massen der Schuldner aus allen Schichten zu groß, um einfach zuzuwarten, bis die Dinge wieder von selbst ins Lot kamen. So verfügte Cäsar in den Jahren 49 und 48, daß die Gläubiger Grundbesitz zum Vorkriegspreis in Zahlung nehmen mußten. Die Zinsen (legal 12 Prozent) wurden für die Jahre 49 und 48 ebenso wie eine Jahresmiete bis zu einer bestimmten Höhe erlassen.

Damit konnte niemand in den besitzenden Schichten so recht zufrieden sein. Aber sie erkannten auch dankbar an, daß Cäsar auf jede radikale Maßnahme verzichtete und niemand einen zweiten Catilina fürchten mußte, nachdem die Politik der Milde die Sorge vor einem zweiten Sulla bereits zerstreut hatte. Die notleidende Plebs der Hauptstadt allerdings sah alle ihre Hoffnungen zunächst getäuscht und war durchaus bereit, Agitatoren zu folgen, die mehr als nur einen bescheidenen Mietnachlaß herauszuschlagen versprachen. Der erste, der es versuchte, war der wendige Freund Ciceros, Caelius Rufus, der als Prätor 48 die völlige Annullierung aller Schulden forderte und die Massen für diese Forderung auf die Straße brachte. Der Senat rief, als der Spuk lästig wurde, den Notstand aus und warf durch einige Detachements die Unruhen nieder. Ein Jahr später war es der ungeliebte Schwiegersohn Ciceros, Dolabella, der als Volkstribun erneut die Verbrennung der Schuldbücher und die Mietbefreiung propagierte. Als es zu Straßenschlachten, zu Barrikaden und zur Besetzung des Forums durch die erregten Volksmassen kam, ließ der Vertreter des Diktators Cäsar, Marcus Antonius, als *magister equitum* seine Soldaten in Rom einmarschieren; 800 Bürger fielen im Kampf; die Rädelsführer wurden vom Tarpeischen Felsen gestürzt.

Diese Gewalttätigkeiten in den Straßen Roms sahen gefährlicher aus, als sie es tatsächlich waren, und sie blieben auf die Hauptstadt beschränkt. Ihre Bevölkerung umfaßte etwa 750 000 Einwohner und war ein buntes Gemisch aus Sklaven, Freigelassenen und Freien, aus landflüchtigen Bauern, entlassenen Soldaten, Griechen, Orientalen und Gesindel jeder Art, »die in Rom wie die Jauche im Kielraum eines Schiffes zusammenge-laufen waren«[2]. Von ihnen lebten 320000 von der staatlichen Fürsorge und erhielten kostenlos Getreide; die übrigen waren Handwerker und Händler, die an den Bauvorhaben der Welt-stadt und an den sonstigen staatlichen Aufgaben partizipierten und in Zeiten mangelnder Aufträge von der Hand in den Mund lebten. Sie alle hatten sich mehr oder minder daran gewöhnt, das Brot des Staates zu essen und auf die Freigebigkeit seiner Großen zu hoffen, denen man mit der richtigen Stimmabgabe bei Wahlen und Gesetzen Dank abstattete.

Diese städtische Plebs, nominell auch sie Teil des römischen Herrenvolkes, war zugleich Gegenstand allgemeiner Verach-tung. Das ausgeprägt hierarchische Denken Roms hielt sich an ein sehr einfaches Wertsystem: Hochgeboren ist gleich tapfer, klug, reich und sittlich gut, niedrig geboren das Gegenteil. Diese soziale Mißachtung des Armen trifft auch den gesamten Hand-werker- und Händlerstand; nur die Großunternehmer und die Bauern nahm man aus: Den einen adelte der Glanz des Reich-tums, die Armut des anderen vergoldete die Glorie der Wert-schätzung von Land und bäuerlicher Tätigkeit. Die aristokrati-schen Politiker erwarteten von dieser verachteten Plebs gera-dezu, daß sie sich bei Wahlen mühte, durch ihr Stimmrecht von den Großen Geld oder Protektion zu gewinnen. Ansonsten wur-den sie entlohnt als willkommener Hintergrund großer staat-licher Spektakel oder aristokratischer Selbstdarstellung. Sie ju-belten bei den Trimphen der siegreichen Feldherrn, ließen die um ihre Ämter schachernden Politiker bei den Spielen hochleben und begleiteten, feierlich in Trauer gehüllt, die Bahren der Gro-ßen Roms auf ihrem letzten Weg: So hatten sie Julia, die Tochter Cäsars, wie eine Prinzessin zu Grabe getragen, um anschließend auf Kosten des Prokonsuls von Gallien in den Gassen Roms zu Zehntausenden zu tafeln. Man hörte gern den Beifall der Massen – verachtete sie aber ohne Wenn und Aber:

»Dazu kommt, daß diese Blutsauger am Staatssäckel, die sich in den Volksversammlungen herumdrücken, dies hungrige Lum-penpack, glauben, Pompeius schätze mich wie keinen zweiten ...

So erfahre ich bei Wettspielen und Gladiatorenkämpfen ganz kolossale Demonstrationen, von Auspfeifen ist gar keine Rede.«[3]

Die Wohn- und Lebensbedingungen der Masse der Bevölkerung in der Hauptstadt waren erbärmlich und die Mieten hoch. Ciceros Mietshäuser auf dem Aventin und im Argiletum, Stadtviertel, in denen die niederen Schichten wohnten, erbrachten im Jahre 44 die schöne Summe von 80000 Sesterzen; das hätte ausgereicht, um 160 Legionäre für ein Jahr zu bezahlen. Das Risiko war allerdings groß: Zahlungskräftige Mieter zu finden war in turbulenten Zeiten schwer und die Bauten selbst wurden von Brand und Einsturz bedroht:

»Mir sind zwei Baracken (*tabernae*) eingestürzt und die übrigen ziehen Risse. Daraufhin haben nicht nur die Mietsleute, sondern sogar schon die Ratten das Weite gesucht«, spottete am 18. April 44 Cicero, um dann drei Tage später sichtlich erleichtert hinzuzufügen, »der Einsturz hat das Objekt nicht entwertet, vielleicht gar noch einträglicher gemacht«[4].

Für Mietnachlässe, wie sie in den Jahren 48 und 47 verfügt wurden, hatte Cicero, der seinen Sohn im teuren Athen studieren ließ, wie alle seine Standesgenossen kein Verständnis:

»Es gibt keinen gerechten Grund für die Abschaffung oder den Zahlungsaufschub von Mieten. Ich bin der Käufer, ich habe das Haus gebaut, ich halte es in Stand, stecke mein Geld hinein – und das alles, damit du gegen meinen Willen die Früchte davon ernten sollst? Was ist dies anders, als den einen ihr Eigentum rauben und es den anderen schenken?«[5]

Dies war auch Cäsars Standpunkt. Er verfügte den befristeten Mietnachlaß und die Annullierung der Zinsen nicht als Freund der Armen, sondern als Politiker, der dem Druck der Straße nachgab, die seine eigenen Paladine mobilisiert hatte. Die Banden, die durch Rom streiften, waren Tagelöhner, Handwerker, Schankwirte und Kleinhändler, die durch Gladiatoren, die im Dienste der Agitatoren standen, verstärkt wurden. Besonders leicht in Hitze gerieten die Inhaber kleiner Läden und die Kneipenwirte. So ließen Caelius und Dolabella wie gewohnt die Tavernen schließen, wenn die Menge der dort sich herumdrückenden Gäste unter der Anführung ihres Wirtes auf den Straßen gebraucht wurden und in der Atmosphäre von Armut und Verkommenheit kurzfristig der Haß auf die Reichen und Mächtigen geschürt wurde. War es einmal soweit, dann konnte nur noch das Militär die tobenden Massen bändigen, die im Rausch des Aufstandes für Tage ihr armseliges Los vergaßen.

Die soziale Revolution war dies nicht, und spontan brach der Volkszorn auch nicht los. Ohne die Agitationen der Gefolgsleute Cäsars wäre es nie so weit gekommen. Männer wie Caelius oder Dolabella, Ritterssohn der eine, Sproß einer hochadligen Patrizierfamilie der andere, waren auch keine Sozialrevolutionäre oder auch nur mit der Not des Volkes fühlende Politiker, wie es Tiberius Gracchus einst gewesen war. Was sie trieb, nannten schon die antiken Historiker beim Namen: Schulden, Ruhmsucht und persönliche Kränkung durch Cäsar. Was sie sich erhofften, liegt nicht minder deutlich zutage: Abwälzung des eigenen Schuldenberges, eine eigene starke politische Anhängerschaft und eine schnelle Karriere in der Politik. Die Methode war die der unvergessenen Catilina und Clodius: Straßenkämpfe, Aufwiegelung der Massen, volksfreundliche Gesetzesvorlagen und Terrorakte.

Das Volk, die plebejischen Massen der Hauptstadt, blieben bei aller Leidenschaft ihrer Reaktionen Spielzeug in den Händen der Mächtigen. In der altväterlichen Gesellschaftsordnung Roms, wo, wer Knecht war, auch Knecht blieb, forderte der kleine Mann wirtschaftliche Sicherheit, aber nicht soziale Gerechtigkeit. Er rottete sich mit seinesgleichen in den Vorstädten der Hauptstadt zusammen und schlug auch manchmal alles kurz und klein, wenn die Getreideschiffe ausblieben, die Mieten stiegen oder einer seiner Lieblinge erschlagen wurde, wie der Tribun Clodius im Januar 52 oder Cäsar im März 44. Am folgenden Tag bereits ließ er den hohen Herrn hochleben, der zu generösen Getreidespenden bereit war und ein offenes Herz für großartige Spiele und Feierlichkeiten hatte.

An dieser Ergebenheit gegenüber der bestehenden sozialen Ordnung hatten die Expansionskriege und die in ihrem Troß nach Rom und Italien geschleppten Verelendungen weiter Kreise des mittleren und kleinen Bauerntums nichts ändern können. Ihre Proletarisierung und die Umschichtung der Eigentumslage auf dem Lande zugunsten des Großgrundbesitzers haben die Hauptstadt Roms mit Hunderttausenden von Menschen (überwiegend Männern) gefüllt und den Legionen der Weltmacht ein schier unerschöpfliches Reservoir von Soldaten zur Verfügung gestellt. Es hat dies nicht zu einem Ruf nach einer neuen Ordnung der Dinge geführt, von der ohnehin niemand ein auch nur ungefähres Bild im Kopf hatte. Wer hätte es auch mit klaren und überzeugenden Strichen zeichnen wollen? Die landhungrige Aristokratie war mit der eingetretenen Entwicklung mehr als zufrieden, Bankier und Geschäftsmann lebten genauso und gerade in den Zeiten der inneren Bedrängnis weiter und hatten Erfolge. Stabile bürgerliche Schichten gab es nicht, bildeten sich auch nicht aus, und die wachsende Schar der Freigelassenen mästete sich am Unglück des Bürgers, dessen Position sie energisch und skrupellos anstrebte.

Soldaten und Veteranen

Eine Ausnahme allerdings gab es: die Soldaten und Veteranen. Ihrer militärischen Macht und ihrer Unentbehrlichkeit bewußt, forderten sie unerbittlich ihren Teil des Kuchens in Form von großzügigen Geldgeschenken und der Versorgung mit Land nach der Entlassung. Bereits Sulla hatte ihnen Kerngebiete Italiens in Etrurien und Samnium ausliefern müssen. Und jetzt war die Reihe an Cäsar. Noch während er in Kleinasien im August 47 die Verhältnisse ordnete, begannen die Legionen, die in Kampanien für den Afrika-Feldzug zusammengezogen wurden, zu meutern und zu plündern.

Der Vorgang rührte das wichtigste soziale Problem der Zeit auf. Cäsar war nicht als Parteiführer, sondern als Heerführer in den Besitz der Macht gekommen. Zwei Dinge gehören zum Herrschen, erklärte er seinen Anhängern: Soldaten und Geld, um diese zu bezahlen. Seine militärische Gefolgschaft, gestützt auf ihre Waffen, forderte nun ein, was ihr zustand, nachdem sie für das Recht und die Ehre ihres Feldherrn alles zu geben bereit gewesen war. So hatte sich bei Pharsalos der Veteran Crastinus, der noch einmal freiwillig angemustert hatte, mit 120 seiner Kameraden als erster in die Schlacht gestürzt und war mit dem Ruf nach Wiederherstellung von Cäsars Ehre gefallen. Die Zenturionen hatten Cäsar ihr Geld geborgt, als er den Rubikon überschritt, und bei der Einschließung von Dyrrhachium aßen sie verzweifelt vor Hunger Baumwurzeln, so daß Pompeius ausrief, er kämpfe gegen Tiere, nicht gegen Legionäre. Cäsar selbst pries ihre Treue und Unbesiegbarkeit in Reden und Tagesbefehlen. Seine Legionen könnten selbst den Himmel niederreißen, rief er stolz seinen spanischen Gegnern zu.

Jetzt sollte es genug sein, nun war Zahltag. Die meisten dieser Soldaten waren Männer ohne Beruf und Familie, die dem Ruf in die Armee als arbeitslose Proletarier nur allzugern gefolgt waren. Viele Städte waren ihnen zur Plünderung ausgeliefert worden, die Tapfersten bezogen doppelten Sold und trugen stolz goldene Ketten, während ihre Sklaven im Troß für ihre Bequemlichkeit zu sorgen hatten. Aber Geld war nicht alles, so unersättlich man danach schrie. Der neu ernannte Prätor Sallust wußte davon lebhaft zu berichten, nachdem er in das Lager der in Kampanien meuternden Truppen entsandt worden war. Sein Versprechen, jedem einzelnen Mann würden weitere 1000 Denare gezahlt, ging in Tumulten und wilden Schlägereien unter, denen der nachmalige Historiker nur mühevoll entrinnen konnte. Schließlich marschierten die wutentbrannten Legionen – unter ihnen mit der X. die treueste der Treuen – raubend und plündernd nach Rom und besetzten das Marsfeld, um ihren Forderungen Nachdruck zu verleihen.

Als ihnen dort ihr alter Imperator selbst entgegentrat, brach die Meuterei zusammen. Schon die kalte Anrede »Bürger« (*quirites*) statt der gewohnten »Kameraden« (*commilitones*) löste einen Gefühlssturm von Reue und Selbstmitleid in diesen einfachen Männern aus, für die das Feldlager längst zur Heimat und ihr General zum Vater und Kriegsgott geworden war. Zudem hatten sie zu hoch gespielt, als sie ihre Entlassung forderten, obwohl sie den Krieg und seinen Dämon Cäsar liebten. Plötzlich wurden sie zu Bittstellern: Als Cäsar ihre Entlassung verkündete, Land zur

Verfügung stellte und die Einlösung aller Versprechen für den Tag zusicherte, an dem er mit anderen Truppen in Afrika triumphieren würde, bettelten sie darum, mit ihm in den Krieg ziehen zu können: Sie allein wollten den Gegner schlagen und vernichten. Sie hielten ihr Versprechen.

Gerettet war in diesen dramatischen Tagen der Feldzug; der Anlaß der Meuterei jedoch war ernst, und er verlangte Maßnahmen. So erklärte Cäsar noch auf dem Marsfeld, wie er sich die versprochenen Landzuweisungen vorstellte: Jeder Veteran, der in Italien bleiben wollte, sollte ein eigenes Gut erhalten; geschlossene Soldatenkolonien, wie sie Sulla gegründet hatte, sollte es nicht mehr geben. Das dafür benötigte Land hätte auch nur um den Preis von Enteignungen ganzer Gemeinden beschafft werden können. Die Zuteilungen erfolgten sofort und verstärkt nach dem Sieg in Afrika und konzentrierten sich auf das Gebiet um Capua.[6]

Der italische Boden reichte nicht aus. So drängte sich fast zwangsläufig der Gedanke an das Land der Provinzen auf, deren mediterranes Klima und deren Fruchtbarkeit Siedlern ein Leben wie in Italien bieten konnte. Rom war es gewohnt zu kolonisieren: Seit dem 4. Jahrhundert hatte es so Italien erschlossen und romanisiert. Im 2. Jahrhundert lockte der Süden Spaniens. Dort sicherten die zwischen 171 und 90 v. Chr. gegründeten Kolonien Carteia, Cordoba, Ilerda, Palma und Pollentia die Fruchtebenen am Guadalquivir und die Silbergebiete der Sierra Morena. Erst mit dem offenen Ausbruch des Parteienstreites im Senat seit Gaius Gracchus stockten diese Unternehmungen: Die Optimaten fürchteten jede Verstärkung der Gefolgschaften ihrer populären Gegner und lehnten die außeritalische Kolonisation mit dem zugkräftigen Argument ab, für die Söhne Roms sei nur der Boden Italiens gut genug.

Cäsar zerbrach diese künstlich aufgestellten Barrieren und knüpfte an die Tradition der großen Kolonisatoren wieder an. In Spanien (z. B. Emerita), Südfrankreich (z. B. Narbo und Arelate) und in Nordafrika (z. B. Victrix Julia auf dem Boden des alten Karthago) wurden neue Kolonien geplant, die Veteranen und stadtrömischen Proletariern eine neue soziale Zukunft versprachen. Vieles daran bleibt Stückwerk: Die Ansiedlung von

Kolonisten war kein Vorgang, der in wenigen Jahren zu bewälti-
gen gewesen wäre. Bahnbrechend war diese Politik trotzdem: Sie
nahm eine im Parteienhader verschüttete Tradition wieder auf
und zeigte den Weg, wie der gefährliche Ballast einer Land und
Sicherheit fordernden Soldateska im Staatsschiff wieder vertäut
werden konnte, ohne den sozialen Frieden Italiens aufs Spiel zu
setzen. Voraussetzung war allerdings, daß die mit den Legionen
gewonnene Allmacht vor diesen nicht haltmachen mußte.

Cäsar hat mit dieser Politik die Ruhe Italiens erhalten können.
Die Umstände hatten ihn gezwungen, zur Wahrung seiner Ehre
und seiner politischen Zukunft an seine Legionen zu appellieren
und sie mit Geld zu überschütten. Er war damit nicht zum Vertreter einer sozialen Klasse geworden, die er auf Kosten einer
anderen zu Macht und Reichtum hätte bringen müssen. Was an
Belohnungen an die proletarischen Soldaten und seine Anhänger
aufzubringen und was an Geld für die Kriege zu beschaffen war,
konnte ohne den sozialen Umsturz aufgetrieben werden. Es gehörte allerdings Phantasie dazu. Wieviel er davon hatte, bewies
Cäsar ebenfalls im Herbst 47: Wie in den Städten der Provinzen
sammelte er auch in den italischen Munizipien Goldkränze und
Statuen ein und bat reiche Privatleute und Gemeinden um ein
Darlehen. Der Einfachheit halber teilte er die erwartete Darle-
henshöhe gleich mit, worüber selbst die Soldaten beim Triumphzug ihre Witze machten.

Das politische Ziel Cäsars in Rom war die Anerkennung seines
Anspruchs, der erste Mann im Staate zu sein. Dieses Ziel schloß
die Stabilisierung der bestehenden sozialen Ordnung ein. Ihr
dienten neben der Veteranenversorgung die Neuordnung der
Getreideversorgung der Hauptstadt, die Fortführung der senatorischen Politik der Luxusbeschränkung und die Gesetzgebung
zur Verfassung der Munizipien. Für alle diese Maßnahmen hatte
die Vergangenheit Richtlinien und Möglichkeiten vorgegeben,
an denen sich Cäsar orientierte. Im sozialen Raum war er seinem
ganzen Habitus nach ein konservativer Aristokrat. Dies wird
vielleicht nirgendwo deutlicher als in der altväterlichen Strenge,
mit der er gegen die Geltungs- und Prunksucht seines Standes
vorging. In einer umfassenden Sittengesetzgebung wurden der

Luxus bei Gastmählern und der Präsentation in der Öffentlichkeit stark beschränkt. Unverheirateten und kinderlosen Frauen unter 45 wurde der Gebrauch von Sänften, purpurfarbener Kleidung und Perlen untersagt, was ihre gesellschaftliche Stellung sichtbar abwertete. Solche Gesetze standen ganz in der Tradition einer konservativen Politik, die auf diesem Wege schon in den Tagen des strengen M. Porcius Cato versucht hatte, die Gleichheit der aristokratischen Standesgenossen wenigstens nach außen hin zu wahren.

Man verstand in Rom und Italien die soziale Botschaft. So wurde auch niemand in Unruhe versetzt, wenn Versteigerungen des Besitzes unversöhnlicher Pompeianer durchgeführt oder in einigen Städten Veteranen auf neu geschaffenen Grund und Boden angesiedelt wurden. Es traf immer nur einzelne: mal einen Senator, mal einen Ritter, mal eine italische Stadt; aber es traf niemals eine ganze soziale Gruppe. Wieviel dies bedeutete, verstand die Zeit erst, als der Erbe Cäsars nach dem Sieg von Philippi daranging, 28 Legionen auf Kosten von 18 blühenden italischen Städten mit Land zu versorgen. Erst jetzt riß das militarisierte raubgierige Proletariat Italiens an sich, was es als gerechten Lohn für die Qual und das Elend der Bürgerkriege von ihren hilflosen Generälen zu fordern hatte. Ihr Opfer wurde das wohlhabende und zivilisierte Italien, dessen Widerstand blutig niedergeworfen wurde.

Die Gefolgschaft Cäsars

Sulla stellte die Herrschaft der Senatsaristokratie wieder her und fand seine Helfer in ihren Kreisen. Um Pompeius scharten sich Ende der fünfziger Jahre die erlesenen Familien der Optimaten, unerschüttert in ihrer Autorität und ihrem glanzvollen Ruf. Auch in Cäsars Lager sammelten sich – verstärkt nach dem Sieg in Italien – Senatoren und Ritter. Jedoch besaßen sie nicht entfernt das Ansehen der Pompeianer, und nur einer von ihnen war Konsular, ein gewisser Cn. Domitius Calvinus, der 54 seinen Wahlkampf mit dem gallischen Gold Cäsars bestritten hatte.

Viele Senatoren blieben neutral, was ihrem Ansehen in einer aristokratischen Gesellschaft schadete, in der ein Mann mit Charakter beherzt und mit Leidenschaft politisch Partei zu ergreifen pflegte. Nur Verwandte vermieden als Neutrale das Stigma der Feigheit; so der Schwiegervater Cäsars, der aufrechte Calpurnius Piso.

Der jahrelange Bürgerkrieg hielt blutige Ernte unter den Großen. Von den Konsularen auf der Seite des Pompeius überlebte nur einer: Cicero. Als ihm Brutus im August 45 freudig erregt mitteilte, Cäsar wolle sich jetzt den bedeutenden Männern ratsuchend zuwenden, schrieb er erbittert seinem Freund Atticus, wenn Cäsar die finden wolle, müsse er sich schon aufhängen, denn diese befänden sich schon lange im Reich der Toten[7]. Er hatte nicht ganz unrecht. Das Gros der Senatoren machten jetzt die Niemande, die Vorsichtigen, die Überläufer und die aus, die in den hitzigen Wochen vor Ausbruch des Bürgerkrieges immer gegen den Krieg gestimmt hatten. Sie waren und blieben bedeutungslos, und kaum einer verdiente sich Beachtung im Krieg oder im politischen Streit. Sie beugten sich dem Sieger, aber keiner von ihnen war Parteigänger Cäsars. Diese rekrutierten sich zunächst aus der Schar der ehrgeizigen aristokratischen Jugend, die auf den hinteren Bänken des Senats von einer schnellen Karriere, vom Ruhm und dem großen Geld träumte. Der gallische Prokonsul schien ihnen der rechte Mann, der den langen und mit zahlreichen Fallstricken versehenen Weg nach oben abzukürzen half. Cäsar kam ihnen weit entgegen. Er zahlte ihre Schulden, war grenzenlos freigebig, bot ihnen attraktive Offizierspatente, finanzierte ihre Wahlkämpfe und vor allem: Er hielt sein Wort, und dies nicht nur aus pragmatischen Gründen, sondern weil es seine patrizische Ehre so gebot.

»Er war Cäsar, und er hielt immer die Treue« (*se Caesarem esse fidemque praestaturum*), diesen stolzen Satz kannten Freund und Feind. Kritik daran focht Cäsar nicht an: »Hätte ich die Hilfe von Banditen und Mördern zur Verteidigung meiner Ehre in Anspruch genommen, so würde ich auch ihnen gegenüber in gleicher Weise dankbar sein.«[8] Es waren keine leeren Worte.

Zu dieser Schar junger Karrieremacher gesellten sich alle, die im politischen Dschungel der Hauptstadt gestrauchelt waren und die Schutz vor oder Rache an ihren Feinden suchten. Dazu traten die Krieger aus Leidenschaft, die in Cäsar schnell ihren Abgott – ihnen wesensgleich – finden sollten. Und da waren die Verwandten, Freunde und die Klienten, die ihrem mächtigen Patron mehr als einmal Dank schuldeten. Sie folgten Cäsar, ohne lange nach der Sache zu fragen, für die es sich zu schlagen galt. Zu ihnen zählte etwa der ältere Sohn des Licinius Crassus, dem Cäsar bis zuletzt die Treue gehalten und den er noch am Euphrat mit Geld und Truppen unterstützt hatte. Zu ihnen zählte auch der spätere Historiker Asinius Pollio, der am Rubikon dabei war und die Sache verfluchte, aber Cäsar folgte. Solche Bande persönlicher Treuepflicht zerrissen selbst in stürmischen Zeiten nicht, und sie wurden sorgfältig gepflegt.

Cäsar war wie Sulla Patrizier und wie dieser stolz darauf. Viele verarmte Patrizierfamilien schöpften jetzt neue Hoffnung und schickten ihre Söhne zu ihm. Unter ihnen war P. Cornelius Dolabella, im Jahre 47 gerade 22 Jahre alt. Nach der Aussage seines Schwiegervaters Cicero war er lasterhaft und grausam, aber wild entschlossen, um jeden Preis seinem heruntergekommenen Adel wieder Glanz zu geben. Seine Eskapaden als Volkstribun sah ihm Cäsar nach, hielt ihn aber unter Aufsicht. Nach dem Sieg in Spanien 45 war er beinahe am Ziel: Von Cäsar fürstlich entlohnt, Konsul des Jahres 44, fiel er im Sommer 43 im Kampf um seine Provinz Syrien, die ihm der Cäsar-Mörder Cassius streitig machte.

Der begabteste dieser jungen Aristokraten war Marcus Antonius. Der Nachkomme einer berühmten, aber verarmten plebejischen Familie fiel als leidenschaftlicher und tapferer General auf, über dessen wüstes Privatleben im klatschsüchtigen Rom noch mehr Anekdoten erzählt wurden als über seine tollkühnen Reiterattacken. Die Geschichte dieses Mannes ist durch den Haß, mit dem ihn Cicero in seinen »philippischen« Reden 43 verfolgte, verdunkelt, und durch die Propaganda des Octavian, der vor Aktium ganz Italien gegen ihn mobilisierte, weiter verzerrt worden. Für Cäsar, zu dem er in Gallien gestoßen war, wurde er früh unentbehrlich. Bereits im ersten Jahr des Bürgerkrieges regierte

er – obwohl nur Volkstribun – Italien, bei Pharsalos kommandierte er den linken Flügel und herrschte danach – diesmal als
stellvertretender Diktator (*magister equitum*) – für länger als ein
Jahr erneut über Rom und Italien. Diese heikle Aufgabe überfor-
derte ihn. Als er den Streit zwischen dem sich catilinarisch gebär-
denden Dolabella und den übrigen Cäsarianern entscheiden
mußte, zögerte er zu lange. Nachdem er sich endlich auf die Seite
der besitzenden Klassen geschlagen hatte, zwang ihn der Aufruhr zum massiven Einsatz des Militärs. Damit war sein politischer Kredit fürs erste dahin: Nun hatte er auch die Gunst der
Straße verspielt, nachdem die vornehmen Kreise schon lange die
Lust verloren hatten, seine herrischen Attitüden und seine Aus-
schweifungen zu goutieren. Antonius fiel für zwei Jahre in Un-
gnade. Dann tauchte er wieder auf, vom Licht der neu gewonnenen Gunst des Diktators noch heller umstrahlt denn je. Das Konsulat für 44 war ihm sicher und damit die Stellung des ersten
Mannes im Staate, sobald Cäsar Rom zu seinem Partherkrieg
verlassen hatte.

In den Jahren 47 und 45 wollten Gerüchte nicht verstummen,
Antonius sei in Pläne zum Sturz des Diktators eingeweiht. Über
den wahren Kern solcher Nachrichten zu spekulieren, ist müßig.
Sie enthüllen jedoch zusammen mit dem selbstherrlichen Geba-
ren Dolabellas und des Antonius, daß sich Cäsar vor diesen Zau-
berlehrlingen hüten mußte. Allesamt unentbehrliche Helfer,
wollten sie mehr sein als dies. Sie achteten Cäsar als Kriegsherrn,
Wohltäter, Freund und Patron – gewiß. Sie folgten ihm, weil ihm
der Sieg folgte. Aber er war nicht der Herr und sie nicht die
Knechte, sondern seinesgleichen. Keinem kam es je in den Sinn,
sich mit der Rolle des hochverdienten Beamten oder Offiziers
zufriedenzugeben – ganz zu schweigen von der Rolle des Jasagers
im Senat. Die Beute: der Staat und das Reich, durfte nur allen
gemeinsam gehören. Wenn Cäsar dies anders sah, wurde er auch
in ihren Augen zum Tyrannen, der ihre aristokratische Freiheit
unterdrückte.

Kritik an Cäsars Politik gab es ohnehin, und sie zielte nicht nur
auf die immer unverhüllter zutage tretende Herrschsucht Cäsars, die ihre Hoffnungen dämpfte und ihren Stolz verletzte. Vor

allem die Politik der *clementia* wurde zum Stein des Anstoßes, da sie die Früchte des Sieges beschnitt. Die Begnadigten und Übergelaufenen wurden viel zu schnell zu Konkurrenten im Kampf um Ämter und Provinzen und vor allem um das Konsulat, um das es innerhalb des eigenen Lagers Streit genug gab. Für die Bewältigung aller Aufgaben des zerrütteten Riesenreiches brauchte Cäsar die erfahrenen Köpfe der Nobilität. Auch sie verlangten nach der Versöhnung Würden und Ämter. Wie sollte dies aber jungen, vor Ehrgeiz brennenden *nobiles* im eigenen Lager einleuchten, die weder Diener sein wollten noch daran dachten, die Beute zu teilen?

Es hätte dies die Einsicht vorausgesetzt, daß das Ausmaß der angerichteten Verwüstungen die Rückkehr zu den gewohnten Spielregeln des Macht- und Verteilungskampfes nicht gestattete. Am wenigsten mochte man verstehen, daß das lukrative Regiment über die Provinzen eine Schar von erprobten und lauteren Männern forderte, die die Mißwirtschaft in Grenzen hielten. Cicero höhnte völlig zu Recht über die Auswahl der Kandidaten, die Cäsar zur Verfügung hatte:

»Welcher Genossen oder Gehilfen soll sich Cäsar bedienen? Sollen diejenigen die Provinzen, den Staat regieren, von denen keiner zwei Monate lang sein Erbe in Ordnung halten konnte?«[9]

Derlei wollte man nicht hören, und man verdrängte auch die Erinnerung an den widerwärtigen Q. Cassius Longinus, der 49 nach dem Sieg in Spanien die südspanische Provinz als Statthalter übernommen hatte, und dessen schonungslose Habgier dort binnen weniger Monate Haß und offenen Aufruhr gesät hatte. Natürlich wollte man selbst auf Kosten der Provinzen unermeßlich reich werden – nur mit feineren Methoden als denen des Cassius.

So stiegen neben den Senatsaristokraten Angehörige anderer Stände im Gefolge Cäsars auf: an erster Stelle Ritter, die als Offiziere Karriere machten oder als Heereslieferanten dem um seinen Nachschub besorgten Feldherrn auffielen. Zu ihnen gehörte Mamurra aus Formiae, der unter Cäsar bereits 61 in Spanien den Feldzug gegen die Lusitaner mitgemacht hatte und in Gallien als Stabsoffizier diente.

Als er 55 mit Schätzen beladen für einige Zeit nach Rom zurückkehrte, verlachten ihn die hohen Herren als protzigen Emporkömmling, der sein Vermögen so schnell wieder verschleuderte,
wie er es gewann. Der Dichter Catull – mit ihm wegen einer seiner Geliebten in Fehde und aus Bithynien als Adjutant eines
strengen Herrn mit leeren Taschen heimgekehrt – verfolgte ihn
zur großen Erheiterung Roms mit unflätigen Gedichten:

»Was kann er sonst, als durch die Gurgel jagen fettes Gut nach
Gut?«[10]

Cäsar, der solche Männer reich gemacht hatte, wurde gleich
mitbedient:

»Herrlich paßt ihr zusammen, Hurenbolde, du Mamurra, und
Cäsar, alter Lustknab. Gleich entartet im Laster, gleiche Brüder.«[11]

Nicht viel besser erging es dem Gefolgsmann P. Ventidius Bas-
sus, den die Gassen Roms als aufgestiegenen Maultiertreiber ver-
höhnten. Dieser Mann aus Asculum (Ascoli Piceno) war 89 als
Kind vor dem Wagen des über die Picenter triumphierenden
Pompeius Strabo in der Schar der Gefangenen mitgeführt wor-
den; nach entbehrungsreichen Jahren in Rom hatte er es zu
einem Unternehmen gebracht, das Maultiere und Wagen an die
Provinzbeamten und die Heere lieferte. Er folgte Cäsar früh als
Versorgungsoffizier nach Gallien, stieg zum Legaten auf, nahm
Ende 47 auf den ehrwürdigen Bänken des Senats Platz und be-
gann 46 mit dem Volkstribunat eine Ämterlaufbahn, die ihn zum
Konsulat und zum Triumph führen sollte.

Männer wie diese waren unermüdlich und loyal für Cäsar tätig. Und sie waren tüchtig: Ventidius etwa vertrieb 39 die Parther aus Syrien und schlug ihren König Pakoros in einer großen
Schlacht. Ihre weniger spektakuläre Tätigkeit unter Cäsar ging
meist in der hämischen Kritik der Gegner unter, die sich – ein
Wesenszug des politischen Streites in Rom – an die Personen,
nicht an die Sache hielten. Ventidius und Mamurra wiesen
einen Makel auf, der weit wirkungsvoller als alle Laster gegen
sie und ihren Meister gekehrt werden konnte: Sie hatten keine
Ahnen, sie machten ihr Geld in minderwertigen Berufen, sie kamen aus der italischen Provinz. Das Vokabular der Beschimp-

fungen, das sich daraus zusammenbrauen ließ, war phantasievoll und meist unflätig, und niemand, der es gebrauchte, hatte Gewissensbisse oder kannte Grenzen. Man schmähte und verfluchte nicht ohne Lust – was jedermann wußte. Viele Schauplätze waren dafür geeignet, aber geradezu ideal waren die Gerichtshöfe. Dort wurden politische und private Rechnungen beglichen und eigene Karrieren aufgebaut, während ein begeistertes Publikum jeden Schachzug und jedes rhetorische Glanzstück mit Genuß und Sachkunde verfolgte.

So verteidigte im Winter 54/53 Cicero einen gewissen Rabirius Postumus, Ritter und verwegener Spekulant, den die Talentsucher Cäsars »einkauften«, als er ohne einen Pfennig auf der Straße lag. Diese Spielernatur hatte 59 und 57 dem ägyptischen König Ptolemaios XII. große Darlehnssummen gewährt, als dieser in Rom festsaß und seine Rückführung als König mal forderte, mal darum bettelte. Die Darlehen waren mit den größten Hoffnungen auf königlichen Lohn gegeben worden. Dafür »verlieh Rabirius nicht nur das eigene Geld, sondern auch das der Freunde«, wie etwas verschämt sein Verteidiger eingestand.[12] Aber aus den erhofften Reichtümern wurde nichts: Der König bekam im Frühjahr 55 seinen Thron, als der syrische Statthalter Gabinius kurzerhand seine Truppen in Ägypten einmarschieren ließ. Rabirius jedoch wanderte in Alexandria ins Gefängnis, nachdem er als des Königs neuernannter Finanzminister allzu forsch darangegangen war, seine Darlehen zu vergolden. Schließlich wieder zurück in Rom und unter Anklage, blieb ihm nur noch Cäsar, der seine Begabungen und seine weltweiten Geschäftsverbindungen nicht brachliegen ließ.

Rabirius war gewiß eine Spielernatur und Mamurra ein Wüstling, und niemand mag es den Gegnern Cäsars verdenken, wenn sie nur die Schwächen an den Gefolgsleuten des neuen Herrn Roms sehen wollten und sie genüßlich ausstreuten. Etwas anderes ist es, wenn die Rückblickenden leichtgläubig genug sind, dies für die ganze Wahrheit zu halten und Cäsars Gefolgschaft mit Cicero als »Spülwasser« *(colluvies)* abtun. Tatsächlich ist das wüste Bild der römischen Gesellschaft und der Cäsarianer, das uns die Redner und Satiriker hinterlassen haben, Teil des politischen Kampfes und hat mit der Wirklichkeit nur in einem sehr allgemeinen Sinn etwas zu tun. Aber es läßt keinen Zweifel, daß Cäsar, wenn er sich dieser Männer bediente und sie fürstlich entlohnte, den Graben vertiefte, der ihn von den großen Familien des Senatsadels trennte. Cicero, selbst wegen seiner Herkunft in ständiger Verlegenheit, schauderte es bei dem Gedanken, neben Ventidius im Senat sitzen zu müssen. Auch diese Haltung war Teil der politischen Wirklichkeit und der Tradition Roms, die Cäsar verletzte, weil er nicht anders konnte.

Zu den wichtigsten Helfern Cäsars stiegen daher nicht zufällig zwei verschwiegene und unauffällige Männer auf: der eine, C. Oppius, wahrscheinlich ein römischer Bankier, der andere, L. Cornelius Balbus, Provinzialrömer und Millionär aus dem spanischen Gades (Cádiz). Beide waren unzertrennlich, beide von 55 bis 44 die mächtigsten Vertrauten in Cäsars Lager, beide wurden von den Zeitgenossen nur am Rande zur Kenntnis genommen. Balbus, der Mann vom Ende der Welt, hatte schon bei der Gründung des Triumvirats im Jahre 60 Proben seines diplomatischen Könnens abgegeben. Oppius hatte Cäsars Nachrichtendienst in Gallien geleitet. Gemeinsam fiel ihnen die Rolle von Geschäftsträgern Cäsars im weitesten Sinne des Wortes zu. Nach Cicero waren sie während der Abwesenheit des Diktators die eigentlichen Regenten, und Tacitus schrieb den beiden die Befugnis zu, »über Friedensbedingungen und nach freiem Ermessen über Krieg zu entscheiden«[13]. Diese ungeheure Machtfülle trat nach außen selten in Erscheinung. Beide agierten geschmeidig in geheimen Missionen, als Chefs der Kanzlei, als verschwiegene Vertraute, denen man alles erzählen konnte, als großzügige Darlehensgeber – Cicero konnte ein Lied davon singen – und als leisetretende Diplomaten, die alle Vollmachten vorweisen konnten. Nach dem Ausbruch des Bürgerkrieges traten sie als ehrliche Makler auf. Immer höflich und jedem das Gefühl vermittelnd, es mit sorgenvoll in die Zukunft blickenden Republikanern zu tun zu haben, versuchten sie zäh und beharrlich, die schwankenden *nobiles* auf Cäsars Seite zu ziehen.

Dabei betonten sie gerne und beflissen ihre bescheidene Stellung als Ritter und suggerierten ihren Gesprächspartnern, auch

sie hätten gegenüber Cäsar ihre Eigenständigkeit wahren können. Ein diplomatisches Kunstwerk dieser Art ist der Brief des
Balbus vom 6. März 49 an den unsicheren Cicero:

»Ich weiß bestimmt, daß Cäsar vollauf zufrieden sein wird,
wenn Du Dich in keiner Weise am Kriege gegen ihn beteiligst
und Dich nicht auf die Seite seiner Gegner schlägst. Damit be-
gnügt er sich nicht nur bei einem so angesehenen Manne wie Du;
auch mir hat er ungebeten zugestanden, mich nicht bei den Verbänden zu verwenden, die Lentulus oder Pompeius gegenüber-
stehen würden, da ich ihnen hoch verpflichtet sei; er sei zufrieden, so sagte er, wenn ich meine zivilen Dienste in der Hauptstadt zur Verfügung stellte, die ich auch den anderen leisten
könnte, wenn ich es wünschte. So besorge ich jetzt in Rom Lentulus' gesamte Geschäfte.«[14]

Das war nun aus der Feder des treuesten der Treuen ein starkes Stück. Man erkennt darin den neuen Typ des geschmeidigen
Diplomaten, der – so ganz anders als die laut und öffentlich poli-
tisierenden Aristokraten – die hohe Kunst der leisen Verführung
beherrscht. Auch diese Männer waren natürlich unermeßlich
reich geworden. Balbus wurde glühend beneidet um seine
prachtvollen Gärten in Rom und um seine zauberhafte Villa in
Tusculum. Aber beide liebten ihre Macht um der Macht willen
und nicht wegen ihrer Wirkung nach außen: Sie wollten weder in
den Senat, noch strebten sie nach Ämtern, Ehrungen oder Würden. Sie waren die Chefs des Kabinetts des mächtigsten Mannes
der Welt – und dies war ihnen genug. Sie gehörten bereits zur
Monarchie, und dort haben sie – wie etwa Maecenas unter Augustus – ihre großen Nachahmer gefunden.

Für sie mußte auch ganz belanglos sein, was etwa Cicero und
Matius, einen treuen, aber wenig phantasievollen Freund Cäsars, in den Wochen nach den Iden des März bewegte. Diese
beiden prüften ihre Standpunkte angesichts der Frage, ob das
Vaterland, das im akuten Fall den Tyrannenmord forderte, der
persönlichen Freundschaft – sie forderte die Pietät gegenüber dem
toten Freund – vorzuziehen sei.[15] Für die Kabinettschefs Cäsars
hatte dieses Problem keine reale Substanz mehr. Nur in einer
Gesellschaft, in der die Aristokraten Politik unter sich ausmach-

ten, konnte es Konflikte zwischen den Interessen des Staates und der persönlichen Treuepflicht geben, da dort Politik ohne ein gewisses Maß an persönlicher Bindung nicht möglich war. Dies war jedoch Vergangenheit. Die Gegenwart, geboren aus den radikalen Umwälzungen des Bürgerkrieges, unterstand dem Gesetz der Alleinherrschaft – wie immer sie sich im einzelnen institutionalisieren und legitimieren mochte. In dieser Welt war man für oder gegen Cäsar. Ein Wechsel der Fronten war kein Mittel der Politik mehr, sondern Hochverrat, und Freundschaft verlangte als erstes und letztes unbedingte Loyalität. Oppius und Balbus hatten die Lektion bereits gelernt, der sich die Aristokratie erst nach weiteren 15 Jahren Bürgerkrieg beugte: Das Dienen wird Teil und Voraussetzung von Politik und Karriere. Die Anhänger Cäsars, die darin ohnehin ihren Lebensinhalt sahen, waren die Offiziere. Die meisten dieser Männer kannten keine ausgeprägte Loyalität gegenüber dem Staat. Als Sulla 88 gegen Rom marschierte, verließen ihn alle seine Offiziere bis auf einen; als Cäsar den Rubikon überschritt, waren alle dabei. Viele waren alte Haudegen, die in den langen Jahren in Gallien ihren Feldherrn als Schlachtengott verehren gelernt hatten. Im Laufe des Bürgerkrieges kamen Berufsoffiziere und Glücksritter hinzu, die in vielen Fällen die Fronten zu oft gewechselt hatten, um über den *esprit de corps* hinaus noch andere Werte wichtig zu finden. Für Männer dieses Zuschnitts werden Umsturz und Revolution leicht zur Gewohnheit. Ihre Ansprüche unterscheiden sich nur in der Größenordnung von denen ihrer Soldaten. Auch sie erwarteten Reichtümer und ihren Fähigkeiten entsprechende Aufgaben, die ihnen Anerkennung und Ansehen verschaffen konnten. Der geplante große Krieg gegen die Parther war eine solche Aufgabe, der man sich mit Begeisterung und Leidenschaft widmen konnte. Und wen das ganz große Abenteuer abschreckte, der war gewiß, in Cäsars Regierungskanzlei, die sich aus dem Sekretariat des Prokonsuls entwickelt hatte, mit seinesgleichen eine wichtige Tätigkeit ausfüllen zu können. Die Behaglichkeiten des Landlebens nach der Entlassung durften ruhig noch etwas warten.

Dies war die Gefolgschaft Cäsars: ehrgeizige Senatorensöhne, verarmte Patrizier, Ritter, Bankiers, italische Honoratioren, Offiziere und Soldaten. Zu ihnen stießen Provinziale – als erste die Stammesfürsten Galliens –, Ansässige in den Kolonien, abhängige Könige und Dynasten jenseits der Reichsgrenzen. Alle hofften auf Lohn, viele auf Ämter und Würden. Da neue staatliche Einrichtungen sich nicht aus dem Boden stampfen ließen, wurden die alten erweitert. Die Zahl der Quästoren stieg auf vierzig, die der Prätoren auf 16. In den ehrwürdigen Senat rückten etwa 400 neue Senatoren, deren Gesamtzahl auf 900 anstieg. Unter ihnen waren verdiente Provinziale, Römer aus den Kolonien, wackere Hauptleute und Angehörige der führenden Klasse in den italischen Landstädten. Sie wurden eine willkommene Beute des scharfen hauptstädtischen Witzes, der sich einmal die typischen Hosen der armen Gallier, ein andermal die holprige Sprache und den barbarischen Wortschatz der Männer aus den Abruzzen vornahm; Handzettel in den Gassen forderten als gute Tat, einem neuen Senator nicht den Weg in die Kurie zu zeigen.

Die Auswahl der neuen Senatoren und Amtsträger folgte dem Kriterium des Verdienstes um Cäsar. Eine Sache, um die man sich Anspruch auf Anerkennung hätte erwerben können, gab es nicht – so sehr es auch rückblickend einleuchtend scheint, die Eliten Italiens und der romanisierten Provinzen an Rom und seine Institutionen zu binden. Die neuen Männer kamen als Parteigänger Cäsars, nicht als Vertreter herausragender Distrikte des Reiches. Sie kamen aber auch nicht als die Sturmtruppen einer sozialen Revolution. Sie waren alle reich, dachten römisch und konservativ, und sie hatten ein gesundes Verständnis von dem, was oben und was unten zu sein hatte. In den Jahren 48 bis 44 traten neun Konsuln ihr Amt an: Sie alle waren schon vor Ausbruch des Bürgerkrieges Senatoren gewesen, und nur vier von ihnen waren *homines novi*, Angehörige von Familien ohne Konsuln in ihrer Ahnenreihe. Ihr Adel war der Kriegsdienst in Gallien. Cäsar hielt sein Wort gegenüber seinen Anhängern, aber er dachte nicht daran, dabei die tradierte Sozialordnung anzugreifen.

Die Macht ohne Grenzen

Das Ende der Freiheit

Der Krieg gegen das letzte große Heer der Republikaner in Nordafrika war kurz, aber voller Haß. Pardon wurde weder verlangt
noch gegeben. Am 6. April 46 überrannten die Truppen Cäsars
die feindlichen Stellungen bei Thapsus (südlich des heutigen
Monastir), ohne den Befehl ihres Feldherrn abzuwarten. In
einem wahren Blutrausch schlachteten sie ihre Gegner und die
eigenen Offiziere ab, die sich ihnen in den Weg stellten. Die
Dauer und die Erbitterung des Bürgerkrieges hatten endgültig
alle Schranken niedergerissen, die Moral und Ehre der Rache des
Siegers zu setzen pflegen. Auch die Politik der Milde gegenüber
dem politischen Gegner kannte jetzt Unterschiede: Die hartnäk-
kigsten Widersacher verfielen dem Henker oder gaben sich – wie
Metellus Scipio und Porcius Cato – selbst den Tod.

Diesmal schien der Sieg endgültig und der Weg zurück in die
Normalität offen zu sein. Lösbar schienen auch die andrängen-
den Aufgaben: Der denkbare Kollaps des Reiches war ausgeblie-
ben, der Krieg hatte sich vornehmlich in den Provinzen abge-
spielt und Italien weitgehend verschont. Er hatte den sozialen
Umsturz weder zum Ziel gehabt, noch war es in seinem Verlauf
dazu gekommen. Die sich bekämpfenden Parteien repräsentierten weder gesellschaftliche noch politische oder regionale Grup-
pierungen, die sich mit einer bestimmten Programmatik gegen-
übergestanden hätten. Es gab jenseits der Ehre des Generals kein
Programm, das eine neue Welt oder die drastische Veränderung
der bestehenden gefordert hätte. Fest begründet hatte der Sieg

eine bis dahin unerhörte Machtfülle eines einzelnen. Auch dies war in diesem Ausmaß nicht gewollt gewesen. Erst seine Dauer und seine geographische Ausweitung machten den Kampf eines Generals um seine Ehre zu einem Krieg um die absolute Macht im Staate. Niemand war darauf vorbereitet, wie mit dieser aus der Dynamik des Krieges allein geborenen Situation fertig zu werden sei – weder der Sieger noch die Besiegten. So überwogen im Frühjahr und im Sommer 46 Angst und Ratlosigkeit; Hoffnungen gab es viele, aber sie hatten, wenn sie sich auf den Staat richteten, kein klares Ziel.

Als am 20. April in Rom die Nachricht des Sieges von Thapsus eintraf, schrieb Cicero, er wolle, wenn ihm Cäsar nur die Möglichkeit dazu gebe, beim Wiederaufbau des Staates mit Hand anlegen, und sei es nur an untergeordneter Stelle[1]. Er brachte damit zu Papier, was ihn und seine Standesgenossen vornehmlich quälte: Die Untätigkeit und das Ausgeschlossensein vom Staatsdienst wurden für das aristokratische Selbstverständnis unerträglich. Man wollte endlich wieder wie gewohnt für die *res publica* arbeiten, und dies auch um den Preis, für eine bestimmte, noch schwer auszumessende Zeit die Allmacht Cäsars ertragen zu müssen.

Zunächst geschah jedoch nichts. Cäsar kehrte erst am 25. Juli nach Italien zurück, und bis dahin führten seine Vertrauten das Regiment. Dies verstieß entschieden gegen die Verfassung, so daß die Unruhe wuchs. Es half nur wenig, wenn man sich wie Cicero mit dem Gedanken zu trösten versuchte, für den Augenblick seien die Macht der Verhältnisse und der Übermut der cäsarischen Gefolgschaft stärker als der persönliche Wille Cäsars. Dies war nun gewiß nicht falsch: Cäsar hatte gesiegt – aber nicht allein. Nach Thapsus war der Tag gekommen, für den seine Anhänger ihre Haut zu Markte getragen hatten. Jetzt war Zahltag. Zehntausende Männer, die Cäsar von Gallien gefolgt oder zu ihm übergelaufen waren, pochten ebenso wie die aristokratischen Paladine auf die Einlösung der ihnen gemachten Versprechungen. Das ungeheure Selbstbewußtsein, das jetzt ihre Brust schwellte und mit den größten Erwartungen füllte, hat Cicero drei Jahre später dem Marcus Antonius in den Mund gelegt:

»Von mir will Cäsar Geld? Warum – und warum nicht ich von ihm? Hat er denn ohne mich gesiegt? Das konnte er gar nicht! Ich habe ihm den Vorwand für den Bürgerkrieg verschafft, ich habe gegen die Konsuln und obersten Heerführer des römischen Volkes, gegen den Senat und das römische Volk, gegen die heimischen Götter und Altäre und Herde, gegen das Vaterland die Waffen erhoben. Hat er nur für sich gesiegt? Warum soll, wer Anteil an der Tat hat, nicht auch Anteil an der Beute haben?«[2]

So war es. Der siegreiche Cäsar hielt alle Möglichkeiten in Händen, nur die eine nicht: sich der gewonnenen Macht wieder zu entledigen. Sie war das einzige Mittel, seine Soldaten und seine Anhänger zu belohnen und vor ihnen sein Gesicht als Feldherr und Patrizier zu wahren.

Nach seiner Rückkehr nach Rom setzte Cäsar seine Politik der Versöhnung und der Begnadigung des politischen Gegners in demonstrativer Weise fort. Im September wurde auch Marcus Claudius Marcellus begnadigt, obwohl er 51 als Konsul energisch und mit Tücke die Abberufung Cäsars aus Gallien betrieben hatte und nach Pharsalos in Mytilene auf Lesbos grimmig auf bessere Zeiten hoffte. Cicero, der in den vergangenen Monaten stumm und mißtrauisch seinen angestammten Platz im Senat eingenommen hatte, brach jetzt sein Schweigen und feierte in einer großen Rede die Seelengröße und die Mäßigung im Sieg, die Cäsar auszeichne. Geschickt nutzte er die Gelegenheit, um Cäsar zu mahnen, der wahre Ruhm sei nur durch die Wiederherstellung der Republik zu erreichen:

»Andere werden vielleicht etwas vermissen, und zwar gerade das Wichtigste, wenn du nicht den Brand des Bürgerkrieges auslöschst durch die Gesundung des Vaterlandes, wodurch offenbar werde, daß jener Schicksal war, diese aber Plan.«[3]

Offenbar war Cicero voller Hoffnung, Cäsar könne und wolle schließlich doch noch den Weg zur Republik zurückfinden.

Es war nicht so. Die Wochen vergingen, ohne daß Cäsar zu erkennen gab, daß ihn die Hoffnungen des Senates berührten. Die Vorbereitungen für vier Triumphe, die die Unterwerfung Galliens, Ägyptens und der Könige Pharnakes und Juba feiern und die gewonnene Macht anschaulich machen sollten, beanspruchten die meiste Zeit. Ende September zog der Sieger unter ungeheurer Prachtentfaltung, aber in der ehrwürdigen Tradition der sieggewohnten Republik viermal in die Stadt ein: Voran zogen lange Kolonnen mit Beutestücken, Schätzen und Schautafeln, die die Größe der eroberten Länder, die Zahl der getöteten Feinde und die Härte der geschlagenen Schlachten zeigten; es folgten die Scharen prominenter Gefangener, unter ihnen der unglückliche Held Galliens, Vercingetorix, auf den als Anführer und Rebellen bereits der Henker wartete. Und schließlich kam Cäsar selbst, in der Gestalt des triumphierenden Jupiter, das Gesicht mit Henna rot gefärbt, auf einem von Schimmeln gezogenen Wagen stehend und begleitet von einem Sklaven, der den Goldkranz Jupiters über ihn hielt und ihn in den Stunden des höchsten Glücks an die Erde gemahnte: »Bedenke, daß du ein Mensch bist.« Den Abschluß des Zuges bildeten die Marschsäulen der Legionäre, die – auch sie am Ziel ihrer Wünsche – ihr Privileg, an diesem Tag Spottlieder auf ihren Feldherrn singen zu dürfen, weidlich auskosteten. Als das Kapitol erreicht war, opferte Cäsar vor dem Tempel des höchsten Gottes weiße Stiere und gab der einsam thronenden Statue ihren Lorbeerkranz zurück: Der Sieg gebührte dem Gott, der Mensch verdankte ihm alles.

Der Ritus dieser und aller vorangegangenen Triumphzüge gab dem Vorgang die Weihe eines Gottesdienstes. Allein durch Krieg und Sieg, so lautete seine jahrhundertealte Lehre, näherte sich der Mensch der Herrlichkeit der Götter und dem Glanz des Jupiter, in dessen Rolle der triumphierende Feldherr für Stunden hineinwuchs. Als Cäsar triumphierte, schien der römischen Öffentlichkeit die Fiktion der Wirklichkeit so nahe wie niemals zuvor. Der da durch die Tore Roms einzog, war im Besitz der absoluten Macht und konnte sich mit Fug und Recht als der Herrscher der Welt vorstellen. Von ihm erwarteten die aus ganz Italien herbeigeeilten Massen ihr künftiges Heil und die Erleichterung des irdischen Loses. Die schier grenzenlose Freigebigkeit, mit der sie in diesen Tagen überschüttet wurden, nährte solche Gedanken noch: In ganz Rom aßen, tranken und amüsierten sich die Menschen viele Tage auf Kosten des Imperators. Tausende von Kriegsgefangenen, Gladiatoren und Freiwilligen stellten in bluti-

Andrea Andreani (1560–1623): Der Triumphzug Cäsars; Farbholz-
schnitt nach dem gleichnamigen Zyklus von Andrea Mantegna.

gen Spektakeln die Siege der vergangenen Jahre nach. Nach Hause zog man schließlich reich beschenkt: die gemeinen Soldaten mit 5000 Denaren, die Offiziere mit dem Doppelten und Vierfachen und der einfache Bürger mit 100 Denaren, fast 100 Liter Getreide und mehr als 30 Kilo Öl.

Die Skeptiker behielten recht. Was in diesen Herbsttagen in Rom mit Anschauung gefüllt wurde, war die Welt des Alleinherrschers. Dessen allumfassende Macht repräsentierte sich in einzigartigen Triumphen und in grenzenloser Freigebigkeit, und sie spiegelte sich in dem Staunen und der gläubigen Dankbarkeit der Massen. Was folgte, festigte diese Erkenntnis: Kurz nach den Siegesfeiern erschien Kleopatra mit Cäsars Sohn und ihrem Hofstaat in Rom und richtete sich in den Gärten jenseits des Tibers für einen längeren Aufenthalt ein. Wenig später konnte man eine goldene Statue der Königin bestaunen, die im gerade eingeweihten Tempel der Venus Genetrix, der Stammmutter des julischen Geschlechts, neben der Statue der Göttin aufgestellt wurde. Was immer man daraus lesen wollte, es war anstößig, gänzlich unrömisch, und es zeugte von einer Selbstherrlichkeit, die sich nur noch einem eigenen Sittenkodex zu unterwerfen bereit war.

Auch die hektische Betriebsamkeit, mit der Cäsar zu regieren begann, schuf kein neues Vertrauen, obwohl die Maßnahmen, mit denen er die soziale, moralische und administrative Unordnung des Staates zu heilen gedachte, in vielen Punkten dem Programm seiner Feinde entsprach. An erster Stelle kam es darauf an, die heimatlosen Veteranen mit Land zu versorgen. Einmal im Zuge, soziale Konfliktherde zu beseitigen, senkte er die Zahl der Empfänger unentgeltlicher Kornzuteilungen von 320000 auf 150000 und ging daran, auch Angehörige der städtischen Plebs in Kolonien außerhalb Italiens anzusiedeln; etwa 80000 waren es bei seinem Tode. Um künftig Unruhen und spontane Demonstrationen in den Straßen Roms zu erschweren, wurden alle politischen Vereine verboten, darunter auch der vom Volkstribun Clodius organisierte, der sich jahrelang wacker für Cäsar geschlagen hatte. Die Latifundienbesitzer Italiens beugten sich der Pflicht, in der Weidewirtschaft ein Drittel ihrer Arbeiter aus Freien zu rekrutieren. Der drohende Schatten des Spartacus sollte endgültig gebannt werden. Im Bereich des Rechts wurden Inhalt und Verfahren des Straf- und Zivilprozesses reformiert, und eine administrative Reform der Reichsverwaltung sollte eine Wiederholung der Januarereignisse des Jahres 49 unmöglich machen: Prätoren und Konsuln durften künftig nur noch eine maximal zweijährige Statthalterschaft übernehmen. Ein umfängliches Luxusgesetz schränkte den sozial anstößigen Aufwand der Reichen ein, und der Kalender, seit Menschengedenken am Mondjahr orientiert, richtete sich jetzt nach dem Sonnenjahr von 365 ¼ Tagen. Schließlich begannen die Arbeiten an einem umfassenden Gesetzeswerk zur Reform der italischen Gemeindeordnung, die den italischen Städten ihre innere Autonomie sicherte.

Alles dies waren schöne und zweckmäßige Reformen, und jeder erkannte, hier war Cäsar, unterstützt von seiner Kanzlei mit ihren unauffälligen Geschäftsträgern, in seinem Element: Planung und Organisation im großen Stil waren dem Soldaten das ihm gemäße Beschäftigungsfeld. Kritiker konnten allenfalls die Frage aufwerfen, ob nicht wichtiger als alle organisatorischen Glanzleistungen die Neuordnung der staatlichen Gewalt gewesen wäre. Dazu aber zeigte Cäsar keine Neigung, im Gegenteil: Sein Regierungsstil sprach aller Tradition Hohn und ließ Rom nur die Rolle einer eroberten Stadt, die die Wohltaten des allmächtigen Diktators empfing. Die überkommenen Einrichtungen der Republik wurden entweder beiseite geschoben oder ihres eigentlichen Sinnes beraubt. Die gewaltige Fülle seiner Erlasse wurde zwar noch in die von der Verfassung bereitgestellten Formen des Ediktes, des Senatsbeschlusses oder des Volksgesetzes gegossen; die zuständigen Institutionen konnten jedoch von Glück sagen, wenn sie erfuhren, was da alles in ihrem Namen dekretiert wurde; die Zeugen, die für die Richtigkeit gezeichnet hatten, wußten meist gar nichts von ihrer staatsmännischen Tat.

Die Macht enthüllt ihre Spielregeln

Diese offene Mißachtung der republikanischen Institutionen ist nun nicht zu verwechseln mit ihrer bewußten Zerstörung zugunsten einer neuen Ordnung. Cäsar hatte nur wenig Zeit und noch geringere Lust, die aus seiner Sicht notwendigen Entscheidungen einem Geschäftsgang anzuvertrauen, in dem das Wichtigste vielleicht zerredet oder auf die lange Bank geschoben worden wäre. Nur ein Politiker mit unendlicher Geduld und zäher Beharrlichkeit im Umgang mit dem Räderwerk der Republik hätte sich, gestützt auf nicht minder kenntnis- und ränkereiche Standesgenossen, auf dieses Spiel eingelassen. Nicht jedoch Cäsar, der in zwölf Jahren Krieg herrisch geworden war und der – bedrängt von den riesigen Aufgaben und von dem hochmütigen Insistieren der *nobiles* auf die Wiederherstellung der Republik – gereizt und ungeduldig wurde. Ohnehin hätte der qualvolle Weg des rechtmäßigen Handelns vorausgesetzt, daß sich Cäsar, wenn schon nicht über den Weg, so doch über das Ziel – die Restitution der Republik – mit der senatorischen Elite einig gewesen wäre.

Dies aber war mitnichten der Fall. In diesen Herbstmonaten des Jahres 46 wurde für alle offenkundig, daß Cäsar sich die Macht erstritten hatte, um sie zu behalten, und nicht, um sie früher oder später an die Organe der Republik zurückzugeben. Es war jetzt unüberhörbar, daß Cäsar und seine engsten Berater eine andere Sprache als die Republikaner sprachen. Jeder Dialog geriet gleichsam zu einem Gespräch zwischen Taubstummen, da das eiserne Festhalten der Senatsaristokratie an dem Ziel der Restauration ihrer Herrschaft jede abweichende Vorstellung und Handlung mit dem Stigma des Hochverrates versah. Niemand entdeckte in den Taten und Plänen Cäsars etwas anderes als den festen Willen, die erkämpfte Alleinherrschaft dauerhaft zu festigen. Wer tiefer sah, erkannte im Spiegel der anlaufenden Rüstungen zu einem Partherkrieg das Gesicht des neuen Alexander, der Rom und das Imperium ordnete, um es zu einer bis dahin unerhörten militärischen Kraftentfaltung zu treiben, in der sein Lenker auch die Schmach des Bürgerkrieges tilgen und seine Größe mit der Roms verschmelzen konnte. So oder so: Der Mann, der über den Rubikon gezogen war, um seine Ehre zu verteidigen, schien nach dem Sieg den Staat als seine private Beute zu betrachten und die ehrwürdige Republik in eine dauerhafte Diktatur zwingen zu wollen.

Zunächst jedoch sah alles nach einer Atempause aus, da der Bürgerkrieg erneut aufzuflackern drohte. Die Nachrichten aus Spanien, die Rom noch im Jubel der Triumphzüge erreichten, sprachen eine deutliche Sprache. Dort hatten sich die Söhne des Pompeius und die aus Afrika geflohenen Republikaner die Popularität, die der Name Pompeius immer noch hatte, sowie die Mißwirtschaft der cäsarischen Statthalter zunutze gemacht und den Widerstand neu organisiert. Im Oktober standen unter ihrem Kommando noch einmal 13 Legionen bereit, gegen den Diktator anzutreten. Dieser nahm die Herausforderung an: Anfang November eilte er selbst nach Spanien und stürzte sich in den Krieg, befreit von der Last der hauptstädtischen Querelen und Anfeindungen. Am 17. März 45 gehörte ihm auf dem Schlachtfeld von Munda der Sieg; am 12. April wurde der Kopf des Gnaeus Pompeius in Hispalis (Sevilla) auf dem Marktplatz aufgespießt und zur Schau gestellt: Der Bürgerkrieg war zu Ende.

Der Aufbruch aus Rom war so schnell erfolgt, daß keine Zeit geblieben war, die Magistrate für das Jahr 45 ordnungsgemäß zu bestellen. Der Diktator wählte zu seinem Stellvertreter Marcus Lepidus. Dieser *nobilis* hatte wie Antonius und Dolabella den Bürgerkrieg entschlossen als Sprungbrett für eine große Karriere genutzt und war 46 mit Cäsar Konsul gewesen. Ihm zur Hand gingen acht ernannte Präfekte, die die Geschäfte der Prätoren und Quästoren führten. Die Fäden im Hintergrund zogen wie gewohnt still und geschäftig Balbus und Oppius, die alle Vollmachten besaßen. Schließlich wurde Cäsar in Abwesenheit zum Konsul ohne Kollegen gewählt.

Mit diesen Maßnahmen war ohne Not eine Kabinettsregierung in Rom etabliert worden, die die Entscheidungsrechte von Senat und Volk der Lächerlichkeit preisgab. Jetzt beweinten das Los der Republik und ihr eigenes auch die Senatoren, die wie der große Rechtsgelehrte Ser. Sulpicius Rufus, Konsul des Jahres 51, das republikanische Kriegsgeschrei 50/49 verabscheut und bekämpft und schließlich Cäsar ihre guten Dienste angeboten hatten. Sulpicius verwaltete 46 Griechenland, um dann aber im März 45 seinem Grimm in einem Kondolenzbrief an Cicero zum Tode der Tochter Tullia freien Lauf zu lassen, »die aus dem Leben schied, als der Staat zum Sterben kam«. »Alles ist uns entrissen, was dem Menschen nicht weniger lieb sein sollte als seine Kinder: Vaterland, Ehre, Würde und alles, was das Leben schmückt.«[4] Das Leben, so führt er anklagend fort, habe keinen Sinn und die neue Generation keine Zukunft mehr, da das elterliche Erbe nicht mehr gewahrt werden könne und eine ordnungsgemäße Bewerbung um die Staatsämter nicht mehr möglich sei. Die große Mehrheit der Aristokratie sah die Dinge ebenso: Cäsars Herrschaft brach offen und ungeniert mit der Tradition und machte sie zu Knechten.

Was dies bedeutete, versteht man erst richtig angesichts der Lichterkette der Erfolge, die die aristokratisch geführte Republik zum Weltreich gemacht hatten und die jede Kritik an ihr zum Scheitern verurteilten. Zu dieser gar nicht angreifbaren Argumentation des Erfolges trat die überwältigende Macht der Vergangenheit. Sie prägte das römische Leben weit mehr als alle gedanklichen Vorstellungen und Planungen. »Auf Sitten und Männern alter Art beruht der Bestand des römischen Staates« *(moribus antiquis res stat Romana virisque)*[5], belehrte bereits eingangs des 2. Jahrhunderts der Dichter Ennius seine Landsleute. Nicht minder bündig formulierten die Zensoren des Jahres 92:

»Wir sind unterrichtet worden, es gäbe Leute die eine neue Art von Unterricht eingeführt haben. Unsere Vorfahren haben festgelegt, was die Kinder lernen und in welche Schulen sie gehen sollen. Neuerungen, die gegen Herkommen und Lebensart der Vorfahren aufkommen, finden weder unsere Billigung noch scheinen sie uns richtig.«[6]

Der Staat war in dieser Welt, in der die Vergangenheit das oberste Gesetz des eigenen Lebens war, denn auch mit der Geschichte der republikanischen Ordnung identisch. Selbst am Abgrund blieb die Alternative zur Unordnung der durch die Geschichte ausgewiesene Staat, und dies war in wesentlichen Teilen der vor den Gracchen existierende. Als Cäsar zu erkennen gab, daß seine Vision von der Zukunft nicht in der Überzeugung von der Sinnfälligkeit der durch die Geschichte selbst gutgeheißenen Staatsordnung wurzelte, brach für seine Standesgenossen eine: ihre Welt zusammen. Wie weit auch immer der großmächtige Sieger mit seinen Veränderungen gehen wollte, er mußte in ihren Augen den neuen Staat aus dem Material der überkommenen Verfassung zimmern. Tatsächlich jedoch lehrte jeder Tag neu, daß Cäsar beiseite schob und mißachtete, was die Tradition und ihre aristokratischen Hüter bereithielten.

Wie schnell und gründlich sich die Verhältnisse zu ändern begannen, merkte man im persönlichen Umgang mit dem Diktator. Wer von Cäsar jetzt etwas erreichen wollte, beugte sich beflissen und sehr tief, wie etwa Gaius Marcellus, Konsul des Jahres 50, der im September 46 im Senat vor dem Diktator auf die Knie fiel, um die Begnadigung seines Vetters Marcus zu erreichen. Solche Möglichkeiten der öffentlichen Demutsbekundung waren jedoch selten: Der Diktator regierte allein, hinter verschlossenen Türen, verließ sich nur auf wenige Vertraute und hatte vor allem selten Zeit. So bedurfte es vieler unwürdiger und lästiger Prozeduren, um ihn persönlich sehen und sprechen zu können. Wem die ersehnte Gunst zuteil wurde, warf sich ihm zu Füßen und bat um Gnade statt um Recht. Cicero schildert sein Eintreten für den verbannten Ligarius wie folgt:

»Heute morgen, am 26. November, bin ich auf Bitten deiner Brüder zu Cäsar gegangen und habe all die Schikanen, ehe ich vorgelassen wurde und ihn sprechen konnte, über mich ergehen lassen. Deine Brüder und Verwandten lagen ihm zu Füßen, und als ich ausgeführt hatte, was die Sache und deine jetzige Lage erforderte, schied ich von ihm in der Überzeugung, die ich aus seiner milden entgegenkommenden Antwort, aus seinem Blick und Mienenspiel und tausend anderen Anzeichen – sie richtig zu werten, fiel mir leichter, als sie jetzt zu beschreiben – entnahm, daß deine Begnadigung nicht zweifelhaft ist.«[7]

Cäsar selbst machte sich keine Illusionen darüber, wie die großen Herren, nunmehr seit mehr als einem Jahrhundert an königliches Auftreten gewöhnt und darin geübt, auf diese Äußerlichkeiten reagieren mußten. Zu seinem Vertrauten Matius bemerkte er anläßlich eines Besuches Ciceros mit galligem Humor: »Und da soll ich noch zweifeln, daß ich der bestgehaßte Mann bin, wo Cicero sitzt und wartet und mich nicht sprechen kann, wenn es ihm paßt? Und dabei ist mit ihm noch am ehesten auszukommen. Trotzdem bin ich überzeugt, daß er mich gründlich haßt.«[8]

So war es auch, und der Grund dafür reichte über die devoten Formen hinaus, die nun zu den neuen Spielregeln der Macht gehörten. Wer sich beugte und antichambrierte, den traf nicht nur der persönliche Schmerz über die erlittene moralische Erniedrigung. Er mußte zugleich erfahren, daß derartige Kniefälle sehr bald und allgemein das Talent fördern mußten, das politische Überleben oder die politische Karriere mit den Künsten und Schlichen der Unterwürfigkeit zu sichern. Das alte aristokratische Lebensprinzip, daß kein Ehrenmann seine Unabhängigkeit preisgibt, um als Diener die Wohltaten des Despoten empfangen zu können, war augenfällig außer Kraft gesetzt. Cäsar selbst sprach privat auch aus, wohin die Reise ging: Die Menschen sollten sich daran gewöhnen, mit ihm, Cäsar, bedächtiger zu sprechen, und sie sollten wissen, daß sie das, was er sage, als Gesetz hinzunehmen hätten.

»Die Republik ist ein Nichts«

Cäsar zeigte keine Eile, nach dem Sieg in Südspanien nach Rom zurückzukehren. Bis Juni 45 blieb er in den spanischen Provinzen, war dort unermüdlich tätig, reorganisierte die Herrschaft Roms, gründete neue Kolonien und gab ihnen Verfassungen, strafte die Pompeianer als Aufrührer, belohnte die ihm treu Gebliebenen und trieb allerorten Geld ein. Dabei kannte er keine Rücksichten: Selbst die Tempelschätze des Herakles, Stadtgott des mit Rom verbündeten Gades, mußten herhalten, den ungeheuren Geldbedarf des seinen Gefolgsleuten verpflichteten Feldherrn zu decken. Ende Juni zog er nach Norden in die Gallia

Narbonensis und tat das längst Geplante: In der seit 118 blühenden Kolonie Narbo Martius (Narbonne) fanden die Veteranen der X. und in der neugegründeten Stadt Arelate (Arles) die der VI. Legion ihre neue Heimat. Die gallischen Gemeinden erhielten das latinische Recht, das ihren Honoratioren das römische Bürgerrecht verschaffte und ihnen den Weg zu glanzvollen Karrieren wies.

Bei dieser Tätigkeit, durch die sich seine absolute Macht unmittelbar in Taten umsetzen ließ, war Cäsar ganz er selbst: Plan, Organisation und Befehl – dies waren die seinen in zwölf Jahren Krieg geschulten Talenten angemessenen Begriffe, die seine schier übermenschliche Betriebsamkeit leiteten. Auf diesem Feld war er der beste aller Römer. Um so unbegreiflicher mußte es für ihn sein, daß seine Standesgenossen dies nicht wahrzunehmen schienen. Statt in seine Dienste zu treten und an seiner jedermann erkennbaren Effektivität teilzuhaben, verbohrten sie sich eigensinnig in das für ihn belanglose Thema der Wahrung der republikanischen Ordnung. Was Wunder, daß er auch im September Rom fernblieb und auf seinem Gut südöstlich von der Hauptstadt mit Kleopatra lieber den Herbst genoß als im Senat die Gralshüter einer republikanischen Gespensterbeschwörung die wahren Erfordernisse der Zeit zu lehren.

Mit solchen Verschwendungen der kostbaren Zeit sollte es nun endgültig vorbei sein. Die Planung des großen Partherkrieges hatte das Räderwerk der römischen Militärmaschine bereits in Gang gesetzt: In Makedonien und Griechenland formierten sich bereits sechs Legionen als Kerntruppe, in den illyrischen Häfen wurde alles für die Übernahme weiterer Verbände aus Italien vorbereitet, die das Heer auf 16 Legionen und 10000 Reiter bringen sollten; auch die Statthalter der Ostprovinzen erhielten ihre Instruktionen. Der Feldzug sollte die Donau abwärts nach Rumänien führen, wo das Reich des Dakerkönigs Burebista die makedonische Provinz gefährdete; der eigentliche Angriff auf das Partherreich sollte von Armenien aus erfolgen; der Rückmarsch schließlich wurde über Südrußland, die Donau entlang nach Gallien geplant.

Dieser Krieg, der größte der in Rom je gedacht wurde, mußte

den Glanz und den Ruhm Alexanders verleihen. Er verschob auch die undankbare Aufgabe der Staatsreform in eine ferne Zukunft. Der siegreich heimkehrende Herr der Welt, dessen militärische Erfolge sein wundersames Einvernehmen mit den Göttern bekunden mußten, konnte dann auch gewiß sein, widerspruchslos und andächtig gebeugte Knie vorzufinden. Alles war fortan neu und von einer anderen Warte aus zu bedenken. Ereilte ihn jedoch das Schicksal des Crassus oder starb er als Sieger in der Ferne – sein überstrapazierter Körper mahnte daran –, so waren ohnehin andere berufen, Rom ein neues Gesicht zu geben. Sein Entschluß stand seit langem fest: Nicht die Republik, sondern ihr Imperium wies ihm den Weg in die kommenden Jahre. Die ihm im Bürgerkrieg zugefallene absolute Macht über das militärische Potential eines Weltreiches sollte ungehemmt zur Mehrung der eigenen Ehre und des Ruhms eingesetzt werden. Niemand in einem Volk, das seinen Kriegern immer den ersten Platz eingeräumt hatte, konnte daran Anstoß nehmen. Der Fluch des Bürgerkrieges mußte über kurz oder lang von den Schultern des Siegers genommen werden. Und vor allem: Er blieb auf dem Feld, das seine Fähigkeiten und Gedanken ganz ausmessen konnten: Der Krieg – und diesmal der ehrenvolle gegen den auswärtigen Feind – sollte weiterhin alle Leidenschaften und Sehnsüchte des Kriegers erfüllen.

Wieder drängte die Zeit. Die Spanne, die sie noch gewährte, wurde ausgefüllt mit der Vorbereitung des Feldzuges. Die Innenpolitik zählte nur noch, soweit sie diesem Ziel dienen konnte. Ihr Kernthema lag damit fest: Die Macht über Rom mußte so gefestigt werden, daß sie während einer mehrjährigen Abwesenheit im Orient nicht erschüttert werden konnte. Das Schicksal Sullas mahnte auch den weit Mächtigeren zur Vorsicht: 88, wenige Wochen nach seinem Auszug als Feldherr bereits als Staatsfeind verfemt, war Sulla um die konsequente Ausnutzung seines Sieges über Mithridates betrogen worden; statt der ruhmvollen Eroberung von Ktesiphon war ihm die fluchwürdige Aufgabe zugefallen, Rom ein zweites Mal zu bekriegen.

Alles stand jetzt unter dem Diktat der Kriegsplanung und der Gewißheit, daß der römische Alexander weder die Republik zu fürchten noch ihre Tradition zu beachten habe. Anfang Oktober zog Cäsar im Triumph in Rom ein und feierte mit nun schon gewohnter Pracht und in strahlender Spendierlaune als erster Römer einen Sieg über die eigenen Bürger, die die spanischen Schlachtfelder deckten. Verbittert und voll Haß auf einen Sieger, der dies seinem Volke antat, blieb der Volkstribun P. Aquila sitzen, als der Wagen des Triumphators an der Bank der Volkstribunen vorbeifuhr. »Fordere doch, Aquila, als Volkstribun die Republik von mir zurück«, rief ihm Cäsar mit geballter Faust zu. Es kam ihm wohl kaum in den Sinn, wie genau er damit die Länge des Weges ausmaß, den er seit dem Rubikon zurückgelegt hatte: Dort sprach er von seiner Pflicht, die verletzten Rechte der Volkstribunen verteidigen zu müssen, hier kannte er nur noch Zorn und Verachtung für die einem Volkstribunen wohl anstehende Erinnerung an die Solidarität der Bürger. Es ist leicht nachvollziehbar, was statt dessen in ihm vorging: Er hatte auch in diesem Krieg Milde bewiesen und viele seiner Gegner begnadigt. Jeder Einsichtige mußte doch erkennen, daß diese Politik die Gegensätze in einer ansonsten so gewalttätigen Gesellschaft einebnen half. Und überdies: Vor einem Sieg des wegen seiner Brutalität verrufenen Gnaeus Pompeius hatten sich die noblen Herren selbst am meisten gefürchtet:

»Ich will tot umfallen, wenn ich nicht besorgt bin, und lieber den alten und milden Herrn haben will, als den Versuch machen mit dem neuen und grausamen. Du weißt, welch ein Narr Gnaeus ist; du weißt, wie er Grausamkeit für Tapferkeit hält.«[9] Gaius Cassius, der diese Zeilen im Januar 45 schrieb, hatte damit die allgemeine Stimmung in Rom trefflich zum Ausdruck gebracht. Nun, nach dem Sieg, sollte nicht mehr wahr sein, daß Rom und Italien, daß die Senatoren und der städtische Pöbel in seltener Eintracht ehrlichen Herzens um seinen, Cäsars Sieg zu den Göttern gefleht hatten?

Es schien in diesen Monaten so, als ob ihm die öffentlich zur Schau getragene Verachtung der republikanischen Institutionen und ihrer Träger eine heimliche Befriedigung verschaffte. Sicher war dies so bei der komödiantisch inszenierten Wahl eines Konsuls für einen Tag: ein spontaner Einfall, bei dem die Lust am

eigenen Witz jedes politische Kalkül beiseite schob. Als am
31. Dezember das Volk, nach *tribus* geordnet, zur Wahl der Quästoren zusammentrat, überbrachte ein eiliger Bote dem die Wahl
leitenden Cäsar die Nachricht, der amtierende Konsul Fabius
Maximus sei eben verstorben. Cäsar ließ daraufhin die Wähler
nach Zenturien gliedern und die Wahl eines Konsuls durchfüh-
ren: Mittags war für die verbliebenen Stunden des Tages ein gewisser Caninius Rebilus zum Konsul gekürt, der als Legat Cäsars Anspruch auf Belohnung hatte. Cicero höhnte, unter diesem
Konsul habe niemand gefrühstückt; »auch ist unter seinem Konsulat nichts Schlimmeres passiert; er bewies nämlich eine ans
Wunderbare grenzende Wachsamkeit, da er während seiner ganzen Amtszeit kein Auge zutat«.[10] Von Cicero stammte auch das
Bonmot, man müsse eilends zur Gratulation aufbrechen, sonst
habe der Konsul bereits sein Amt niedergelegt, bevor man an
seine Tür geklopft habe.

Diese und andere Bekundungen der Mißachtung republikanischer Formen und Institutionen zielten weder darauf ab,
Neues durch die Herabwürdigung des Alten vorzubereiten, noch
zeugen sie von einer generellen Verachtung der Republik und
ihrer Geschichte. Cäsar war – auch hier durchaus anders als der
aus dem kleinbürgerlichen Velitrae stammende Augustus – römischer Patrizier, und seine Vorstellungen von Politik und Gesellschaft wurzelten tief in der alten Republik. Sein sozialpoliti-
scher Konservatismus und seine Reichspolitik lassen keinen anderen Schluß zu. Seine Maßnahmen in den Provinzen – allen
voran die Kolonisation – waren nicht zufällig dort am effektiv-
sten, wo sie sich der seit langem bereitliegenden Möglichkeiten
bemächtigen konnten. Selbst seine Unterlassungen zeigen ihn als
Sohn der Republik: Das besiegt, ausgebeutet und ungeordnet da-
niederliegende Gallien zeugt beredt von der Selbstherrlichkeit
republikanischer Eroberer, die mit der Niederwerfung des Gegners ihre Aufgabe bereits erfüllt sahen. Was Cäsar gegen seine
eigene Welt stellte und daran verzweifeln ließ, war nicht der Haß,
mit dem eine alte, vornehme Welt einen Usurpator zu strafen
pflegt. Es war die Größe seines Sieges und der Blutzoll der Bürger, der jede Vergebung unmöglich machte. Die abgekehrten Ge-

sichter der *nobiles* festigten zwangsläufig seine Entschlossenheit, seine Anhänger so zu entlohnen, wie es Rebilus und viele andere verdiente Männer erwarteten: mit Reichtum, Amt und Würden. Was ihn – durchaus vergleichbar mit der Wut eines enttäuschten Liebhabers – maßlos reizte, war die Renitenz der alten Familien, die die Veränderung der Welt schlicht ignorierten und hochfahrend wie eh und je das Banner der Republik schwenkten, hinter dem sich der eigene Hunger nach Macht und die eigene Gewalttätigkeit kaum verbargen.

So wurde für den schwer Gereizten »die Republik zum Nichts, zum Namen ohne Körper und greifbare Gestalt« *(sine corpore ac specie)*. Jede Erinnerung an Sulla, der die Diktatur nach der Restauration des Staates niedergelegt hatte, empfand er als penetrant und lästig. »Sulla sei ein Analphabet *(nescisse litteras)* gewesen, als er die Diktatur niederlegte«, beschied er barsch mahnende Hinweise auf das vermeintlich vorbildliche Verhalten dieses Mannes.[11] Er beschrieb damit die Wirklichkeit, wie er sie sah – und die Entwicklung nach seinem Tod gab ihm Recht: Was immer man mit dem republikanischen Staat im Sinn haben mochte, er war nach der Blutspur des Bürgerkrieges von sich aus und allein gelassen nicht mehr lebensfähig. Die lange bewährte Kunst, Schäden am Staatskörper aus eigener Kraft zu beheben, versagte angesichts des Ausmaßes der Katastrophe. Und Cäsar wußte auch, daß dies die Konsequenz der unerhörten Energie war, mit der er sein am Rubikon gestecktes Ziel verfolgt und erreicht hatte. Auch deswegen diagnostizierte er so nüchtern, daß der Staat ohne ihn Chaos und Verzweiflung zu fürchten habe: »nicht so sehr in seinem eigenen Interesse als in dem der *res publica* liege es, daß er am Leben bleibe; er habe schon längst überreichlich Macht und Ruhm erlangt; wenn ihm etwas zustoße, werde die *res publica* nicht ruhig bleiben und unter desto schlechteren Bedingungen Bürgerkriege bestehen müssen«[12]. Bereits drei Wochen nach den Iden des März griff C. Matius, einer seiner Anhänger, den Gedanken wieder auf, der die Zeit weitere 15 Jahre quälen sollte:

»Wenn Cäsar mit seinem Genie keinen Ausweg fand, wer wird ihn nun finden?«[13]

Solche prophetischen Worte sprechen nicht von einer staatsmännischen Einsicht Cäsars in die Notwendigkeit, den Staat vor-
dringlich reformieren zu müssen. Sie enthalten nur die weitsich-
tige Erkenntnis, daß nach seinem Tode neue Bürgerkriege um die
Macht drohten. Wie dies zu verhindern sei, kümmerte ihn einst-
weilen nicht, da der Krieg gegen die Parther alles gründlich verändern mußte. Und für diesen Krieg war Rom bestens gerüstet
und bedurfte keines reformerischen Eifers. Der Bürgerkrieg hatte
– für viele überraschend – die Herrschaft Roms in den Provinzen
nicht gefährdet; selbst das gerade eroberte Gallien war ruhig geblieben. Statt dessen lehrte er, daß die militärischen Möglichkeiten Roms nach wie vor unerschöpflich waren. Einem entschlossenen Mann mußte gerade die Mobilisierung so vieler Armeen in
den zurückliegenden Jahren die unvergleichliche Gelegenheit an
die Hand geben, tatsächlich die Grenzen der bekannten Erde zu
erreichen. Und wer, wenn nicht der größte aller römischen Krieger, konnte diese Aufgabe meistern, die so sehr dem römischen
Traum von der Weltherrschaft entsprach? Nur wer über Cäsar
hinaus dachte, mußte das mühselige Werk innerer Reformen für
wichtiger halten als den spektakulären Siegeszug der Legionsadler in den Orient.

Cäsar selbst hatte sich längst entschieden. Die Sicherung seiner Herrschaft vor unliebsamen Überraschungen hatte entscheidende Fortschritte gemacht. Seine Anhänger, soweit sie nicht mit
in das große Abenteuer ziehen wollten, waren mit Geld, Ämtern
und Ehrungen überschüttet worden; viele nahmen gerade auf
den Bänken des Senats Platz. Die in Spanien, Südgallien, Afrika,
auf dem Balkan und in Kleinasien gegründeten oder in der Planung befindlichen Kolonien bildeten wehrhafte Zwingburgen,
deren Einwohner Cäsar alles zu danken und dafür zu sorgen hatten, daß ihm niemand in den Rücken fallen konnte. Italiens
Loyalität garantierten die dort angesiedelten Veteranen, und die
oberitalische Gallia Cisalpina schuldete Dank für das gerade erst
verliehene volle Bürgerrecht. In den mit dem latinischen Recht
ausgezeichneten Provinzen Sizilien und Gallia Narbonensis
würde man ebensowenig gegen Cäsar agitieren können wie in
den zahlreichen Provinzstädten, in denen nach Treue und Ver-

dienst einzelne Familien mit dem Bürgerrecht zugleich massive Privilegien erhalten hatten. Was einem naiven Beobachter wie die Umrisse einer umfassenden Reichspolitik vorkommen mag, ist tatsächlich nur ein neues Kapitel des alten in der römischen Aristokratie tobenden hemmungslosen Kampfes um Klientelen, die die Generäle der letzten Generation der Republik durch Veteranenansiedlungen, Koloniegründungen und Bürgerrechtsverleihungen zu gewinnen suchten. Auch auf diesem Felde war Cäsar der Sohn der Republik und nicht der Planer einer neuen Welt. Diese stellte sich als Ergebnis, nicht als Ziel der im Kampf um die Macht in Rom unternommenen Anstrengungen schließlich von selbst ein: Die in die Provinzen strömenden römischen Siedler und die zu römischen Bürgern aufgestiegenen Provinzialen führten das mit dem Schwert zusammengeraubte Provinzialreich in den mediterranen Weltstaat der Kaiser.

Weitere, über die Herrschaftssicherung hinausgehende Aufmerksamkeit wurde den Provinzen nicht zuteil. Auch für Cäsar waren sie nur hilflose Objekte einer schrankenlosen Gewaltherrschaft. Sie gewährten die finanziellen und sonstigen Mittel, um im Kampf um die Macht bestehen zu können. So hatte schon Gallien nach dem Sieg keine weitere Fürsorge erfahren: Das Land, ruiniert und ausgeblutet, wurde zwar als Provinz eingerichtet und mit Steuern belegt, blieb sich aber ansonsten selbst überlassen. Die Provinzen, in denen der Bürgerkrieg tobte, wurden geplündert und mit Kontributionen überzogen, deren Erträge der Krieg, die spendablen Attitüden der Großen und die unersättliche Meute der wachsenden Gefolgschaft Cäsars verschlangen. Der besonnene Sulpicius Rufus hatte wohl recht, als er im Frühjahr 45 notierte: »Die Herrschaft des römischen Volkes ist dermaßen geschwächt, alle Provinzen zerrüttet.«[14] In der Erinnerung der unterworfenen Völker lebte Cäsar als besonders erfindungsreicher und skrupelloser Räuber fort, von denen Rom in ihren Augen mehr als genug besaß.

Cäsar hätte ihnen auch wenig helfen können – selbst wenn er gewollt hätte. Eine gründliche Reform des Herrschaftsraumes hätte die Ablösung des selbstherrlichen Regiments aristokratischer Statthalter zugunsten einer gut funktionierenden Bürokratie verlangt. Diese war jedoch um keinen Preis der Welt zu haben. Denn sie verlangte Beamte mit Schulung und dem Willen zum Gehorsam. Solche Männer aber wuchsen nur in einer gefestigten Monarchie heran. Cäsar hingegen mußte sich mit wenigen Überläufern aus dem Lager der *nobiles* und seinen Anhängern bescheiden, von denen Ciceros Spottlust das Bonmot unter die Leute brachte, sie seien unfähig, das väterliche Vermögen länger als zwei Monate zusammenzuhalten.

Die Legitimität und Autorität der Macht: Diktator und Monarch

Die letzte und schwierigste Frage, auf die es vor dem Abmarsch ins Feldlager eine Antwort zu finden galt, betraf die eigene Stellung im Staat. Cäsars Weg zur Macht war die Gewalt gewesen, und auf ihr ruhte auch seine Alleinherrschaft. Sie bedurfte der rechtlichen Umhüllung, um sich ihres despotischen und gewalttätigen Charakters zu entledigen und Anerkennung zu finden. Möglichkeiten dazu wiesen die bereits von Sulla und Pompeius betretenen Pfade. Im einzelnen fanden sich da die von Sulla neu entdeckte altrömische Diktatur, angereichert mit allumfassenden Kompetenzen, das jährlich neu zu bekleidende altehrwürdige Amt des Konsuls, um das Anfang 49 der Streit ausgebrochen war, und die Ausnahmekommandos des Pompeius, die jedoch den Raum der Innenpolitik nicht abdeckten. Die Macht, die mit diesen Ämtern und Amtsvollmachten gewährt wurde, gab es jedoch nur auf Zeit, und niemals wurde die Autorität von selbst dazu gegeben. Darauf aber konnte Cäsar nur hoffen, wenn seine angestrebten politischen oder militärischen Ziele prinzipiell von der Senatsaristokratie gutgeheißen wurden. Damit war jedoch nur zu rechnen, wenn – wie bei der Diktatur Sullas – alle Maßnahmen der Wiederherstellung der Republik dienten und die gewährte Machtfülle als kommissarische und zeitlich befristete verstanden wurde.

Vor Cäsar tat sich die Quadratur des Kreises auf. Zwar war die Republik bescheiden geworden, und sie wollte dem Sieger im Bürgerkrieg jetzt zugestehen, was sie dem gallischen Prokonsul unter keinen Umständen gewähren wollte: die Stellung des ersten Mannes im Staate und die Machtfülle Sullas. Dies jedoch wog nun zu leicht in den Händen des allmächtig gewordenen Generals und war angesichts der angerichteten Verwüstungen und der Gier der riesigen Gefolgschaft auch nicht realistisch. Cäsar konnte seiner Macht weder zeitliche noch inhaltliche Schranken setzen lassen. Damit entbehrte aber alles, was er tat, der Autorität. Gewiß war es für ihn ein leichtes, Senatsbeschlüsse, Gesetze und Vollmachten zu erwirken und damit sein Tun formal zu legitimieren. Solange dahinter nur die Drohung der militärischen Gewalt stand, war damit nichts Dauerhaftes zu erreichen. Dauer gewährte allein die Verbindung von Macht und Autorität, und sie floß nur aus der Zustimmung der herrschenden Klasse.

Cäsar hat eine Zeitlang versucht, durch die Art, wie er seine Gewalt rechtlich ummantelte, diejenigen an sich zu binden, die zwar die Wiederherstellung der Republik forderten, jedoch seine Versöhnungspolitik der Milde dankbar als Zeichen der Verständigungsbereitschaft anerkannten. Seit dem Jahr 48 war er mehrmals ordnungsgemäß gewählter Konsul, im Herbst dieses Jahres kam die auf ein Jahr limitierte Diktatur dazu, die nach Thapsus im April 46 auf zehn Jahre ausgedehnt wurde. Dies geschah jedoch so, daß jährliche Amtszeiten gezählt wurden und wenigstens für die Wohlmeinenden das Amt damit seinen Charakter als Jahresamt nicht gänzlich verlor.

Diesen von Sulla zuerst gewagten Rückgriff auf die altrömische Diktatur, die seit dem Hannibalischen Krieg nicht mehr angewandt und nur noch aus den Geschichtsbüchern zu rekonstruieren war, haben die Zeitgenossen als Legitimationsmittel von Macht anzuerkennen gelernt. Bereits das Betreten des staatsrechtlichen Archivs der verklärten Republik schien doch den Willen zu einer Politik der Restauration zu demonstrieren. Das Amt selbst verwies nachdrücklich darauf: Ihrem Wesen nach war die Diktatur beschränkt auf die Abwehr eines konkreten Notstandes, der die geltende Ordnung bedrohte. Die zeitliche Begrenzung war damit zugleich mitgegeben. Schließlich fiel wohltuend auf, daß Cäsar darauf verzichtete, seine Diktatur, wie dies Sulla getan hatte, mit Kompetenzen anzureichern, die die gesamte staatliche Souveränität dem Diktator auslieferte.

Fraglos hätte Cäsar mit Hilfe der zeitlich befristeten Diktatur regieren und Krieg gegen die Parther führen können. Die Abwehr einer äußeren Gefahr gehörte ausdrücklich zu den Aufgaben eines Diktators. Aber Cäsar war nicht mehr nach taktischen Finessen und Rücksichten zumute. Ende des Jahres 45 kündigte er eine zeitlich nicht mehr befristete Diktatur an, und Anfang 44 bezeichnete er sich als »Diktator zum vierten, Konsul zum fünften Male, designierter Diktator auf Lebenszeit«. Am 15. Februar 44 führte er offiziell den Titel *dictator perpetuus* (oder *perpetuo*). Die Diktatur hatte endgültig ihren Charakter als Notstandsmaßnahme verloren und ging über in die souveräne Gewalt. Jede Hoffnung war endgültig zerstört, Cäsar könnte doch noch seinen Frieden mit der Republik machen. Für seinen Stand war er nunmehr Tyrann. Es war dies die treffende Bezeichnung für den Mann, der die überkommene politische Allgewalt der Senatsaristokratie in Frage stellte und mit diesem Schritt der Republik den wichtigsten Bestandteil ihrer Freiheit *(libertas)* nahm.

Nun war dies nur noch der letzte Schritt auf einem Weg, den Cäsar nach Thapsus zögernd, nach Munda entschlossen beschritt und auf dem er eine überzeugende Legitimität seines Herrschaftsanspruches zu finden hoffte. Er war dank der mit dem Schwert gehäuften Macht Monarch, und er wollte es künftig auch offen sein. Die endgültige Form dieser Monarchie konnte nach dem Sieg über die Parther bedacht werden; jetzt kam es darauf an, Rom und Italien mit der Tatsache an sich vertraut zu machen. Die Diktatur auf Lebenszeit sprach davon mit der nötigen Präzision.

Zur Autorität eines Monarchen gehörte seit Jahrtausenden die Aura des Göttlichen. Kleopatra lebte seit über einem Jahr neben ihm als Göttin und Königin. Sie muß ihm öfter vor Augen geführt haben, was die provinzialen Untertanen Roms in den Ostprovinzen ganz unbefangen und mit nie erlahmender Hoffnung bereits feierten: den neuen Retter und Heiland aus dem Westen, dessen göttliche Kraft ihr Elend mildern sollte. »Der leibhaftig erschienene Gott und der Retter des Menschgeschlechts« – so nannte

Silberdenar Cäsars. Sein Kopf ist mit dem goldenen Kranz geschmückt; der abgebildete Krummstab der Auguren weist auf Cäsars priesterliche Funktionen. Die Umschrift DICT(ator) QUART(um) datiert die Münze an den Anfang des Jahres 44.

der Landtag der asiatischen Provinz Cäsar und band damit die seit langem umlaufende Vorstellung von einer göttlichen Erscheinung auf Erden und von einem universellen Wohltäter unmißverständlich an seine Person. Die Massen Italiens und Roms handelten anders, beteten anders; aber sie dachten und fühlten ebenso. Der allgemeine, die ganze römische Welt beherrschende brennende Wunsch nach dem Einen, der die Trennwand zwischen Himmel und Erde niederreißen konnte, war gerichtet an den allmächtigen Herrn der Welt, der sich soeben anschickte, den Ruhm Alexanders zu verdunkeln. Cäsar schlugen dieselben gefühlsträchtigen Hoffnungen entgegen, mit denen Vergil Jahre später Octavian, den Adoptivsohn Cäsars, feiern sollte:

> »Der hier ist der Held, der oft und oft dir verheißen, Cäsar Augustus, der Sproß des Göttlichen. Goldene Weltzeit bringt er wieder für Latiums Flur, wo einstens Saturnus herrschte; er dehnt sein Reich, wo fern Garamanten und Inder wohnen, und weiter – dies Land liegt außerhalb unserer Sterne, außer der Sonne jährliche Bahn.«[15]

Cäsar hat sich der sakralen Feierlichkeit dieser Sehnsüchte nicht entziehen wollen, die auf ihn, der den Scheitelpunkt seines Lebens längst überschritten hatte, einstürmten. Dagegen wogen Belehrungen nichts, die schulmeisterhaft auf das mit republikanischen Helden geschmückte Museum der Geschichte Roms verwiesen und dort den künftigen Platz Cäsars forderten. Seit seinem Aufenthalt in Alexandria war ihm diese Welt zu eng geworden. Und seit den letzten Siegen im Bürgerkrieg nahm das Bewußtsein von der Größe der eigenen Macht rauschhafte Züge an. Da war auf der einen Seite die durch das Kriegsglück neu gefügte Gewißheit, noch nicht am Ziel zu sein, alles noch leisten zu können: den Bau des größten Tempels der Welt auf dem Marsfeld in Rom ebenso wie die Erstürmung der parthischen Königsstadt Ktesiphon. Und da waren auf der anderen Seite die Hoffnungen von Millionen auf den unbesiegten Gott und den Erlöser von allen Übeln. Eine Zeitlang hatte der nüchterne Politiker die ihm aus allen Teilen des Riesenreiches und schließlich auch aus dem

Senat zuteil gewordenen Demutsgesten kaum beeindruckt entgegennehmen oder in Grenzen halten können. Jetzt begann der mit dem Glück *(fortuna)* so sichtbar Verbündete den Götzendienst um seine Person und seine Macht ernst zu nehmen. Die Aristokratie, der der Traum von der Republik der Altvorderen den Blick auf die Realität verstellte und deren Häupter mit boshaftem Vergnügen Lobpreisungen auf den verbohrten Cato verfaßten, verweigerte seiner Macht die Autorität. Nun sollte diese aus der Gewißheit der Massen fließen, daß die absolute Macht eines Mannes eine Heilsnotwendigkeit sei.

So ergoß sich nach den Siegen von Thapsus und Munda eine schier endlose Flut von Ehrungen, Titeln, Vorrechten und mythischer Verklärungen seiner Ahnen über Cäsar. Ein willfähriger Senat schien selbst die Schranken des guten Geschmacks einreißen zu wollen, um der Macht die schuldige Ehre zu erweisen. Es ist im einzelnen kaum möglich herauszubringen, was in dieser Fülle von Ehren Mittel zum Zweck, ernst oder unernst, gewollt oder nur hingenommen, gläubig formuliert oder böswillig untergeschoben war. Das Evangelium, das sie verkündeten, ist jedoch unmißverständlich: Cäsar war den Göttern nahe, und seine Macht hatte Anspruch auf sakrale Weihen. Das neugeschaffene Zeremoniell des öffentlichen Auftretens machte dies jedermann deutlich: seine Schuhe waren die hohen purpurfarbenen seiner sagenumwobenen Vorfahren, der Könige von Alba Longa, sein Haupt bedeckte ein goldener Kranz, der das Herrschaftszeichen der etruskischen Könige von Rom war, und seinen Körper umhüllte eine Toga, die nicht nur wie die der kurulischen Magistrate einen roten Saumstreifen auf weißem Grund trug, sondern durchgehend aus rotem Stoff gewebt war. Eine solche Toga trug auch der triumphierende Feldherr, und von ihr wußte jeder Römer, daß sie das Gewand Jupiters und der alten Könige Roms zugleich war.

Nicht minder beeindruckend verkündeten die Statuen Cäsars die neue Lehre von der Legitimation der Macht: eine wurde bei den Zirkusprozessionen unter den übrigen Götterbildern mitgeführt, eine weitere stand als Kultbild im Tempel des Quirinus, des ehrwürdigsten der römischen Staatsgötter, und war mit der

Aufschrift »Dem unbesiegten Gott« *(deo invicto)* versehen. Eine dritte Statue ergänzte die Reihe der Standbilder der sieben Könige Roms. Dort aber war zugleich der Platz des Bildes jenes L. Junius Brutus, der den letzten zum Tyrann entarteten König Tarquinius Superbus aus der Stadt vertrieben hatte und seitdem vom Kapitol drohend an die Pflicht jedes Römers erinnerte, nie wieder in Rom einen Tyrannen zu dulden. Cäsar hörte ihn nicht: Anfang 44 proklamierte ein Senatsbeschluß den Divus Julius, ihm und seiner *clementia* wurde ein Tempel gelobt, und Marcus Antonius sollte als sein Priester fungieren. Der Kalender füllte sich mit Geburtstags-, Sieges- und Gelübdefesten zu seinen Ehren. Und schließlich sollte Cäsar – anders als alle anderen Sterblichen – dereinst in Rom innerhalb der Stadtgrenze beigesetzt werden.

Die Zeitgenossen hatten keine Schwierigkeiten, sich an die kultische Verehrung hellenistischer Monarchen zu erinnern. Trotzdem waren zwei entscheidende Punkte anders: Cäsar war nicht König, und er trug auch nicht den Titel *rex*. Und die uralten Formen sakraler Herrschaft, in die er einzutauchen suchte, verweisen nicht auf die orientalisch-griechische, sondern auf die altrömische Königstradition.

Dies allerdings war ein gefährliches Spiel, und in der römischen Öffentlichkeit nahm das Gerede zu, ein Tyrann herrsche über Rom. Das Königtum war verfemt und der Titel *rex* verhaßt: Die Erinnerung auch der letzten Generation der Republik hielt mit hohem Pathos an der Lehre der Gründungsgeschichte fest, der zufolge sich das römische Volk nach der Vertreibung des letzten entarteten Königs in einem heiligen Eid verschworen habe, nie wieder einen König in Rom zu ertragen. Dem drohenden Schatten dieses Schwurs konnte nur entrinnen, wer sich der leuchtenden Erinnerung an Romulus und seine Nachfolger bemächtigte, die Rom gegründet und seine soziale und rechtliche Ordnung geschaffen hatten.

Genau hier knüpfte Cäsar an. Wie Romulus opferte er dem Jupiter Feretrius eine erbeutete Rüstung als Ehrenbeute des Krieges. Als am Vorabend des Stadtgründungsfestes, das am 21. April gefeiert wurde, die Nachricht vom Sieg bei Munda eintraf, wurde das Fest neu ausgestattet, um zu dokumentieren, Cäsar sei der Neugründer Roms. Die uralte Priesterschaft der Luperci (»Wolfsabwehrer«) wurde um eine Genossenschaft, die Luperci Julii, erweitert. Nach einer alten Tradition waren die Anführer der beiden anderen Genossenschaften Romulus und Remus gewesen.

Der Anspruch, Neugründer des Staates zu sein, verlieh gewiß Autorität – wenn er sich durchsetzen ließ. Er konnte sich auch in der mythischen Welt eines Romulus, Numa und Servius Tullius spiegeln: Hatten sie doch alles geschaffen und nach dem frommen Glauben der Nachwelt nicht wie Herren über Sklaven, sondern wie Väter über ihre Kinder regiert. Trotzdem wies aus dem Dunstkreis dieser Legenden, mit denen sich Rom über seine Anfänge verständigte, nichts den Weg in die praktische Politik. Die Vergangenheit, liebevoll gepflegt und um immer neue rührende und schöne Geschichten angereichert, war eben doch nur gelehrte Konstruktion. Diese gab für die lebendige Gegenwart nur die Möglichkeit her, sich grob über die angestrebten Ziele zu verständigen. Und selbst dabei war sie – wie Cäsar schnell erfahren mußte – zweideutig: Romulus erschien dem Betrachter einmal als Gründer der Ewigen Stadt, dann wieder als Brudermörder, dessen Tat man erklären, aber nicht verzeihen konnte. Und wieder ein anderes Bild: einmal war er der König, der mitten aus seinem Volk in den Himmel auffuhr und Gott wurde; ein andermal riß ihn der Senat in Stücke, da er sich als Tyrann mißliebig gemacht habe.

Was Cäsar tun konnte, hat er getan: Die Spiegelung seiner Leistungen für den Staat in der Person des ersten Stadtgründers gab seiner Macht eine auch den Kräften der Tradition einsehbare Funktion. Das Königtum des Romulus, sein Titel *rex* verlangten hingegen Distanz. Sie verdeutlichte Cäsar, als am 15. Februar 44 der rituelle Umlauf der Luperci stattfand:

»Viele junge Patrizier, ja selbst Magistratspersonen laufen dabei nackt durch die Straßen der Stadt, und unter Scherz und Gelächter schlagen sie mit ihren zottigen Fellen nach allen, die ihnen in den Weg kommen. Auch viele vornehme Frauen treten ihnen entgegen und strecken den Schlägen wie ein Schulkind beide Hände hin, im zuversichtlichen Glauben, daß der Streich den Schwangeren leichte Geburt, den Kinderlosen Fruchtbarkeit verleihe.«[16]

Am Ende des letzten Umlaufs streckte Marcus Antonius, der die Luperci Julii anführte, Cäsar, der auf goldenem Sessel, angetan mit der Purpurtoga und dem goldenen Kranz der altrömischen Könige, auf der Rednertribüne des Forums thronte, das weiße Königsdiadem entgegen.

Die Szene – ihr Ort und ihr Zeitpunkt – war zweifellos gestellt. In einem feierlichen kultischen Rahmen sollte der angespannt harrenden Menge eine wichtige und bang erwartete Entscheidung kundgetan werden, bevor der gerade zum *dictator perpetuus* ausgerufene Herr über ein Weltreich die Stadt für mehrere Jahre verließ, um dieses Reich weiter zu mehren. Und Cäsar wies das Diadem zurück: zweimal, damit es auch jeder sehen konnte und es keinen Zweifel an seinem Willen gab. Unter dem begeisterten Beifall des Volkes befahl er, das Diadem in den kapitolinischen Tempel zu bringen, denn König der Römer sei Jupiter allein; der Staatskalender erhielt die Eintragung, der *dictator perpetuus* habe das ihm durch den Konsul Antonius angetragene Königtum abgelehnt. Damit war in einem spektakulären Staatsakt klargestellt, was Cäsar bereits am 26. Januar, vom Albanerberg zurückkehrend, der Menge zurief, als sie ihn als König *(rex)* begrüßte: »Ich bin Caesar und nicht König« *(Caesarem se, non regem esse)*[17].

Was Cäsar also suchte, waren nicht der Rang und der Titel eines römischen Königs. Er suchte die sakrale Weihe, die eine Herrschaft beanspruchen konnte, die sich am heiligen Tun des Stadtgründers orientierte und die lastende Erinnerung an den königlichen Tyrannen und Brudermörder vermied. Er erkannte damit zugleich die Berechtigung der Forderung an, wonach des Todes war, wer nach dem Diadem strebte. Alle ihm zuteil gewordenen Ehrungen hoben ihn in die Sphäre des Göttlichen, in die er nach seinem Tode – nun selbst Gott geworden – gänzlich eintauchen wollte. Er folgte damit einem der sozialen und politischen Wirklichkeit bereits näherem Gesetz, als es die Berufung auf die Tradition der Republik war. Die Gebete, die in den Provinzen des

Ostens offen und in Italien und den Westprovinzen noch verhalten für den allmächtigen Diktator gesprochen wurden, kündeten von einer monarchischen Herrschaft, die ihre Legitimation aus den Heilserwartungen der Untertanen bezog. Der omnipotente Weltherrscher, der in der Person Cäsars zum ersten Mal die Bühne des Imperiums betrat, war nur vorstellbar als Sachwalter göttlicher Kräfte, denen er auch zugeordnet wurde.

Cäsar wollte dies so. Es führte ihn weit in die Zukunft und über die republikanische Tradition hinaus. Je rastloser er den Spuren Alexanders folgte und den Feldzug an das Ende der Welt vorantrieb, um so herrischer und diktatorischer wurde er. Er hatte sein Ziel gefunden, und nichts sollte ihm die Tage rauben, die ihn dorthin führten. Der Abstand zu seinen aristokratischen Standesgenossen wurde zusehends größer. In ihren Augen war er auf dem Weg in eine Zukunft, in der ihr für die Republik so segensreicher Anspruch auf die alleinige Macht im Staate gebrochen wurde. Und dies bedeutete die Tyrannei.

Der Sieg der Vergangenheit ohne Zukunft

Der Widerstand formiert sich

Cäsar hat nach dem Sieg von Pharsalos noch drei Jahre und zehneinhalb Monate gelebt. Von dieser Zeit brachte er – zählt man die Intervalle zwischen den Feldzügen nach Pharsalos zusammen – gerade elf Monate in Rom zu. Die fünfeinhalb Monate, die er von Anfang Oktober 45 bis zum 15. März 44 in der Hauptstadt weilte, waren zugleich der längste zusammenhängende Aufenthalt seit dem Konsulat 59, der nach den Plänen des Diktators am 18. März mit der Abreise ins Feldlager für etwa drei Jahre enden sollte. Alle Entscheidungen, die Cäsar in dieser Zeit traf, und alle auf den Staat und seine Person bezogenen Konzepte standen unter dem Diktat der Planung des großen Orientkrieges; sie hatten weitgehend provisorischen Charakter, da der Sieg für alle wichtigen Fragen neue Antworten bereithalten mußte. Im Osten waren die Dinge Ende des Jahres 45 bereits in Bewegung geraten. Kein Geringerer als Pakoros selbst, der Sohn des parthischen Königs, hatte mit einem großen Heer die Grenze der syrischen Provinz überschritten und schickte sich an, den seit 46 dort revoltierenden Pompeianer Caecilius Bassus massiv zu unterstützen. In Makedonien und Griechenland warteten sechs kampfbereite Legionen auf ihren Feldherrn, und in Italien fanden umfangreiche Aushebungen statt. Die Vorbereitungen des Krieges und seine Planung waren überaus gründlich, so daß niemand ernsthaft daran zweifelte, daß der größte Soldat Roms Ende des Jahrzehnts als neuer Alexander in Rom Einzug halten würde. Spekulationen über den angeblich schlechten Gesundheitszustand des Diktators, wie man sie von Cicero hörte, änderten daran nichts.

Die Opposition in Rom reagierte auf die drohende Entfesselung der Kriegsfurie verständlicherweise zurückhaltend: Die Abrechnung mit den Parthern war populär, lag ganz auf der Linie der offiziellen Weltherrschaftsideologie, und die Aussicht auf die riesige Beute und die lukrativen Kommandos und Offizierspatente spaltete selbst die großen Nobilitätsfamilien in zwei Lager. Die Zukunft der Republik allerdings erschien in um so düstererem Licht. Schon die unmittelbaren Auswirkungen der Kriegsvorbereitung waren verheerend: Für mehrere Jahre wurden die wichtigsten Magistrate im voraus bestimmt. Erneut drohte die Kabinettsregierung der cäsarischen Kanzleivorsteher. Es bedurfte wenig Phantasie sich auszumalen, wie Oppius und Balbus in gewohnter Geschäftigkeit den Staat lenkten, während es dem Senat noch gestattet war, nach jeder Siegesmeldung aus dem Osten Feste und Ehren zu beschließen. Langfristig drohte die künftige Machtstellung des omnipotenten Herrn der Welt aus dem Gesichtsfeld des überhaupt noch Vorstellbaren zu entschwinden. Die in Rom umlaufenden Gerüchte, Cäsar plane, Alexandria oder das alte Troja zu seiner künftigen Hauptstadt zu machen, zeigen, wie aufgeregt die Spekulationen wucherten.

Cäsar strebte im Winter 45/44 weder nach dem Amt des Königs, noch begehrte er den Titel *rex*. Er nahm sich die Diktatur auf Lebenszeit und begann seine Allmacht, die er ebenso begehrte, wie er sie für seine Gefolgschaft brauchte, sakral zu umhüllen. Politische Entscheidungen – darunter den Entschluß zum Krieg – fällte er hinter verschlossenen Türen und im Kreis seiner engsten Vertrauten.

»Für Rat *(consilium)* und Autorität *(auctoritas)* war kein Platz mehr«, schrieb später Cicero[1].

Er beschrieb damit genau, wo die Herrschaft Cäsars den Lebensnerv der Senatsaristokratie getroffen hatte, deren Existenz ohne den Dienst am Staat leer geworden war. Ihre Hoffnung auf bessere Zeiten zerstörten die Diktatur auf Lebenszeit und die Gewißheit, daß der aus dem Orient heimkehrende Sieger in

Rom eher die Proskynese einführen als die Freiheit der Republik wiederherstellen würde. Gründe genug für einen Mord.

Die Verschwörung gegen Cäsars Leben kam erst in den Wochen nach der Ernennung zum *dictator perpetuus* zustande. Sie stand unter Zeitdruck. Der Diktator hatte seine Abreise für den 18. März angekündigt. Eine Opposition existierte bereits seit Thapsus, und sie wuchs schnell. Sie hatte keine präzise Vorstellung, mit welchen Mitteln sie sich durchsetzen konnte; ebensowenig besaß sie klare Ziele. Selbst ihr Profil war diffus: Republikaner, ehemalige Pompeianer, enttäuschte Cäsarianer, Generäle, großherzige Idealisten und kleine Neider fanden nur schwer in einer Atmosphäre gegenseitigen Mißtrauens zusammen. Am deutlichsten tritt dank Ciceros unermüdlicher Feder der republikanische Flügel der Opposition ins Licht der Geschichte. Er wurde zudem durch den Umstand begünstigt, daß ihm ein Märtyrer von besonderem Zuschnitt beschert wurde: M. Porcius Cato.

Dieser Mann war nach Thapsus als glühender Gegner Cäsars, die ihm angebotene Versöhnung verächtlich als monarchische Gnade zurückweisend, in den Tod gegangen, um Cäsar als Tyrannen zu brandmarken. Ende 46 veröffentlichte Cicero eine Flugschrift *Cato*, nachdem Cäsar den Toten in seinem Triumphzug im Juli zum Gespött der Leute gemacht hatte. Ciceros begnadete Sprache formte eine neue Totenmaske und erklärte Cato zum republikanischen Helden, an dessen Tugenden alle Anfechtungen der Alleinherrschaft zuschanden wurden. Im März 45 folgte ein Preislied des Junius Brutus, der Cato ein gut Teil seiner Erziehung zu verdanken hatte. Im Sommer fiel der Stoff bereits in die Hände der Philosophen. Cäsar, von der Darstellung Ciceros und der Popularität der Märtyrerlegende offen herausgefordert, replizierte mit einem Gegenpamphlet *Anticato*, das das spöttische Motto *de mortuo nil nisi malum* trug. So sah das Ganze auch aus: Im typischen Stil einer römischen Schmähung verwandelte Cäsar den gepriesenen Helden der Freiheit in einen Trunkenbold und Geizhals, dem es nichts ausmachte, seine Frau Marcia an seinen Freund Hortensius zu verschachern. Der Angriff war zu maßlos, um zu überzeugen. Nun hielt die geschundene Republik erst recht an ihrem Idol fest und stilisierte sein Leben und seinen Tod in so leuchtenden und eindrucksvollen Farben, daß Cato – obwohl zeit seines Lebens ein Politiker ohne Fortüne – zum Vorbild für alle späteren Blutzeugen einer republikanischen Ordnung wurde.

Nicht minder eindrucksvoll lebten die Legenden der republikanischen Frühzeit gegen den Diktator wieder auf. Sie erzählten von Tyrannen, die von standhaften Männern vertrieben oder erschlagen wurden: so wie der letzte König Tarquinius, den Junius Brutus aus der Stadt jagte, der seinerseits die eigenen Söhne zum Hinrichtungsplatz führen ließ, als sie Rom dem König wieder ausliefern wollten. So wie Spurius Maelius, der die Stadt in der Maske eines Volksfreundes durch Getreidespenden für eine Tyrannei gefügig machen wollte und den C. Servilius mit dem Beinamen Ahala erschlug. Ihr Schicksal wurde zur Metapher des Widerstandes:

»Ist deshalb L. Tarquinius vertrieben, deshalb Sp. Cassius, Sp. Maelius und M. Manlius getötet worden, damit viele hundert Jahre später ein M. Antonius die Monarchie einführen kann?«, schrieb im Oktober 44 Cicero[2].

Zwei Jahre früher trafen solche Worte vor allem das Ohr eines Mannes, der in der Tradition dieser Heldenbilder erzogen worden war und früh gelernt hatte, sich darauf im politischen Tageskampf zu berufen: Marcus Brutus. In seinem Haus hing an der Wand des Wohn- und Speiseraumes ein *stemma*, das seine Abstammung von den großen Befreiern L. Junius Brutus und Servilius Ahala zeigte. Er hatte bereits im Jahre 54 Münzen prägen lassen, auf denen die Darstellung der Libertas und des ersten Konsuls der Republik gegen die diktatorischen Ambitionen des Pompeius zeugen sollten. Jetzt, im Januar 44, fand er morgens Zettel auf seinem Prätorenstuhl, auf denen er las, »Brutus, du schläfst« oder: »Wenn du noch lebtest, Brutus!«, womit nur vordergründig die Statue des ersten Brutus auf dem Forum gemeint war. Selbst in seinen Privatgemächern ließ ihn die Republik nicht allein. Im Sommer 45 hatte er – von der römischen Gesellschaft aufmerksam beobachtet – seiner Gattin Claudia ohne ersichtlichen Grund den Scheidungsbrief zugestellt. Jetzt schaltete in seinem Haus Porcia, die Tochter Catos und die Witwe des M. Bibulus, des unglücklichen Amtskollegen und Widersachers Cäsars im Jahre 59. Alles mahnte, alles drängte ihn, die Opposition gegen Cäsar anzuführen und das Äußerste zu wagen.

Brutus zögerte. Von seiner Mutter Servilia, der einflußreichen Geliebten Cäsars, im Haß auf Pompeius, den Mörder seines Vaters, erzogen, hatte er trotzdem für diesen gekämpft. Nach Pharsalos wechselte er – von Cäsar mit offenen Armen begrüßt – das Lager. Mit Ämtern und Ehren überhäuft, wurde er eines der herausragendsten Mitglieder der aristokratischen Anhängerschaft Cäsars. 46 amtierte er als Statthalter im diesseitigen Gallien, 44 saß er auf dem Stuhl des Prätors, und im Jahr 41 sollte er Konsul werden. Was sollte ihn bewegen, diese glanzvolle Karriere für den zweifelhaften Ruhm auszuschlagen, der Mörder seines Freundes und Wohltäters zu werden? Gewiß nicht die Erinnerung an verklärte Heldengestalten aus den Geschichtsbüchern; wenn es wirklich ernst wird, können sie nicht mehr sein als Metaphern der Verständigung und Werkzeuge der Propaganda. Gewiß nicht der realitätsferne Glaube an die Idealität der Staatsordnung der Väter, wie sie Cicero so kunstvoll und bewegend beschwören konnte. Die republikanische Verfassung hatte seit den Gracchen viele tiefgreifende Veränderungen erfahren, und ihre Lebensfähigkeit gründete nicht zuletzt auf der Flexibilität, mit der sie zu handhaben war.

Brutus war ein Ehrenmann und daher schwer von der Notwendigkeit eines Mordkomplotts zu überzeugen. Da hatten es die leichter, die sich von Cäsar gekränkt oder um Geld und Ämter betrogen sahen oder eine private Rechnung zu begleichen hatten. Für Brutus mußte es klarere, handgreiflichere Gründe geben als die allgemeine Verzweiflung am Zustand der Republik. Und er fand sie im sozialen Zentrum der staatlichen Ordnung, der Senatsaristokratie. Da waren ihr ungebrochener Wille zur Macht, die mit niemandem geteilt werden sollte, und die dazugehörigen Spielregeln, die den aristokratischen Wettstreit um die Ämter erträglich machten. Das eine setzte die lebenslängliche Diktatur, das andere die Kabinettsregierung der cäsarischen Kanzleichefs außer Kraft. Da waren die Ämter, Provinzen und Kriege, die

Reichtum, Ansehen und Ruhm verschafften. Sie raubte das Machtmonopol des Alleinherrschers. Da war schließlich das Bewußtsein von Würde und Ehre eines Standes, der eine Stadt in Mittelitalien zur Herrin der Welt gemacht hatte und dessen Häupter nicht Diener werden, sondern Herren bleiben wollten. Dies bedrohte der künftige Monarch, der Gehorsam, nicht Rat oder Autorität brauchte.

Als Brutus zum Haupt der Verschwörung wurde, bekam sie Profil und Zulauf. Über sechzig Männer fanden sich zusammen, entschlossen, den Diktator zu töten, bevor er den Spuren Alexanders folgen konnte. Auf Eide legten sie keinen Wert: Sie wollten die bestehende Ordnung nicht stürzen, sondern wiederherstellen. Fast alle waren angesehene Bürger und Senatoren oder Ritter von Rang: Pompeianer, Neutrale, vor allem aber Cäsarianer. Von ihnen hatten viele wie Brutus als Vertrauensleute Cäsars eine große Zukunft vor sich, die sie aus schierem Eigennutz von der Verschwörung hätte fernhalten müssen. Gegen Cäsar formierte sich jedoch nicht eine Verbrecherbande von Neidern und Zurückgesetzten, die man mit Dante gerne kopfüber und neben Judas im Maul des Lucifer aufgehängt sähe. Sie waren auch keine idealistischen Blutzeugen einer zeitlos vorbildlichen Ordnung, wie dies die Französische Revolution eine Zeitlang im Überschwang der Gefühle glaubte. Sie repräsentierten die Blüte des römischen Adels, der schon immer bereit gewesen war, persönliche Opfer zu bringen, wenn es galt, die bedrohte Macht des ganzen Standes zu retten. Dafür hätte man selbst das Weltreich darangegeben.

In der vordersten Reihe der Verschwörer standen bewährte Generäle Cäsars. Da war etwa C. Trebonius, Sohn eines Ritters, Legat in Gallien, 45 für seine Dienste im Bürgerkrieg mit dem Konsulat belohnt und designierter Statthalter der reichen Provinz Asia. Da war auch Decimus Brutus, Admiral in Gallien und im Bürgerkrieg, seit 48 Statthalter im jenseitigen Gallien, designierter Konsul für das Jahr 42, nach Octavian Haupterbe Cäsars und sein Freund. Beide verkörperten, worum es den Cäsarianern ging, die die Dolche gegen ihren einstigen Abgott hoben. Ihr Platz an der Seite Cäsars war herausragend und ihre Zukunft glänzend. Sie tauschten sie gegen ein ungewisses Schicksal ein, weil ihre Welt nicht die von Lohn und Gehorsam, sondern von Herrschaft und Kampf war. Der Diktator gab ihnen Reichtum und Ämter, die sie so gierig begehrten. Sie wollten beides, aber in gewohnter aristokratischer Selbstherrlichkeit: unkontrolliert und ungehemmt. Sie waren habsüchtig, ehrgeizig, gewalttätig und hochmütig, wie es den Herren der Welt geziemt. Aber sie waren keine Diener; sie wollten sein wie Cäsar.

In der Liste der Verschwörer fehlte der Name Cicero. An seiner Einstellung zweifelte allerdings niemand: Brutus rief unmittelbar nach der Tat den Namen Cicero und beglückwünschte ihn zur wiedergewonnenen Freiheit. Cicero selbst hörte es gern, wenn ihm Antonius vorwarf, er sei der geistige Vater des Mordes gewesen. Er war wohl nur nicht dabei, weil er alt und kein Mann der schnellen und entschlossenen Tat war. Brutus schrieb nach dem Mord an Cicero, wenn er überzeugt wäre, daß der eigene Vater die Tyrannis begehre, so würde er ihn töten. Cicero muß es vor dieser wilden Entschlossenheit geschaudert haben, von der auch Cäsar wußte:

»Was dieser junge Mann will, weiß ich nicht; aber alles, was er will, das will er mit Nachdruck«,[3] äußerte er schon bei der ersten Begegnung.

Die Iden des März

Die Zeit drängte zur Eile: Der Tag der Abreise Cäsars ins Feldlager rückte näher. War er erst einmal dort, schützte ihn die lebende Mauer seiner Soldaten vor jedem Angriff. An Mord hatte man ohnehin nur denken können, weil Cäsar seine spanische Leibwache aufgelöst hatte, die ihm mit gezücktem Schwert auf Schritt und Tritt gefolgt war. Der Senat hatte ihm zwar eine neue Garde aus Senatoren und Rittern bewilligt – die sicher weniger anstößig war als die Truppe spanischer Reisläufer –, aber Cäsar machte keinen Gebrauch davon. Besorgte Mahnungen schlug er in den Wind: »Es ist besser, einmal zu sterben, als ständig den Tod zu erwarten.«[4] Erneut wollte der Diktator bekunden, daß er kein Tyrann sei, der sich hinter Schwerbewaffneten verstecken müsse. Er unterstrich dies noch durch den Erlaß einer allgemeinen Amnestie für alle Gegner. Den Witwen der gefallenen Feinde, deren Vermögen eingezogen worden war, wurde ihre Mitgift zurückgezahlt, während die Kinder einen Anteil des Erbes erhielten. Jetzt kehrten auch die letzten, die der Krieg und die Einsamkeit verschont hatten, aus dem Exil zurück.

Monarchische Großmut stellte sich noch einmal gegen aristokratische Selbstherrlichkeit. Es änderte natürlich nichts. Den Verschwörern machten andere Dinge zu schaffen. Die Situation in Rom begann sich bedrohlich zu verändern. In unmittelbarer Nähe der Stadt lagerten größere Veteranenverbände, die auf ihre Ansiedlung vornehmlich in Kampanien warteten. In die Stadt hinein strömten täglich mehr Veteranen, die ihrem vergötterten Feldherrn bei seinem Aufbruch in den Osten das Ehrengeleit geben wollten. Und schließlich biwakierten reguläre Truppen in der Stadt. Sie hörten auf das Kommando des Lepidus, der als *magister equitum* Stellvertreter Cäsars und Statthalter der Gallia Narbonensis und des diesseitigen Spanien war. Über ihren genauen Auftrag war nichts bekannt. Wie eine Erlösung muß daher die Nachricht aufgenommen worden sein, daß Cäsar den Senat für den 15. März in die Kurie des Pompeius einberufen und sein Erscheinen angekündigt habe. Zweifel konnte es nun nicht mehr geben. Der Senat, das Herz der republikanischen Ordnung, mußte der ideale Ort für die Tat sein: Dort hatte mit der Vertreibung des letzten Königs die Republik ihren Ausgang genommen. Dort mußte der stürzende Diktator bezeugen, Rom selbst habe ihn getötet.

Niemand warnte Cäsar. Dabei hatten es die Verschwörer an jeder Vorsicht fehlen lassen: Der Kreis der Eingeweihten belief sich auf über sechzig Personen, und die Auseinandersetzungen über Ort und Zeit der Tat waren lang und heftig gewesen. In der klatschsüchtigen Weltstadt, in der jedes Gerücht, jede Information in rasender Eile kolportiert wurde, grenzte es ans Wunderbare, daß der Plan nicht ruchbar wurde. Dies für sich genommen, beweist bereits, daß die Männer, die sich um Brutus geschart hatten, aus einem Holz waren, aus dem man im allgemeinen keine ehrlosen Neider oder Dummköpfe zu schnitzen pflegt. Es beweist aber auch, daß es Cäsar ernst war, als er seine Leibwache entließ. Er wollte seine Standesgenossen überzeugen oder – wenn dies nicht möglich war – ohne sie seinen Weg zu Ende gehen. Aber bespitzeln wollte er sie nicht. Ebensowenig dachte er selbst je daran, sich zu verstecken. Er war furchtlos, und er vertraute auf sein Glück *(fortuna)*, das ihm in den Jahren des Krieges so oft zur Seite gestanden hatte. Wie viele seiner Zeit zweifelte er nicht daran, »daß es das meiste vermag in allen Dingen und ganz besonders im Krieg«[5]. Zudem war er überzeugt, daß seine Gegner wie er wußten, daß sein Tod erneut den Bürgerkrieg auslösen würde. Vielleicht liegt hier – neben seinem übersteigerten Selbstbewußtsein – der wichtigste Grund für seine Sorglosigkeit. Sicher ist nur, daß er seine Feinde falsch einschätzte.

Die Verschwörer bereiteten sich gründlich vor: Trebonius sollte Marcus Antonius vom Sitzungssaal in den entscheidenden Minuten fernhalten; Decimus Brutus fiel die Aufgabe zu, im benachbarten Theater des Pompeius seine Gladiatoren zum Eingreifen bereitzuhalten; Cimber sollte im Saal mit einem Gnadengesuch, dem sich die übrigen Verschworenen anschließen wollten, das Opfer von seiner Umgebung trennen; Brutus war ausersehen, nach der Tat ihre Gründe dem Senat darzulegen. Anschließend sollte der Leichnam Cäsars in den Tiber geworfen, seine Güter konfisziert und alle seine Maßnahmen für ungültig erklärt werden. Nur dann konnte jedermann verstehen, daß ein Tyrann seiner verdienten Strafe zugeführt wurde. So hatte es die Republik in der Vergangenheit immer gehalten: Wer – wie beispielsweise Saturninus und Servilius Glaucia im Jahre 100 – die Hand gegen den Staat erhob, dessen Eigentum war verwirkt, sein Haus wurde zerstört, und auf seine Anhänger warteten die ordentlichen Gerichte.

Vieles kam anders. Cäsar, der am Abend des 14. im Hause des M. Lepidus gespeist hatte, verspätete sich am Morgen des 15. März. Erst gegen elf verließ er sein Haus in der Via sacra, begleitet von Decimus Brutus, den die besorgten Verschwörer als engen Freund des Diktators entsandt hatten, um nach der Ursache der Verspätung zu forschen. Endlich betrat er gegen Mittag die Kurie, in der sich die Senatoren zur Begrüßung von ihren Sitzen erhoben. Vor der Tür blieb Marcus Antonius, von Trebonius in ein sorgfältig vorbereitetes Gespräch verwickelt: Man hatte guten Grund, den Mut dieses Generals zu fürchten, den man nicht töten wollte.

Als Cäsar seinen Amtssessel erreicht hatte, der unter der Statue des Pompeius stand, umringten ihn die Verschwörer, und gemeinsam mit Cimber flehten sie um Gnade für dessen Bruder. Als sich Cäsar, belästigt durch das aufgeregte Geschiebe und Gedränge, erhob, riß ihm Cimber die Toga von der Schulter. Verabredungsgemäß stürzte sich der erste auf Cäsar und verwundete ihn an der Schulter. Cäsar schrie »Das ist Gewalt!«, zog seinen Schreibgriffel und verteidigte sich heftig. Nun fielen alle über ihn her: überstürzt, sich selbst im Wege, bald selber blutend, aber getreu dem Schwur, jeder müsse mindestens einmal zustechen. Cäsar, der sich immer noch wehrte und zu fliehen versuchte, hörte wohl noch die Schreie Hunderter Senatoren, die von ihren Bänken aufsprangen. Aber nur zwei faßten sich ein Herz und versuchten, ihn zu retten. Als der Schwerverletzte nun von allen Seiten gezückte Dolche auf sich gerichtet sah, zog er die Toga über den Kopf. Sterbend suchte er Halt an der Statue des Pompeius, vor der er schließlich niederfiel. Der Tod hatte beide Krieger wieder zusammengeführt, deren Ehrsucht und deren unersättlicher Tatendrang die Republik so tief gebeugt hatten.

Die Senatoren, die Magistrate, die Zuschauer – alle stürzten kopflos ins Freie. Nur ein einziger Schrei soll gehört worden sein: »Schluß mit der Herrschaft des Tyrannen«[6]. Marcus Antonius riß sich die Insignien des Konsuls vom Leibe und floh: Er war sicher, daß der nächste Anschlag nur ihm gelten konnte. Das gleiche tat Lepidus, der bei Freunden versteckt die Entwicklung abwarten wollte. Vor der Kurie steigerte sich die Panik, als die Gladiatoren des Decimus Brutus zum Schutz der Verschwörer anrückten. Aus dem nahe gelegenen Theater stürzten die Zuschauer auf die Straße und vermehrten die allgemeine Verwirrung noch. Bald erweckten ganze Straßenzüge den Eindruck, der Bürgerkrieg tobe in Rom.

In der Kurie hatten sich die Bänke inzwischen geleert. Die

Verschwörer verloren die Kontrolle über den Ablauf der Ereignisse und begannen zu improvisieren. Der Aufruhr und das Geschrei, das in den Saal drang, stifteten Verwirrung auch hier. So
zog man schließlich zum Kapitol: Die blutigen Dolche sichtbar
in der Hand, auf die Filzkappe *(pileus)* zeigend, die die Sklaven
am Tag ihrer Freilassung aufsetzten, rief man das Volk zur Freiheit auf. Dies war allerdings ein dürftiger Ersatz für den Senat,
mit dem gemeinsam die Wiedergeburt der Republik proklamiert
werden sollte.

Im Grunde war das Spiel bereits verloren: Jede Ordnung war
mit der Flucht der Magistrate aufgelöst, der Senat kopflos und
desorientiert, das Chaos in den Straßen nicht mehr lenkbar und
Pläne für diesen Fall nicht zur Hand. Und da war noch der Tote;
er lag in seinem Blut zu Füßen des steinernen Pompeius: allein
und unbeachtet. Erst Stunden später schlichen drei Sklaven in
die Kurie und trugen ihn verstohlen und auf Umwegen nach
Hause; ein Arm baumelte aus der Sänfte, in die sie ihn gelegt
hatten. Der tote Cäsar war dem Zugriff seiner Mörder entkommen, sein Glück hatte ihn an den Iden des März nicht gänzlich
im Stich gelassen. Niemand konnte ihn nun als Feind des Vaterlandes in den Tiber werfen. Die Verschwörer hatten auch diese
Chance verspielt.

Der Schatten des Toten

Daß niemand wußte, wie es weitergehen sollte, war kein Zufall.
Brutus und die Männer um ihn hatten sich keine gezielten Gedanken um den Tag danach gemacht. Sie wollten keine geschlossene Gruppe bleiben, schon gar nicht gemeinsam Politik machen. Vorsorgen dieser Art traf man bei einem Staatsstreich,
nicht bei einer Befreiungstat. Die meisten müssen in der Gewißheit gelebt haben, wenn der Diktator sterbe, beginne die Republik wieder zu leben. Brutus konnte sogar durchsetzen, daß Marcus Antonius geschont wurde, obwohl er Konsul und damit nach
Cäsars Tod Herr der Exekutive war. Ciceros Kritik an dieser
Entscheidung traf die Meinung vieler:

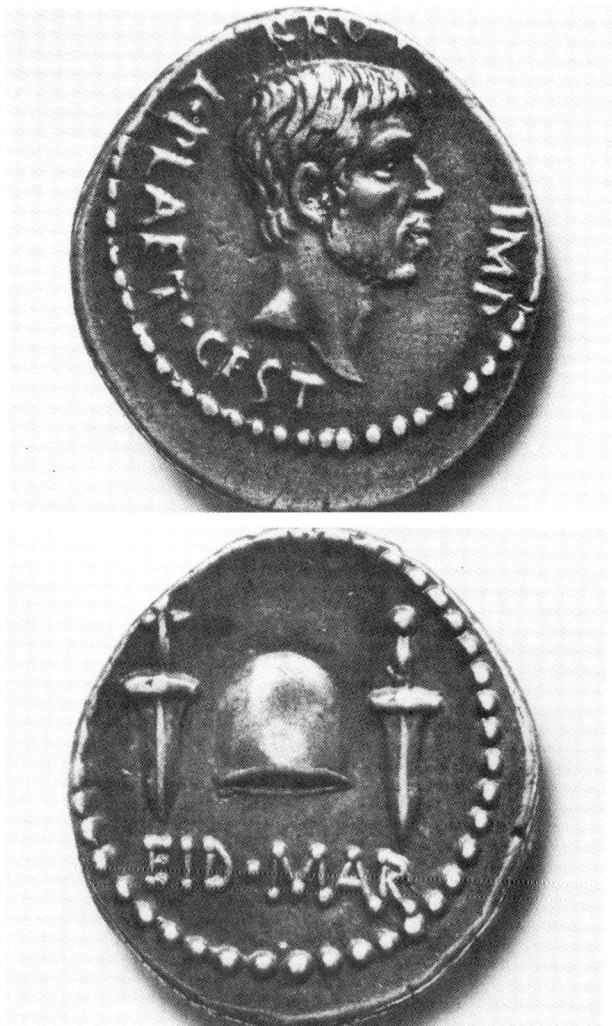

Münze des Cäsar-Mörders Brutus. Brutus selbst prangt wie ein helle-nistischer Monarch auf der Vorderseite der Münze, die mit ihrer Rückseite – die Filzkappe des freigelassenen Sklaven zwischen zwei Dolchen – die Befreiung Roms von einem Monarchen feiert.

»Die Tat wurde mit männlichem Herzen, aber mit kindischem Verstand ausgeführt. Denn wer sah nicht, daß man der Monarchie einen Erben hinterließ?«[7]

Dieses Urteil war billig, und es floß leicht aus der Feder, als alles vorbei und entschieden war. Gegen seine vielbeschworene Treffsicherheit spricht, daß Antonius' Verhältnis zu Cäsar nicht frei von Spannungen und seine Freundschaft mit Brutus stadtbekannt war. Auch Antonius war ein großer Herr, dem das Dienen nicht in den Sinn kam. Auch für ihn und seine aristokratische Weltsicht war die Republik die beste aller möglichen Staatsordnungen. Jenseits davon sah er ebenso wie sein Stand keine Welt, aus deren Existenz zu lernen war, daß die römische Ordnung des Lebens nicht der Weisheit letzter Schluß sei. Die monarchischen Großstaaten, die man im Osten kennengelernt hatte, waren alle von der Republik besiegt und gedemütigt worden. Antonius dachte also wie Brutus über den Staat. Die Möglichkeit, daß sie sich verständigten, war durchaus vorhanden.

Aber auch Antonius hatte nur den Handlungsspielraum, den ihm die Verhältnisse in der Hauptstadt einräumten. Und diese stellten ihn gegen die Verschwörer – wie auch immer er über sie und ihre Tat denken mochte. Er war Konsul, ihm gab die Verfassung das Gesetz des Handelns an die Hand. Die Richtung gaben die Veteranen vor, die zahlreich in der Stadt versammelt waren und die um ihre künftige Existenz bangten. Und da war auch noch Lepidus, der als einziger reguläre Truppen in der Stadt kommandierte. Mit diesen besetzte er in der Nacht zum 16. das Marsfeld und das Forum, hielt flammende Ansprachen und zeigte sich entschlossen, seinen toten Imperator zu rächen. Antonius konnte sich dem nicht entziehen, wenn er das Heft in der Hand behalten wollte. Er stellte sich an die Spitze der Unruhen und rief mit Lepidus die Veteranen Cäsars aus den Kolonien nach Rom, damit sie dort ihre Landlose gegen die Mörder Cäsars verteidigten. Sie kamen von Tag zu Tag zahlreicher, um ihre Kameraden in der Stadt zu verstärken. Diese waren nicht untätig geblieben. Bereits in der Nacht zum 17. randalierten sie gemeinsam mit der städtischen Plebs, die den Tod ihres spendabelsten Gönners betrauerte. Sie drohten allen den Tod an, die versuchen sollten, sie um den Lohn ihrer Siege und Leiden zu betrügen.

Noch einmal traten die Soldaten für ihren Feldherrn ein, an dessen magische Kraft sie geglaubt und dem sie alles zu verdanken hatten. Warf man seine Leiche in den Tiber und tilgte sein Andenken, so war auch für sie alles verloren. Und sie hatten gute Gründe, die Herrschaft des Senats zu fürchten: Wann immer in den vergangenen Jahrzehnten die Verteilung von Ländereien auf der Tagesordnung gestanden hatte, leisteten die führenden Optimaten erbitterten Widerstand. Erst Cäsar hatte ihre Macht gebrochen und den Soldaten Land gegeben. Nichts davon durfte wieder rückgängig gemacht werden.

Antonius nutzte die Stimmung. Zwar war es den Verschwörern und ihren Anhängern am Nachmittag des 16. zum ersten Mal gelungen, unter Zurschaustellung ihrer aristokratischen Würde im feierlichen Zuge zum Forum zu gelangen. Brutus hielt dort eine große Rede. Doch das Volk reagierte abweisend und feindselig. So blieb nur der Rückzug auf das Kapitol, der wie eine Niederlage wirkte. Antonius zögerte nicht länger. Am Abend entschloß er sich, den Senat für den kommenden Tag einzuberufen: Unter dem Druck der Veteranen sollten die entscheidenden Beschlüsse gefaßt werden, die den Verschwörern den Weg zur Macht im Staate verschlössen. Die Vorbereitungen dauerten die ganze Nacht: Die Attentäter bestürmten durch Boten die Senatoren, jeder Einschüchterung zu trotzen, Antonius und Lepidus mobilisierten die Veteranen, die den Tempel der Tellus, in der die entscheidende Sitzung stattfinden sollte, seit den frühen Morgenstunden zu belagern begannen. Die ganze Stadt war in Aufruhr, als die ersten Senatoren durch das Spalier von Soldaten, die Lepidus als Schutztruppen aufgeboten hatte, den Sitzungssaal betraten. Als der Prätor Cornelius Cinna nahte, wankten die Absperrungsketten der Soldaten unter dem wütenden Ansturm der Veteranen: Dieser Mann hatte seine prätorischen Insignien am 15. abgelegt und öffentlich erklärt, ihm sei sein Amt zuwider, da er es der widerrechtlichen Entscheidung eines Tyrannen verdanke. Die Veteranen interpretierten richtig: Hier war einer, der die Maßnahmen Cäsars für nichtig hielt, und das betraf auch die ihnen zugeteilten Ländereien.

Die Position der Männer um Brutus war verzweifelt schlecht, auch wenn die ersten Rededuelle erkennen ließen, daß die Mehrheit des Senats ihren republikanischen Eifer durchaus teilte. Antonius hatte die besseren Karten, und er spielte sie entschlossen aus. Kalt erinnerte er die Senatoren daran, daß ein Beschluß, der Cäsar zum Tyrannen erkläre, nach den geltenden Gesetzen zwingend zur Folge habe, daß die Leiche Cäsars geschändet werden müsse und alle seine Verfügungen zu annullieren seien. Dies betreffe aber nicht nur die Landlose der Veteranen; vielmehr müßten auch alle von Cäsar verliehenen Ämter und Würden – darunter mehrere hundert Senatssitze – für null und nichtig befunden werden. Dies gab den Ausschlag – aus sachlichen und aus persönlichen Gründen. Cäsars Dekrete und Gesetze zu beseitigen, hieß das Chaos heraufbeschwören, und die Einziehung aller verteilter Reichtümer, Ämter und Würden bedrohte allzu viele mit dem politischen und sozialen Absturz. Die wilden Rufe und Tumulte vor dem von Veteranen umstellten Tempel erinnerten ohnedies seit Stunden daran, daß dort die moralische und rechtliche Vernichtung Cäsars das Signal zum Bürgerkrieg sein würde. Das Werk Cäsars und seine Veteranen stellten sich schützend vor den Toten.

Der Senat beugte sich. Er fand eine Regelung, die nach außen ein Kompromiß war, tatsächlich jedoch den Sieg des Antonius besiegelte: Alle Verfügungen *(acta)* Cäsars – darunter seine noch unveröffentlichten Pläne im Besitz des Antonius – wurden für rechtsgültig erklärt. Seine Mörder erhielten »Amnestie« – ein Antrag Ciceros, dem zur rechten Zeit Begriff und Beispiel aus der griechischen Geschichte einfielen. Am Abend wurde die hergestellte Eintracht durch gemeinsame Gastmähler besiegelt. Alles Weitere schien nur noch Routine. Am folgenden Tag garantierten spezielle Senatsbeschlüsse den Veteranen die bereits zugeteilten Landlose und die noch nicht erfüllten Ansprüche. Das Testament Cäsars wurde anerkannt und ein öffentliches Staatsbegräbnis für den 20. März beschlossen; die Leichenrede sollte Antonius halten. Der kluge Bankier Atticus kommentierte: Alles sei verloren, wenn Cäsar im feierlichen Leichenbegängnis zu Grabe getragen werde.[8] Er sollte recht behalten.

Am Morgen des 20. März strömten Zehntausende auf das Forum und füllten den Platz, die Tempelstufen und die umliegenden Straßenzüge. Nur mühsam wurde der elfenbeinernen Bahre, auf der der tote Imperator lag, der Weg gebahnt. Freunde und Staatsbeamte trugen sie vor die Rednertribüne, begleitet von den Klageliedern der Sänger. Antonius hieß den öffentlichen Herold das Dekret des Senats vom Anfang des Jahres verlesen, das dem Toten unerhörte Ehren zugedacht hatte und das mit dem Eid endete, daß alle Senatoren den so Geehrten mit ihrem Leben schützen wollten. Dann bestieg der Konsul die Rednertribüne und zählte die Taten Cäsars auf. Am Schluß verlas er den Auszug des Testaments, der jedem Römer 300 Sesterzen zusprach und dem Volk die Gärten jenseits des Tibers öffnete. Als sich der Trauerzug wieder zu ordnen versuchte und der Leichnam zu dem Scheiterhaufen, der auf dem Marsfeld errichtet war, gebracht werden sollte, stürzte die Menge auf die Bahre zu und hielt den Kondukt an. Hunderte türmten aus eilig herbeigeschafften Stühlen, Tischen und Bänken einen Scheiterhaufen, auf den die Leiche gezerrt wurde. Als die Flammen aufloderten, warf die weinende Menge ins Feuer, was sie hatte: die Musiker ihre Posaunen, die Frauen ihren Schmuck, die Männer ihre Kleider und die Veteranen ihre Waffen, die sie so oft für den Toten geschwungen hatten. In dem wild lodernden Brand und unter dem Jauchzen und Schreien der außer Rand und Band geratenen Menge verbrannte der Eroberer Galliens, der fluchbeladene Sieger des Bürgerkrieges, der Abgott seiner Soldaten und der begnadete Krieger, der den Traum vom großen Feldzug ans Ende der Welt nun nicht mehr verwirklichen konnte.

Das immer neu genährte Feuer brannte lange. Viele stürzten sich auf die Häuser der Mörder und verwüsteten, was ihnen in die Hände fiel. Der Rachekrieg hatte begonnen. Der Schatten des Toten begann zu leben und forderte Genugtuung. Sie wurde ihm überreichlich zuteil:

»Von seinen Mördern aber überlebte ihn fast keiner länger als drei Jahre, und keiner starb eines natürlichen Todes. Nachdem sie alle insgesamt verurteilt waren, fand der eine auf diese, der andere auf jene Weise ein gewaltsames Ende, ein Teil durch

Schiffbruch, ein anderer in der Schlacht. Einige nahmen sich mit demselben Dolch, mit dem sie Cäsar verletzt hatten, das Leben.«[9]

Der Ruhm

Die Zukunft gehörte weder Brutus noch Cäsar. Sein Werk schwand mit seinem Tod dahin. Niemand sah in ihm den Märtyrer einer besseren Welt, niemand verstand sich als sein Jünger, der seinen Taten und Gedanken über den Tod hinaus Dauer verleihen wollte. Weder seine politische noch seine literarische Hinterlassenschaft enthielt Lehren, wie die Zukunft zu gestalten sei. Tränen vergossen an seinem Grab nur die Veteranen; sie hatten ihren Abgott verloren. Sein Begräbnis endete nicht zufällig in Straßenschlacht und Chaos, ebensowenig wie sein Tod nicht zufällig einen 15jährigen Bürgerkrieg auslöste, in dem alles zu Asche verbrannte, was ihn und seine Zeitgenossen bewegt hatte. Cäsar war der erste Monarch Roms, aber er schuf nicht die Monarchie. Sein Testament, das er am 13. September 45 aufsetzte, bezeugt, daß er dies auch gar nicht wollte: Er vermachte seinen Namen und den Großteil seines Vermögens seinem 18jährigen Großneffen, in dem nur die Sehergabe eines Propheten den künftigen Kaiser hätte entdecken können. Es enthüllt den Willen eines auf seine Familie stolzen Aristokraten, der nichts anderes im Sinn hatte, als seine Verwandtschaft und seine Freunde zu beschenken. Die Monarchie als künftiges Schicksal Roms dämmerte erst am Tag von Aktium herauf. Für den Mann, der sie schuf, war der Name Cäsar nur die Zauberformel, mit der er die Soldaten an sich band.

Cäsars Leben war bis zu dem Tag, an dem er den Rubikon überschritt, wie das vieler seiner ehrgeizigen Standesgenossen verlaufen. Auch die Eroberung Galliens hatte ihn nicht aus seiner Welt hinausgetragen. Die Republik hatte ihre Stellung als Weltmacht bereits in den Eroberungskriegen eines Sulla, Lucullus und Pompeius eindrucksvoll bestätigt und dabei auch lernen müssen, mit der ungehemmten Ehrsucht ihrer Generäle zu leben. Noch am Rubikon verteidigte Cäsar als Krieger und römischer Aristokrat seine Ehre, die seine politischen Feinde zu vernichten drohten, als sie ihm den Weg zum zweiten Konsulat verstellten. Er parierte ihre Herausforderung schließlich mit der Waffe, nicht um in Rom zu herrschen, sondern um sich zu behaupten. In dem darüber ausbrechenden Kampf ging es um kein Prinzip und keine Idee. Es ging um die Zukunft eines Mannes, der der Erste unter seinesgleichen sein wollte und der sich unter dem Vorwand des Staatswohles um die verdiente Anerkennung seiner Taten schändlich betrogen sah. Erst die Dauer des weltweit geführten Bürgerkrieges veränderte alles. Der Widerstand der unter dem Banner der Republik kämpfenden Gegner forderte immer größere Blutopfer, die Haß und Erbitterung schürten, bis es nur noch Sieg oder Untergang geben konnte. Cäsars Politik der betonten Milde gegenüber den Besiegten scheiterte an dem Hochmut des traditionsbewußten Adels, der Schonung als Gnade des Monarchen zu verachten lehrte. Und schließlich forderte die wachsende Gefolgschaft, die Cäsar zum Sieg verholfen hatte, ihren Lohn. Ihn konnte nur ein allmächtiger Diktator gewähren, der seine Macht auf Jahre hinaus festigte. Cäsar war der Gefangene seines Sieges geworden.

Ein Feld war ihm geblieben, wo er uneingeschränkter Herr seiner selbst und seiner Entschlüsse sein konnte: der Krieg. In ihm hatte er sein ganzes Können und alle seine Leidenschaften ungehemmt ausleben können. Er wies auch jetzt den Weg aus dem heillosen Wirrwarr der Innenpolitik, in der ein Mann seines Alters nicht geduldig warten konnte, bis seine Gegner vor ihm ins Grab stiegen. Der Rest seines Lebens sollte der Unsterblichkeit dienen, die ihm auf den Spuren Alexanders des Großen zufallen mußte. Vor diesem Ziel verblaßte die Republik »zum Nichts, zum Körper ohne Gestalt«.

Weder die Republik noch die eigene Gefolgschaft war bereit, diesem Traum zu folgen und ihm ihre Interessen zu opfern. Den Standpunkt der Republikaner formulierte Cicero:

»Mit dem Heer des römischen Volkes wurde das römische Volk unterdrückt und seine Bürgerschaft, die nicht nur selbst frei war, sondern über die Völker gebot, zum Sklavendienst gezwungen.« [10]

Für die besten der cäsarischen Gefolgschaft sprachen Decimus Brutus und Trebonius, als sie der Verschwörung gegen den Diktator ihren Arm liehen: Sie hatten für Cäsar gekämpft, um als Sieger selber Befehle geben zu können. Der drohende Status des Befehlsempfängers auf Dauer war nicht der erhoffte Lohn, wie immer er auch vergoldet sein mochte. Vor dem damit möglich gewordenen Bündnis von Republikanern und Cäsarianern gab es für Cäsar kein Entrinnen – nicht zuletzt, weil er sich schon zu tief in seinen Traum von der Größe Alexanders verstrickt hatte, um die Gefahr einer solchen Koalition noch zu erkennen.

Der Ruhm und die Unsterblichkeit, die er wie jeder Römer in der Erinnerung der Menschen zu finden hoffte, fielen ihm spät zu. Erst der Tote wurde zu einem Gott und zu einem Mythos, der in einem wechselvollen Nachleben durch die Jahrhunderte getragen wurde. Dazu mußte er aus dem Reich der Geschichte in das Reich der Literatur und der Legende eingehen. Erst hier entfalteten seine reiche Begabung, der sprachliche Glanz seiner Schriften, sein vornehmer Adel und seine unvergleichliche Tatkraft ihre Leuchtkraft. Erst hier wurde neben der tiefen Spur der Zerstörung, die er in seiner Zeit gezogen hatte, auch die tragische Verstrickung seiner Person in die gewalttätige Geschichte seiner Gesellschaft und seiner Stadt sichtbar.

Cäsar und die Geschichte Roms

Auf eine besondere Weise war Cäsar tatsächlich so etwas wie die Erfüllung der römischen Geschichte. Er war das fast ideal-typische Geschöpf einer über Jahrhunderte aristokratisch geprägten Gesellschaft, die in Krieg und Eroberung ihre Identität und ihre Erfüllung gefunden hatte. Die Triebkräfte, denen Rom seine Weltgeltung verdankte – allen voran die Gier nach Ehre und Ruhm –, hatten den Tugendkatalog seiner Aristokratie seit den ersten Tagen der Republik bestimmt. Als diese sich anschickte, ihre Existenz in Mittelitalien gegen die umwohnenden Bergvölker und die Etrusker zu verteidigen und schließlich auszudehnen, waren die aristokratischen Tugenden in das Ethos und die Disziplin des Staates eingeschmolzen worden. Nur in seinem Dienst und unter seinen Fahnen waren künftig Ehre und Ruhm zu gewinnen. Die Nöte der Expansionskriege in Italien und der Kampf auf Leben und Tod mit dem seemächtigen Karthago schienen das Bündnis von Staat und aristokratischer Ehrsucht schließlich unauflöslich gemacht zu haben.

Selten gab es Anzeichen dafür, daß sich daran je etwas ändern könnte – aber es gab sie. Am Beginn des 3. Jahrhunderts zum Beispiel erfanden große und ruhmsüchtige plebejische Geschlechter die Legende von Coriolan, den als Konsul ein undankbares Volk ins Elend treibt, der aus gekränkter Ehre die Truppen des volskischen Landesfeindes vor die Tore des wehrlosen Rom führt und seine Rache der Mutter zuliebe und nach einem dramatischen Appell an die Pflicht des Römers aus der Hand gibt. Hundert Jahre später starb auf seinen Landgütern verbittert und einsam ein Mann, der in Spanien, Afrika und Kleinasien die römische Weltmacht begründet hatte: Scipio Africanus. Als Besieger Hannibals war er schon zu Lebzeiten zur Legende geworden. Trotzdem war seine Bitterkeit so groß, daß er seiner Familie verbot, seine Leiche nach Rom zu bringen und dort in der Gruft seiner großen Ahnen beizusetzen. Er wollte auch im Tode mit der Republik nichts mehr gemein haben, die nach seinen Siegen in Asien Anschuldigungen wegen Bestechung und Unterschlagung zugelassen und die Rechtfertigung vor Gericht gefordert hatte. Statt diese zu geben, hatte der in seiner Ehre tief Gekränkte seine Rechnungsbücher vor den Augen des Volkes und der Ankläger zerrissen und alle zornbebend aufgefordert, mit ihm auf dem Kapitol den Göttern für die Bezwingung Hannibals bei Zama zu danken. Er glaubte anders und besser zu sein als seine Standesgenossen, und sein Rechtstitel waren seine Siege für Rom. Sein großer Gegner Sempronius Gracchus soll dies nicht anders gesehen haben:

»Soll Scipio, der Bezwinger Afrikas, zu euren Füßen stehen, ihr Tribunen? Hat er dafür in Spanien vier hochberühmte Heerführer der Karthager und vier Heere geschlagen und in die Flucht gejagt, dazu Syphax gefangengenommen, Hannibal die entscheidende Niederlage beigebracht, Karthago uns tributpflichtig gemacht und Antiochos hinter die Kämme des Tauros zurückgedrängt, daß er zwei Petiliern (sc. die anklagenden Volkstribunen) unterliegt? Werdet ihr es hinnehmen, Mitbürger, daß man nach dem Siegespreis über Publius Africanus trachtet? Sollen berühmte Männer nicht aufgrund ihrer Verdienste und aufgrund der von euch erwiesenen Ehren einmal in eine sichere und gewissermaßen unantastbare Burg gelangen, wo sie in ihrem Alter, wenn schon nicht ehrfurchtgebietend, so doch wenigstens unverletzbar eine bleibende Stätte finden?«[1]

Als der Augustäer Livius diese Rede dem Sempronius in den Mund legte, war der Vorhang über dem tragischen Schauspiel vom Ende einer Republik gerade gefallen. Es regierte unangefochten der letzte übriggebliebene General, der den Krater der Bürgerkriege geschlossen und die politische Anarchie beendet hatte. Es war zugleich die Zeit, in der eine verschont gebliebene Generation – so, als traue sie dem Frieden noch nicht – die

Gründe des Untergangs einer scheinbar unzerstörbaren Staats-
form zu erforschen begann, die nicht einem äußeren Feind, sondern den eigenen Generälen unterlegen war. Getrieben von dem
nachzitternden Schrecken, den Einsturz der römischen Welt vor
Augen gehabt zu haben, durchschaute diese Generation hellsichtig die Beziehung zwischen der Größe der mit dem Schwert eroberten Macht und dem Übermaß an individuellem Ehrgefühl,
das sie verleiht.

Was Livius den Sempronius aussprechen ließ, war die kaum
verhüllte Forderung des großen Aristokraten an die Republik,
seine Leistung durch Ämter und Ehren anzuerkennen. Kam die
Republik dieser Forderung nicht nach, ja verletzte sie den Stolz
und die Ehre ihrer adligen Krieger, so wandten sich diese gegen
sie – mit denselben Waffen, mit denen sie im Namen der Republik gesiegt und ihren Anspruch auf Anerkennung begründet
hatten. Hundert Jahre nach Scipio war Sulla der erste, der seinen
Truppen den Angriffsbefehl auf Rom gab. Ihm, dem Sieger über
Jugurtha, dem erfolgreichen Feldherrn im Krieg gegen die aufständischen italischen Bundesgenossen, dem verdienten Konsul,
war Unrecht und schwere Kränkung widerfahren, als das Volk,
verführt durch die Clique seines großmäuligen Feindes Marius,
ihn per Gesetz seines Kommandos im Krieg gegen Mithridates
enthob. Sulla wehrte sich – wie Coriolan und Scipio –, nur diesmal mit den Tod und Verderben bringenden Mitteln, die ihm die
Existenz des Weltreiches an die Hand gab. Die Wachtfeuer, die
seine Soldaten auf dem Forum anzündeten, kündeten nicht von
einer neuen Zukunft Roms, sondern von dem Ende der alten
Welt und ihrer Ordnung. Sie zeigten, daß der eiserne Ring der
staatlichen Disziplin zerbrach, den die Republik in ihren ersten
Jahrhunderten um die aristokratische Suche nach Ruhm und
Ehre für sich und ihre Familien gelegt hatte. Sulla forderte an der
Spitze seiner Legionen im Frühsommer 88, was er für sein gutes
Recht hielt. Eine Mission hatte er nicht zu erfüllen, er wollte sich,
sein Ziel war er selbst.

Sulla fand noch einmal den Weg zurück. Als ihm das Schwert
die Macht und die Diktatur gegeben hatte, schloß er erneut das
Bündnis mit der Republik, restaurierte die Herrschaft des Senats

und tat alles, um für die Zukunft eine Wiederholung seines Sturmlaufes gegen die Republik zu verhindern. Aber die Drohung der Militärdiktatur war nicht mehr zu bannen. Bedrängt durch die Bündnisse und Fehden ihrer Generäle, ging die Republik im offenen Kampf unter.

Cäsar, der die größte Verantwortung dafür trug, verkörperte Coriolan, Scipio und Sulla und ließ sie zugleich weit hinter sich, als er im Kampf um die Macht Italien und jede einzelne Provinz erobern mußte. Die Größe seines Sieges machte ihn, der den Rubikon überschritten hatte, um seine Ehre zu wahren, zum Herrn der Welt und nahm ihm zugleich die Möglichkeit, in den Kreis seiner aristokratischen Standesgenossen zurückzukehren. Er hätte dies noch nicht einmal um den Preis einer kosmetischen Restitution der Republik und seines Rückzugs in das Privatleben tun können. Das Ausmaß der angerichteten Zerstörung war zu groß, um ein zweites Mal Sullas Weg zu gehen. Vergebung für die Toten war so oder so nicht zu erwarten, auch wenn man selbst die Lebenden begnadigte. Ein langes Leben und die Geduld, die geschlagenen Wunden vernarben zu lassen, waren Cäsar nicht mehr gegeben. So schob er nach kurzem Zögern die überkommene Ordnung schließlich beiseite, um Raum für das letzte große Ziel zu schaffen, das auf dieser Erde noch lohnenswert schien: den Krieg im Stile des Welteroberers Alexander. Dies war der Tätigkeit der Götter noch am ähnlichsten. Und es war der Weg zu unsterblichem Ruhm:

»Der Ruhm allein tröstet uns durch das Andenken der Nachwelt über die Kürze des Lebens hinweg; er allein hat die Wirkung, daß wir als Abwesende anwesend, als Tote lebendig sind; endlich erlaubt er allein den Menschen, sich wie auf Stufen bis in den Himmel zu erheben.«[2]

Die Republik, die dabei auf der Walstatt blieb, war daran nicht schuldlos: Als sie ihr Ziel in der Eroberung der Welt gefunden hatte, mußte sie dem Ehrgeiz ihrer Aristokratie die Zügel schießen lassen. In dem Stadt-Staat des 4. Jahrhunderts oder auch in dem Rom, das Herrin über eine italische Konföderation geworden war, wären der Ehrgeiz des Cäsar und seine Rivalität zu Pompeius noch ertragen worden: Die Machtmittel, die beide hätten ins Feld führen können, wären begrenzt und denen der anderen aristokratischen Familien nicht überlegen gewesen. In der Hauptstadt der Welt war dies anders: Die Macht, die sie ihren sieggewohnten Kriegern und den Vizekönigen ihrer Provinzen an die Hand gab, war groß genug, um damit den Staat selbst herausfordern zu können.

Das Heilmittel – dies beweist der Fortgang der Geschichte – war ebenso drastisch wie einfach und doch fast ein Wunder, das nicht die Republik, wohl aber Rom und sein Reich vor dem Abgrund bewahrte: Der letzte Sieger der aristokratischen Fehden erschlug seine Nebenbuhler, riß die ganze Staatsmacht an sich und schuf mit der Geduld eines langen Lebens den neuen monarchischen Staat. Der Wandel war tiefgreifend und revolutionär. Reichtümer in kaum vorstellbarer Größe, militärische Erfolge, eine riesige Gefolgschaft aus allen sozialen Schichten und die religiöse Verehrung der Untertanen, die die neue Ordnung als Erlösung von den Bürgerkriegen feierten, verliehen dem Wort des Prinzeps ein nahezu grenzenloses Maß an Durchsetzungskraft.

Der Widerstand gegen Cäsar hatte den Monarchen nicht verhindern können. Die großen aristokratischen Familien Roms und Italiens, ausgeblutet auf den Schlachtfeldern der Bürgerkriege, erkannten nach Aktium den Wandel des Bestehenden an und richteten ihre politischen Hoffnungen danach aus. Sie zwangen jedoch den Sohn des Cäsar zu der Einsicht, daß ohne sie und ohne das Bündnis mit der Republik, in deren Namen die Verschwörer ihre Dolche gegen den Diktator erhoben hatten, eine dauerhafte Ordnung nicht möglich war. Also kleidete sich der Monarch in die Gewänder der Republik und ordnete sich folgsam in die Schar ihrer Großen ein. Der alte Rahmen, die alten Ideale und die alten Institutionen blieben erhalten und vor allem: Der Staat wurde regiert wie eh und je durch die Senatsaristokratie.

Die Zahl der adelsstolzen Familien der Stadt Rom, die die Katastrophe überlebt hatten, war nur noch klein. Die frei gewordenen Plätze im Senat nahmen die Honoratioren der italischen Landstädte ein. Sie waren fügsam geworden. Der gesellschaftliche Glanz der Macht entschädigte diese neuen Senatoren für vieles, was ihnen an tatsächlicher politischer Machtfülle vom Kaiser vorenthalten wurde. Die alten und die neuen Herren, die Gewinner des Krieges ebenso wie die noch einmal Davongekommenen, die Bauern, die kriegsmüden Veteranen und allen voran die Bürger der Städte Italiens dachten in erster Linie daran, ihren geretteten oder neu erworbenen Besitz zu bewahren. Die politische Anarchie der Bürgerkriege hatte die bestehende soziale Ordnung nicht verändert: Nach wie vor wußte jeder in der sozialen Hierarchie, wo sein Platz und wo oben und unten war. Aber der Lebensstil wurde ein anderer, und das Verständnis von Politik änderte sich. Die leuchtenden Ideale der Republik waren verblichen. Weitere 15 Jahre Bürgerkrieg und der übermäßigen Anspannung aller Kräfte nach dem Tode Cäsars hatten den Zustand seelischer Erschöpfung herbeigeführt, in dem jeder bereit war, um des Friedens, der Ordnung und der Sicherheit willen den Streit um die politische Macht zu beenden. Der Garant der neuen Ordnung war gerade noch zur rechten Zeit gekommen.

Trotzdem war für Augustus das Umhängen des Mantels der Tradition weit mehr als eine prachtvolle und dazu noch nützliche Dekoration. Er war sich sicher, daß nur die Unterordnung unter die Vergangenheit Roms, dessen allein anerkannter Hüter die Aristokratie war, der Herrschaft seines Hauses Dauer verleihen konnte. Es hat während einer langen Regierung nicht an vielfältigen Gelegenheiten gefehlt, dies öffentlich und im feierlichen Rahmen kundzutun. So im Jahre 2 v. Chr., als ihm Senat, Ritterschaft und Volk den Ehrentitel »Vater des Vaterlandes« (pater patriae) verliehen. Mit Tränen in den Augen nahm der Monarch diese Ehrung an, die er als die höchste aller ihm zuteil gewordenen verstand. Bewegt schwor der Sohn des im Senat ermordeten Cäsar das Einvernehmen von Kaiser und Senat als das höchste Geschenk der Götter:

»Um was kann ich, versammelte Väter, am Ziel aller meiner Wünsche die unsterblichen Götter noch bitten, als daß ich das Glück habe, mir diese Eure gemeinsame Liebe bis an mein Lebensende zu erhalten?«[3]

Dieses Einvernehmen war die Zukunft Roms und zugleich die endgültige Abkehr von Julius Cäsar. Nach wie vor erhielt der

Geist des Toten die von einem frommen Sohn geschuldete Refe-
renz. So auch im Jahre 2 v. Chr., als der hochgeehrte *pater patriae*
an der Stirnseite des von ihm neugebauten Forums den Tempel
des Mars Ultor einweihte, den er gelobt hatte, als es im Krieg von
Philippi um die Niederwerfung der Mörder Cäsars ging. In der
Cella des Tempels wurde als Reliquie das Schwert Cäsars ge-
zeigt. Daneben standen die von Augustus 20 v. Chr. den Parthern
wieder abgejagten römischen Feldzeichen, die einst Crassus in
der Schlacht von Karrhae verloren hatte und die Cäsar nicht
mehr hatte zurückholen können. Die Erinnerung allein an die
geglückte Rache für den Vatermord war im Staate des Augustus
keinen eigenen Tempel mehr wert.

ANHANG

Zeittafel

88 P. Cornelius Sulla marschiert auf Rom

83–79 Sulla erobert ein zweites Mal Rom. Er wird zum Diktator gewählt und versucht, die Herrschaft des Senats wiederherzustellen.

80–78 Cäsar als Offizier in Asia und Kilikien.

73–71 Der Sklavenaufstand des Spartacus wird von Crassus niedergeworfen.

74–63 Krieg gegen Mithridates VI. von Pontos, der von Lucullus (73–66) und den mit außerordentlichen Vollmachten ausgestatteten Pompeius (66–63) besiegt wird. Der griechische Osten wird neu geordnet.

63 Die Verschwörung des Catilina, die der Konsul Cicero niederschlägt. Cäsar wird zum *pontifex maximus* gewählt.

61 Cäsar Statthalter in der Provinz Hispania ulterior.

60 Politisches Bündnis zwischen Pompeius, Cäsar und Crassus.

59 Cäsar Konsul.

58–51 Cäsar erobert Gallien und schlägt den Aufstand des Vercingetorix nieder (52).

53 Crassus verliert Heer und Leben in der Schlacht von Karrhae gegen die Parther.

49 Ausbruch des Bürgerkrieges. Am 10./11. Januar überschreitet Cäsar den Rubikon. Am 21. Februar kapituliert Corfinium; am 17. März verläßt Pompeius mit seinem Heer Italien. Am 2. August kapitulieren die Legionen des Pompeius in Spanien.

48 Am 9. August Sieg bei Pharsalos über Pompeius, der am

28. September in Ägypten ermordet wird. Cäsar besetzt Alexandria.

47 Cäsar bleibt bis Anfang Juni in Ägypten. Nach dem Krieg in Kleinasien gegen Pharnakes von Pontos Anfang Oktober Rückkehr nach Rom.

46 Sieg bei Thapsus in Nordafrika am 6. April über die Republikaner. Cäsar Diktator für zehn Jahre.

45 Krieg gegen die Söhne des Pompeius in Spanien. Sieg bei Munda am 17. März.

44 Cäsar Diktator auf Lebenszeit. Er wird am 15. März von einer Koalition aus Republikanern und eigenen Anhängern ermordet.

42 Die Heere der Cäsar-Mörder Brutus und Cassius werden im Oktober von Antonius und Octavian geschlagen.

31 Octavian besiegt Antonius in der Seeschlacht bei Aktium. Der Bürgerkrieg ist beendet.

Quellennachweis

Einleitung

1 Las Cases, Mémorial de Sainte-Hélène, 1822/23 (hg. Dunan, 1951),
   F. Schnabel, Deutsche Geschichte im neunzehnten Jahrhundert, Bd. 1,
   4. Aufl. 1948, S. 567.
2 Montesquieu, Considérations sur les causes de la grandeur des Romains et de
   leur décadence (1734), Kapitel XI (dt. Ausgabe hg. von L. Schuckert,
   1980).

Die Erinnerung an einen Römer

1 Sueton, Augustus 31; Übers.: M. Heinemann. Zum archäologischen Befund
   s. P. Zanker, Forum Augustum, o. J., S. 14 ff.
2 Cicero, Für Marcellus 25; Übers.: Friedrich Schlegel.
3 Sueton, Cäsar 77.
4 brieflich an Cicero Mitte März 45; in: Cicero, An seine Freunde 4,5,2.
5 H. Strasburger, Caesar im Urteil seiner Zeitgenossen, Darmstadt 1968, S. 81.
6 Plinius, Naturgeschichte 27,3.
7 Tacitus, Historien 4,74,4 (anläßlich des großen Bataveraufstandes).
8 W. Kaegi, Jacob Burckhardt, Eine Biographie, Bd. 3, S. 308.
9 Theodor Mommsen, Römische Geschichte, Bd. 3, 1856, Kap. XI.
10 Mommsen, Röm. Gesch., Bd. 5, 1886, Einleitung.
11 M. Gelzer, in: Kleine Schriften II, 1963, S. 302 und: Vom römischen Staat I,
   1943, S. 131 f.
12 Friedrich Schlegel, Caesar und Alexander. Eine welthistorische Vergleichung
   (1796), in: Werke, Bd. 7 (hg. E. Behler), S. 46.
13 Schlegel, a. a. O. S. 49.
14 Cicero, de re publica 5,2.
15 Chr. Meier, Die Ohnmacht des allmächtigen Dictators Caesar, 1980, S. 91.
16 Shakespeare, Julius Cäsar, 4. Akt, 3. Szene, Zeile 77 ff. (Übers.: A. W. Schlegel)
17 3. Akt, 1. Szene, Zeile 256 ff.

Die Not der Republik und der Glanz des Reiches

1 Sueton, Cäsar 6; Übers.: M. Heinemann.
2 Cicero, Für Sestius 137 (März 56); Übers.: M. Fuhrmann.
3 Sallust, Krieg gegen Jugurtha 41,10; Übers.: H. Weinstock.
4 Plutarch, Lucullus 30,2.
5 An Atticus 1,18,6.

Auf dem Weg zum Konsulat

1 Plutarch, Pompeius 22; Übers.: K. Ziegler.
2 Cicero, Über die konsularischen Provinzen 31.
3 Plutarch, Pompeius 31.
4 Inschrift aus Miletopolis: Dessau, ILS 9459.
5 An Atticus 1,14,1.
6 Plutarch, Cicero 22.
7 Das vom Senat am 21. Oktober beschlossene Senatusconsultum ultimum, das Notstandsmaßnahmen bis hin zum Truppeneinsatz legitimierte, erteilte keine Vollmacht für ein kapitales Vorgehen gegen römische Bürger. Die Hinrichtung der Catilinarier konnten Cicero und Cato denn auch nur unter Berufung auf das Kriegsrecht durchsetzen.
8 Sueton, Cäsar 19.
9 Sueton, Cäsar 19,2; Livius, Periochae: conspiratio inter tres civitatis principes.
10 Plutarch, Pompeius 47,7.

Der Eroberer Galliens

1 Plutarch, Cäsar 15.
2 Cicero, Über die konsularischen Provinzen 32 f.; Übers.: H. Kasten.
3 Vergil, Aeneis 6, 853 f.
4 G. Veith, Caesar, 1912, S. 83; Den Aufstand des Vercingetorix hat Cäsar im 7. Buch seines Gallischen Krieges beschrieben.
5 Plutarch, Crassus 33; die zitierten Verse: Euripides, Bacchantinnen 1169 ff.
6 An Atticus 2,1,8 (Juni 60); Übers.: H. Kasten.

Die Unterwerfung der Republik

1 Livius 2,40,9. Die historische Rekonstruktion der Erzählung von Coriolan war eine Glanztat Theodor Mommsens (1870; in: Röm. Forschungen II, S. 113 ff.).
2 Plutarch, Cäsar 32 (Übers.: W. Wuhrmann). Der Bericht geht auf Asinius

Pollio (Konsul 40) zurück, der sich im Gefolge Cäsars befand und die Ereignisse in seinen Historien geschildert hatte.

3　An Atticus 7,11,1 (21. Januar).
4　An Atticus 10,8,4 (2. Mai.).
5　in: Cicero, An Atticus 8,12 C.
6　Cicero, An Atticus 7,8,4.
7　Caelius an Cicero im September 50: An seine Freunde 8,14,3.
8　An seine Freunde 6,6,5 (Oktober 46).
9　Sueton, Cäsar 30.
10　in: Cicero, An seine Freunde 8,13,2.
11　Plutarch, Cäsar 33.
12　An Atticus 7,18,2 (3. Februar).
13　An Atticus 7,15,3 (26. Januar).
14　An Atticus 7,15,2.
15　An Atticus 7,17,2 (2. Februar). Die Sicht Cäsars: Bürgerkrieg 1,9–11.
16　in: Cicero, An Atticus 9,7 C.
17　Cäsar, Bürgerkrieg 1,4; Übers.: M. Deissmann-Merten.
18　Cicero, Über die Pflichten 1,26.
19　Cäsar, Bürgerkrieg 1,7,7.
20　Cäsar, Bürgerkrieg 1,13,1.
21　Cicero, Für Sex. Roscius 154; Übers.: M. Fuhrmann.
22　Cäsar, Bürgerkrieg 1,23,4.
23　in: Cicero, An Atticus 9,16,2 (26. März).
24　Cicero, An Atticus 8,16,2 (4. März).
25　Cicero, An Atticus 8,13,2 (1. März).
26　Cicero, An Atticus 9,7 C.
27　Cäsar, Bürgerkrieg 3,18,4.
28　Plutarch, Cato 66,2; Übers.: H. Strasburger. Zu Labienus: Cäsar, Bürgerkrieg 3, 19, 8.
29　An Atticus 9,10,3 (18. März).
30　Cicero, An Atticus 9,18.
31　Plutarch, Cäsar 35.
32　Cäsar, Bürgerkrieg 1,32,8.
33　Cicero, An Atticus 10,4,9.
34　Plutarch, Cäsar 39.
35　Die Psalmen Salomons 2, 26 ff. (E. Kautzsch, Die Apokryphen u. Pseudepigraphen des Alten Testaments II, 1900, S. 133).
36　Cicero, Über den Oberbefehl des Pompeius 52.

Der Bruch mit der Vergangenheit

1　Plutarch, Antonius 27.
2　Cassius Dio, 42,34; Sueton, Cäsar 50–52.
3　Plutarch, Antonius 81.

4 Lucan, Pharsalia 10,72 ff.; Übers.: D. Ebener.

5 Sueton, Cäsar 7; Cassius Dio, 37,52,2 und – in einer anderen Form – Plutarch, Cäsar 11,3 (wahrscheinlich auf Asinius Pollio zurückgehend).

6 Röm. Geschichte 2,41.

7 Das gesamte Quellenmaterial dazu bei J. Mahlitz, Historia 23 (1984), S. 21–59.

Die Krise der sozialen Ordnung

1 An Atticus 7,18,4; Übers.: H. Kasten.

2 Sallust, Catilina 37,5.

3 Cicero, An Atticus 1,16,11 (Juli 61).

4 An Atticus 14,9,1; 11,2.

5 Cicero, Über die Pflichten 2,83.

6 Die Vorgänge sind geschildert bei Appian, Bürgerkrieg 2,386–396; Cassius Dio, 42,52, 1–55,3.

7 An Atticus 13,40,1.

8 Bellum Hispaniense 19,6; Sueton, Cäsar 72. Die Treue zu seinen Soldaten stand im Vordergrund. So hat er in seiner Darstellung des Bürgerkrieges seinem Gefolgsmann Curio, der in Afrika unterlegen und gefallen war, ein Denkmal gesetzt (2,32–42).

9 An Atticus 10,8,6.

10 Catull, Gedichte 29,21 f.

11 Catull, Gedichte 57,1 ff.; Übers.: O. Weinreich.

12 Cicero, Für Rabirius 5.

13 Tacitus, Annalen 12, 60.

14 in: Cicero, An Atticus 9,7B 1 f.

15 Der Briefwechsel beider in: Cicero, An seine Freunde 11,27– 28.

Die Macht ohne Grenzen

1 An seine Freunde 9,2,4 f.

2 Cicero, Zweite Philippische Rede 72.

3 Cicero, Für Marcellus 29; vgl. S. 14 f.

4 in: Cicero, An seine Freunde 4,5,2; 5.

5 Ennius, Annales, frg. 500.

6 Sueton, de grammaticis et rhetoribus 25 (ed. G. Brugnoli).

7 Cicero, An seine Freunde 6,14,2; Übers.: H. Kasten.

8 Cicero, An Atticus 14,1,2 (7. April 44).

9 in: Cicero, An seine Freunde 15,19,4; die Aquila-Episode bei Sueton, Cäsar 78,2.

10 Cicero, An seine Freunde 7,30,1; Plutarch, Cäsar 58.

11 Sueton, Cäsar 77.

12 Sueton, Cäsar 86,2.
13 Cicero, An Atticus 14,1,1.
14 in: Cicero, An seine Freunde 4,5,4.
15 Vergil, Aeneis 6,790–796; Übers.: J. Götte; die Ehrung des asiatischen Landtags in: Dittenberger, Syll.³ 760.
16 Plutarch, Cäsar 61.
17 Sueton, Cäsar 79,2.

Der Sieg der Vergangenheit ohne Zukunft

1 Cicero, Über die Pflichten 2,2.
2 Cicero, 2. Philippische Rede 87; die Rede ist nie gehalten, sondern als Flugschrift ausgearbeitet worden.
3 Plutarch, Brutus 6.
4 Plutarch, Cäsar 57.
5 Cäsar, Bürgerkrieg 3,68,1.
6 Nikolaos von Damaskus, frg. 130.
7 An Atticus 14,2,1 (11. Mai 44).
8 Cicero, An Atticus 14,10,1.
9 Sueton, Cäsar 89.
10 Cicero, Über die Pflichten 3,84.

Cäsar und die Geschichte Roms

1 Livius 38,53,1–5; Übers.: H. J. Hillen. Die Vorgänge selbst sind angesichts der nur fragmentarischen Überlieferung bei Polybios (23,14,7 ff.) nur schwer rekonstruierbar.
2 Cicero, Für Milo 97.
3 Sueton, Augustus 58; Res gestae 35.

Auswahlbibliographie

Literatur zur Geschichte der Späten Republik

Bleicken, Jochen, *Geschichte der Römischen Republik*, München ²1984 (mit Forschungsüberblick)

Christ, Karl, *Krise und Untergang der römischen Republik*, Darmstadt 1979

Gelzer, Matthias, *Pompeius*, München ²1959

Gelzer, Matthias, *Cicero. Ein biographischer Versuch*, Wiesbaden 1969

Gruen, Erich S., *The Last Generation of the Roman Republic*, London 1974

Heuß, Alfred, Das Zeitalter der Revolution, in: *Propyläen-Weltgeschichte*, Bd. 4, Berlin 1963, S. 175–316

Meier, Christian, *Res publica amissa*, Wiesbaden 1966

Mommsen, Theodor, *Römische Geschichte*, Bd. 3, Leipzig 1856 (dtv, München 1976)

Syme, Ronald, *The Roman Revolution*, Oxford 1939 (dt. Übers. 1957)

Literatur zu Cäsar

Brandes, Georg, *Cajus Julius Caesar*, 2 Bde., Berlin 1925 (dänische Originalausgabe 1918)

Bruhns, Hinnerk, *Caesar und die römische Oberschicht in den Jahren 49–44 v. Chr.*, Göttingen 1978

Gelzer, Matthias, *Caesar. Der Politiker und Staatsmann*, Wiesbaden 1960.

Ferrero, Guglielmo, *Julius Cäsar*, Wien 1925

Gesche, Helga, *Caesar*, Darmstadt 1976 (Forschungsüberblick)

Gundolf, Friedrich, *Caesar. Geschichte seines Ruhms*, Berlin 1925

Meier, Christian, *Caesar*, Berlin 1982

Meyer, Eduard, *Caesars Monarchie und das Principat des Pompeius*, Stuttgart ³1922 (Nachdruck 1963)

Strasburger, Herrmann, *Caesars Eintritt in die Geschichte*, München 1938 (Nachdruck 1966)

Strasburger, Herrmann, *Caesar im Urteil seiner Zeitgenossen*, Darmstadt ²1968

Personenregister

Bildnachweis:

Staatliche Museen Preußischer Kulturbesitz, Kupferstichkabinett (S. 159); Staatliche Museen Berlin, Münzkabinett (S. 69); Britisches Museum, Münzkatalog (S. 177, S. 195); Kapitolinisches Museum Rom (S. 47); Nationalmuseum Kopenhagen (S. 57), Privatsammlung UN (S. 29).

Die Karten wurden mit freundlicher Genehmigung folgenden Werken entnommen: Matthias Gelzer, Caesar, Wiesbaden 1960 (Steiner Verlag); Propyläen-Weltgeschichte Band IV, Berlin 1963 (Propyläenverlag); V. Stegemann (Hrsg.), Caesar, Der Gallische Krieg, Leipzig 1939.